A ARTE DE ARGUMENTAR

A ARTE DE ARGUMENTAR
Com exercícios corrigidos

BERNARD MEYER

Tradução
IVONE C. BENEDETTI

SÃO PAULO 2016

Esta obra foi publicada originalmente em francês com o título
MAÎTRISER L'ARGUMENTATION
por A. Colin, Paris.
Copyright © Armand Colin/Vuef, 2002.
Copyright © 2008, Livraria Martins Fontes Editora Ltda.,
São Paulo, para a presente edição.

1ª edição *2008*
3ª tiragem *2016*

Tradução
IVONE C. BENEDETTI

Acompanhamento editorial
Maria Fernanda Alvares
Revisões gráficas
Luzia Aparecida dos Santos
Marisa Rosa Teixeira
Dinarte Zorzanelli da Silva
Produção gráfica
Geraldo Alves
Paginação
Moacir Katsumi Matsusaki

Dados Internacionais de Catalogação na Publicação (CIP)
(Câmara Brasileira do Livro, SP, Brasil)

Meyer, Bernard
    A arte de argumentar : com exercícios corrigidos / Bernard
Meyer ; tradução Ivone C. Benedetti. – São Paulo : WMF Martins Fontes, 2008

    Título original: Maîtriser l'argumentation.
    Bibliografia.
    ISBN 978-85-7827-006-3

    1. Argumentação – Problemas, exercícios etc. I. Título.

07-6931   CDD-808.5

Índices para catálogo sistemático:
1. Argumentação – Problemas, exercícios etc.   808.5

Todos os direitos desta edição reservados à
Editora WMF Martins Fontes Ltda.
Rua Prof. Laerte Ramos de Carvalho, 133 01325-030 São Paulo SP Brasil
Tel. (11) 3293-8150 Fax (11) 3101-1042
e-mail: info@wmfmartinsfontes.com.br http://www.wmfmartinsfontes.com.br

SUMÁRIO

INTRODUÇÃO: DEFESA E ESCLARECIMENTO DA ARGUMENTAÇÃO IX

1. PARA FAMILIARIZAR-SE COM A NOÇÃO DE ARGUMENTAÇÃO 1
 1. **Delimitação do conceito de argumentação** 1
  1.1. Toda argumentação é uma tentativa de influenciar
   o interlocutor 1
  1.2. Toda argumentação é diálogo 2
  1.3. Toda argumentação é justificação e explicação 3
  1.4. Argumentação não é retórica, no sentido clássico do termo 5
 2. **Conhecimento dos princípios básicos da comunicação** 6
  2.1. Fatores sociológicos: perceptíveis sobretudo na área
   profissional 7
  2.2. Fatores psicológicos e afetivos: para tocar melhor
   o receptor 8
  2.3. Fatores intelectuais: conhecê-los é essencial 8
 3. **Aprofundamento das técnicas argumentativas por meio
  de textos narrativos** 11
  3.1. Narrativa em prosa: narrar já é argumentar! 12
  3.2. Narrativa em versos: a fábula e sua moral 17
  3.3. Diálogo: argumentação em ação 24
  3.4. Monólogo ou aprendizagem do descentramento 28
  3.5. Discurso ou argumentação oral 31

2. À CAÇA DAS IDÉIAS 41
 1. **Como entrar no assunto** 41
  1.1. Identificação de palavras-chave 41
  1.2. Identificação das palavras de ligação, ou "conectores" 42
  1.3. Reformulação (objetiva!) 42
 2. **Em busca das idéias** 42
  2.1. Lado esquerdo e lado direito do cérebro:
   dois hemisférios opostos, mas complementares 43
  2.2. Uma distinção importante:
   fatos – idéias – opiniões – crenças 44

2.3. Como encontrar idéias 46
TRABALHOS DIRIGIDOS 57

3. ORGANIZAÇÃO DE UMA REFLEXÃO COERENTE 63

1. **Classificação das idéias: argumentar é, em primeiro lugar, encontrar uma ordem 63**
   1.1. Classificação fato-noção 63
   1.2. Classificação sincronia-diacronia 63
   1.3. Classificação concreto-abstrato 64
   1.4. Classificação individual-coletivo 64
   1.5. Classificação problema-solução 64
2. **Como orientar a argumentação para expor melhor os objetivos 64**
3. **Concepção de uma estrutura 66**
   3.1. O plano: a serviço do emissor e do receptor 66
   3.2. Principais tipos de plano: como dominar os planos clássicos para elaborar melhor um plano próprio 68
   3.3. Transições, para garantir e valorizar a coerência do raciocínio 84
   3.4. Duas formas de argumentação profissional: carta de apresentação e relatório 85
4. **Apresentação e encerramento do assunto 89**
   4.1. Introdução: três regras de três 89
   4.2. Conclusão: duas fases para duas funções 96
   TRABALHOS DIRIGIDOS 100

4. DESENVOLVIMENTO DOS ARGUMENTOS 141

1. **Concepção de uma unidade de reflexão: o parágrafo 141**
   1.1. Principais eixos do raciocínio lógico 141
   1.2. Gestão dos exemplos 146
2. **Enunciação de uma tese 150**
   2.1. Índices de enunciação: Quem fala ou quem escreve? Quem pensa? 150
   2.2. Locutor, vetor do pensamento alheio 152
   2.3. O implícito: uma noção sutil, embora onipresente 154
   2.4. Modalização: da certeza à impossibilidade 157
   2.5. Valorização das idéias: incontestável fator de memorização 159

3. **Refutação de uma tese 161**
   3.1. Objetar-rejeitar: uma atitude integral 163
   3.2. Concessão: estratégia ou necessidade? 163
   3.3. Modulação: sinônimo de ponderação 165
   3.4. Minimizar: procedimento fácil demais se sistemático 165
   3.5. Responder a objeções: uma necessidade 166

4. **Apresentação e defesa oral das idéias 169**
   4.1. Um objetivo + um princípio = dois procedimentos
      fundamentais 170
   4.2. Alguns procedimentos moralmente mais contestáveis 173

TRABALHOS DIRIGIDOS **175**

5. COMO SER CONVINCENTE **199**

1. **Integração da idéia na frase 200**
   1.1. A frase: quatro estruturas fundamentais e seus conectores 200
   1.2. Nexos entre as idéias: explicitação da estrutura
      do raciocínio 204

2. **Integração da frase no texto 210**
   2.1. Estrutura básica de toda frase 210
   2.2. Nominalização: função importante 213
   2.3. Encadeamento das frases 215

3. **Uso da retórica 218**
   3.1. A implicação dos interlocutores para que todos
      se sintam envolvidos! 220
   3.2. Recurso às normas 221
   3.3. Algumas técnicas de estilo ao alcance de todos 224

4. **Concepção dos títulos 232**
   4.1. Principais tipos de título: para variar sua expressão 233
   4.2. Instrumentos gramaticais: como expressar melhor o
      pensamento 234
   4.3. Técnicas estilísticas: para dar vida ao texto 237

TRABALHOS DIRIGIDOS **241**

6. CONSTRUÇÃO DE AUTONOMIA E AUTO-AVALIAÇÃO **263**

1. **Memorização das principais fórmulas úteis à argumentação 264**
   1.1. Gestão dos exemplos 264
   1.2. Apresentação de idéias alheias ou contrárias 264
   1.3. Modalização 264

1.4. Valorização de uma idéia 264
1.5. Resumo – reformulação 265
1.6. Refutação total 265
1.7. Concessão 265
1.8. Atenuação 265
1.9. O contra-ataque 265
1.10. Demarcação 266
1.11. Adição 266
1.12. Causa 266
1.13. A conseqüência 266
1.14. Finalidade 267
1.15. Oposição-concessão 267
1.16. Hipótese-condição 367
1.17. Apelo ao receptor, boa-fé e petição de princípio 267
2. Auto-avaliação 268

CONCLUSÃO: MORAL E ARGUMENTAÇÃO 271

EXERCÍCIOS CORRIGIDOS 275

ÍNDICE REMISSIVO 303

BIBLIOGRAFIA 305

INTRODUÇÃO:
DEFESA E ESCLARECIMENTO
DA ARGUMENTAÇÃO

Argumentação: atividade puramente escolar?

Na França, é no colegial que o estudante trava conhecimento com a argumentação, conforme prescrevem os currículos. O objetivo então é acompanhar o amadurecimento da compreensão abstrata que ocorre durante a adolescência e sensibilizar o aluno para as noções de plano, justificação e reflexão. Depois, no liceu, este é convidado a aprofundar tais técnicas, redigindo aquilo que se convenciona chamar de dissertação, em várias matérias como francês, filosofia, história ou economia. Desde 1995, o estudo do texto argumentativo, aliás, figura especialmente nos programas de prova antecipada de francês para o *baccalauréat*, ainda que nem sempre os professores tenham uma idéia precisa das aptidões que devem ser postas em prática nessa ocasião.

Esse aprendizado, porém, gera certo número de efeitos perversos ou dificuldades, que servirão de justificação para esta obra:

- No âmbito escolar, a argumentação não é dirigida a ninguém, visto que o professor-corretor deve emitir um juízo sobre o domínio de certas técnicas, e não ser influenciado em suas convicções íntimas pelo conteúdo da tarefa. O exercício, portanto, é inevitavelmente fictício em parte. No entanto, veremos que conhecer o público ao qual nos dirigimos é um elemento crucial dessa atividade, e que a boa argumentação caracteriza-se pela eficácia, duas noções ausentes dessa situação.
- Como atividade escolar, ela às vezes é percebida como algo desvinculado da realidade, e poucos alunos (logo, futuramente adultos) pensariam em transferir para sua vida cotidiana (por exemplo, para escrever uma carta) a habilidade assim adquirida. Esta observação é ampliada pela quase total ausência de uso da dissertação na vida cotidiana ou profissional.

A arte de argumentar

- Em função da sucessão de professores e aulas que abordaram o assunto, em função das áreas escolhidas e em função das aptidões pessoais na escrita, os estudantes chegam aos cursos superiores com níveis muito heterogêneos. Alguns conhecem vários tipos de planos, sabem reconhecer e até manipular alguns meios de persuasão, por terem feito cursos com professores particularmente metódicos, ao passo que outros costumam confundir dissertação com tagarelice.

- Finalmente, para encerrar uma lista que poderia ser bem mais longa, o aluno do liceu talvez tenha aprendido mais a entender a argumentação alheia do que a dominar a sua própria argumentação; e, sobretudo, a totalidade das reflexões terá sido praticada por escrito, ao passo que a vida cotidiana e a atividade profissional atribuem posição preponderante à argumentação oral: pensemos nos discursos políticos, nos debates, nas reuniões e em outros seminários, que pressupõem intervenções verbais e são tão correntes hoje em dia no âmbito social e profissional.

Por isso, não nos pareceu inútil reunir em forma concisa o essencial do que deve ser conhecido pelo estudante, ou seja, pelo futuro adulto, seja ele "literato" ou não. A vinculação – lógica – da argumentação com o estudo do idioma pode, de fato, levar algumas pessoas a pensar que sua utilização deveria ser reservada a quem aprecia (portanto, sabe) escrever, como se um cientista ou um técnico devessem considerá-la inacessível e inútil. Não é nada disso.

Argumentação: necessidade da vida social e profissional!

Na verdade, haverá muitas situações em que o adulto terá enorme interesse em ser capaz de convencer; distinguiremos rapidamente três ou quatro campos essenciais:

- Como estudante, sem dúvida ele será obrigado a redigir textos e dissertações, o que ainda restringe a argumentação ao campo escolar. Insistimos, porém, na importância desses textos quando parte integrante do recrutamento, como ocorre em concursos de ingresso em escolas ou no funcionalismo.

X

Introdução: Defesa e esclarecimento da argumentação

- Como cidadão, ele pode ser obrigado a tomar partido em debates ideológicos: o domínio da argumentação lhe possibilitará aprofundar sua própria reflexão e regular melhor suas trocas de idéias com os outros.
- Como candidato a emprego, ele será obrigado a valorizar-se, por meios escritos (carta de apresentação) e orais (entrevista de seleção). Neste último caso, o candidato pode enfrentar uma entrevista individual, em que deverá convencer o recrutador de suas capacidades, mas também pode (é uma tendência crescente) ser posto numa situação de debate em grupo, em que os candidatos preci-sam trocar idéias sobre um tema, geralmente de cunho social, diante de um ou de vários observadores, que terão a oportunidade de escolher aquele que tiver mais domínio da argumentação.
- Como participante no mundo do trabalho, ele terá múltiplas ocasiões de convencer. Não se deve achar que essas situações se restringem a alguns campos particulares, como o das atividades comerciais. Não é só o vendedor que deve saber argumentar eficazmente em nome da promoção de seu produto; praticamente todas as profissões dependem dessa técnica.

De fato, na relação com clientes, fornecedores ou colegas, todas as pessoas, em situação profissional, podem ser obrigadas a realizar escolhas e compartilhá-las, portanto a influir sobre a opinião alheia. Então, precisam organizar suas idéias e cuidar de sua apresentação com o objetivo de valorizar suas concepções. Ademais, em vista da complexidade crescente dos dados técnicos, cada vez mais as decisões são tomadas em grupo, e o próprio trabalho é cada vez mais organizado desse modo. Quem quiser não ser submisso, mas ser capaz de fazer que sua voz seja ouvida em pé de igualdade com a dos outros, precisa também saber argumentar e defender-se.

Por fim, cabe ressaltar um aspecto dos costumes profissionais que é bem pouco conhecido pelos jovens. No sistema escolar francês, o estudante é levado a dar poucas demonstrações de iniciativa: ele redige e entrega ao professor os trabalhos que este lhe pediu. A vida profissional, em contrapartida, exige muito mais da personalidade de cada um: em outros termos, quando um técnico, um engenheiro, um profissional do comércio tem alguma idéia que possibilite melhorar o funcionamento da empresa em que trabalha, compete-lhe saber apresentá-la à direção. Precisará então ser convincente, o que vai muito além das simples qualidades que terá em seu campo técnico. Percebe-se, por esse exemplo, que ninguém pode restringir-se à sua especialidade no sentido técnico do termo, e que cada um deve dominar a argumentação, o que será confirmado, aliás, pela última observação, que vem a seguir.

É legítimo que o estudante espere adquirir o *status* de executivo, senão imediata e automaticamente, pelo menos ao cabo de alguns anos de experiência. Por definição, ele exercerá poder sobre subordinados. Os modos de assumir esse poder são vários e dependem tanto da cultura da empresa quanto da personalidade do responsável. Por outro lado, não há dúvida de que em nossa sociedade democrática, em que o cidadão tem a liberdade de escolher seus representantes por eleição, suas opiniões políticas e religiosas, enfim todo o seu sistema de valores pessoais, é cada vez menos concebível que um chefe imponha suas concepções sem fazer que os outros as compreendam, portanto sem procurar convencer. E, mesmo que as imponha (e convenhamos que alguns foram ou ainda são tentados a fazê-lo com freqüência), sua atitude não seria das mais oportunas. É fácil imaginar o comportamento de subordinados que obedeçam com submissão, sem entenderem o interesse e o que está em jogo em seu trabalho, sem que o responsável tenha procurado justificar suas decisões, em suma, argumentar: por um lado o trabalho realizado em geral não é de boa qualidade, pois cada um se empenha o mínimo possível; por outro lado, o clima logo pode se tornar insuportável, para prejuízo dos próprios interesses do responsável. Portanto, devemos entender que o diálogo e a aptidão para trocar idéias, para argumentar, são essenciais na vida profissional, se desejarmos que ela seja eficiente e cheia de realizações.

Que esta obra ajude a atingir esse objetivo.

1. PARA FAMILIARIZAR-SE COM A NOÇÃO DE ARGUMENTAÇÃO

1. DELIMITAÇÃO DO CONCEITO DE ARGUMENTAÇÃO

Embora seja difícil estabelecer uma definição completa de argumentação – tantas e tão imbricadas são as noções implicadas –, sempre é possível buscar apoio na experiência de cada um para depreender algumas idéias simples que, mesmo sendo retificadas e aprofundadas num segundo momento, constituem uma base fundamental.

A indagação *"por quê?"* e sua resposta corolária *"porque"* aparecem muito cedo no vocabulário do jovem. Feita pela criança, corresponde muitas vezes a um pedido de explicação para um fenômeno ou um comportamento. Feita pelo adulto, pode incluir uma crítica e uma ordem para que o interlocutor se justifique, ou até convencê-lo de que sua própria observação era infundada ou errônea. Para tanto, a criança apresentará as "boas razões", fatos reais, que, a seu ver, justificam seu comportamento.

Essa breve lembrança das cenas da vida comum tem o mérito de trazer à tona os pontos essenciais que todo neófito em argumentação deve impreterivelmente levar em conta.

1.1. TODA ARGUMENTAÇÃO É UMA TENTATIVA DE INFLUENCIAR O INTERLOCUTOR

O primeiro objetivo é convencer outra pessoa, ou seja, fazê-la mudar de opinião ou, pelo menos, tentar. Pode-se até dizer que essa mudança de opinião constitui o único sinal patente da eficácia de uma argumentação. E aí se apresentam os problemas enfrentados pela avaliação desse tipo de trabalho no meio escolar ou universitário: o receptor a quem o aluno se endereça, como já destacamos, é fictício, pois se trata do professor; além do mais, o objetivo real não é modificar a opinião dele, mas mostrar aptidões de raciocínio; finalmente, como o professor é, por natureza, um juiz, é lícito pensar que a existência da avaliação e o temor que ela inspira desempenharão um papel nada desprezível na escolha das idéias por parte do redator. Essas várias ambigüidades poderão ser dissipadas, por um lado, pela reflexão sobre o tipo de trabalho que deve ser realizado (por que não imaginar situações escritas ou orais em que se tente convencer realmente um destinatário ou um grupo?) e sobre a avaliação, que deverá ser o mais isenta possível de subjetividade. Essa exigência passará pela definição de critérios técnicos precisos, o que implica uma metodologia rigorosa e clara, que o neófito será convidado a respeitar, sem que seu emprego prejudique a expressão do conteúdo de suas idéias. Assim, proporemos no capítulo 6 critérios de análise, graças aos quais cada um poderá julgar o outro, mas também julgar a si mesmo.

1.2. TODA ARGUMENTAÇÃO É DIÁLOGO

O exemplo das relações entre pais e filhos, citado acima, ilustra até que ponto a argumentação está ligada à noção de diálogo, o que sugere pelo menos duas observações.

A primeira é que essa relação, de saída, implica liberdade e subjetividade. Liberdade de pensar, liberdade de expressar o pensamento; subjetividade, porque o locutor escolhe suas próprias armas (idéias, exemplos), que poderão ser ou não acatadas pela subjetividade do interlocutor. Do ponto de vista político, não é ocioso ressaltar que a argumentação se desenvolveu ou se desenvolve nos países e em culturas que garantem e valorizam a autonomia individual.

No entanto, surge um primeiro paradoxo no âmago dessa reflexão: enquanto o surgimento e o desenvolvimento da argumentação supõem respeito à liberdade do indivíduo, essa atividade procura de fato negar essa liberdade, pois seu objetivo é impor as concepções de um locutor a um destinatário. Essa contradição poderá ser superada

Para familiarizar-se com a noção de argumentação

se admitirmos que aquele que é alvo da argumentação deverá sempre ter a liberdade de aceitar ou de recusar a tese que lhe é apresentada. Na realidade, essa situação é freqüente: imaginemos, por exemplo, uma reunião profissional destinada a ratificar uma decisão; cada participante, mesmo procurando convencer o outro da validade de suas concepções, também poderá criticar as concepções que os outros queiram impor-lhe. Contudo, essa liberdade nunca é absoluta e pode ser amputada por certas considerações exteriores (por exemplo, a diferença social ou hierárquica entre dois interlocutores, que submete um ao outro) ou por elementos intelectuais (por exemplo, o maior ou menor domínio da eloqüência e das técnicas argumentativas), capazes de possibilitar que um indivíduo impressione facilmente o outro. Um dos papéis desta obra, portanto, poderá ser o de contribuir modestamente para o maior domínio da liberdade individual.

Por outro lado, na busca de eficácia mais imediata na criação de textos argumentativos, a noção de diálogo evidencia a existência de duas teses que procuram dominar-se mutuamente, o que implica duas conseqüências:

- por um lado, argumentar não consistirá apenas em justificar uma tese, mas também em considerar a(s) tese(s) contrária(s), o que será feito de múltiplas maneiras, que será preciso saber dominar: evocação, citação, refutação ou concessão;
- por outro lado, pode ocorrer que uma das duas teses esteja implícita, ou por não ter sido evocada no enunciado, ou porque a situação de comunicação a oculte: é, por exemplo, o que ocorre nos *slogans* publicitários, que procuram convencer sem alusão direta a eventuais contradições; por isso, sempre será preciso saber reconstituir a tese eventualmente ausente, com grande sensibilidade para as noções que esclareceremos no capítulo "O implícito".

1.3. TODA ARGUMENTAÇÃO É JUSTIFICAÇÃO E EXPLICAÇÃO

A subjetividade evidenciada acima implica que a argumentação não é uma demonstração – matemática, por exemplo. Como não

A arte de argumentar

pode impor um parecer com o rigor de um encadeamento automático de idéias, precisará multiplicar provas e até utilizar técnicas de expressão especiais para convencer. Logo, será necessário que o neófito aprenda a gerir a apresentação e a organização das idéias, ou seja, a estrutura do raciocínio que será movido por uma intenção precisa e orientado para um objetivo claro. Ele também precisará da expressão das provas (exemplos, fatos, opiniões relatadas, casos), bem como da utilização pertinente de técnicas estilísticas.

A organização e a expressão das idéias, portanto, ocuparão lugar importante na metodologia da argumentação. Contudo, o rigor da estrutura logo se mostra limitado em seu princípio e em sua aplicação. De fato, a explicação mais rigorosa, no sentido científico do termo, leva à produção de um raciocínio inatacável, como uma demonstração matemática. Convenhamos que, nesse caso, a reflexão chegaria à verdade e, como, por definição, nenhuma contestação seria possível, o diálogo entre os interlocutores desapareceria. Ora, é importante ressaltar que esse não é o processo de funcionamento da argumentação.

Em primeiro lugar, ela age sobre os indivíduos (e não sobre os conceitos, como o de verdade), mais precisamente sobre a opinião deles, ou seja, por definição sobre um elemento pessoal e subjetivo. Assim, ainda que seu objetivo final seja a procura da adesão do destinatário, logo a semelhança de concepções entre os interlocutores, ela sempre deverá levar em conta as diferenças de apreciação e até as divergências de pontos de vista, inevitáveis entre indivíduos.

Em segundo lugar, ela não procura determinar se uma tese é verdadeira ou falsa, mas influenciar outra pessoa: logo, ela nunca será automática ou obrigatoriamente aceitável, como o é uma demonstração matemática. Diz-se que ela é bem-sucedida não quando atinge a verdade (que não é seu objeto – a menos que isso seja simplesmente impossível), mas quando convence o destinatário.

Os principais aspectos que acabamos de mencionar transparecem perfeitamente na definição de argumentação dada por Pierre Oléron (ver nossa bibliografia): *"Ação pela qual se tenta levar um auditório a adotar uma posição por meio de argumentos que visam mostrar sua validade."*

Para familiarizar-se com a noção de argumentação

Seria então possível admitir que todas as armas lhe são boas: por que não a força ou a má-fé, para citar apenas estas? Nisso reside justamente sua ambigüidade fundamental: embora não possa pretender uma eficácia científica absoluta, ela procurará usar o maior rigor em sua ação, em seu plano, na escolha dos argumentos ou da justificação destes, para obter eficácia máxima. Máxima, porém não absoluta, como acabamos de ressaltar acima. Assim, a preocupação com o rigor é um meio (decerto paradoxal) de tender à perfeição, sem nunca poder, por definição, atingi-la.

Em vista disso, se não pode pretender o rigor absoluto, por que não lançaria mão de meios de pressão formais e subjetivos? De fato, muitas vezes é essa conotação negativa que se esconde atrás da palavra *"retórica"*. Infelizmente…

1.4. ARGUMENTAÇÃO NÃO É RETÓRICA, NO SENTIDO CLÁSSICO DO TERMO

Atividade prezada desde a antiguidade, a retórica foi caindo aos poucos em descrédito durante o século XIX, porque considerada simples ornamentação do discurso. Pascal, ao distinguir na arte de persuadir dois meios diferentes de levar à mudança de opinião (dirigir-se ao entendimento ou à vontade), e Kant, ao opor a arte de convencer à arte de persuadir, contribuíram para separar a reflexão lógica, rigorosa e irrefutável, da argumentação, apresentada como irracional. Coube a Perelman e Olbrechts-Tyteca (ver nossa bibliografia) revivescer e renovar a noção de retórica. Entre a demonstração – rigorosa, racional e impessoal – e a persuasão – irracional, passional e manipuladora – eles mostraram que podia existir o "nicho" da argumentação, que se dirige de modo não coercitivo ao entendimento do interlocutor, o que a opõe parcialmente às duas categorias anteriores.

Não totalmente rigorosa (mesmo procurando sê-lo), não unicamente manipuladora (mesmo não desdenhando a utilização de técnicas intelectual e moralmente contestáveis), a argumentação é essencialmente ambígua.

O fato de toda argumentação ser ao mesmo tempo subjetiva (levar em conta a personalidade e as referências dos interlocutores) e rigorosa, em suma, de procurar intensamente justificar um ponto de vista, explica perfeitamente as exigências de toda reflexão argumentada, portanto muitos capítulos desta obra. O objetivo será aprender a classificar as próprias idéias, apoiá-las e organizá-las (capítulo 3), levando em conta as referências de cada um (capítulo 4), mas também dominar suficientemente a própria expressão para valorizar as idéias (capítulo 5).

2. CONHECIMENTO DOS PRINCÍPIOS BÁSICOS DA COMUNICAÇÃO

O esquema de princípio da comunicação é clássico e bem conhecido: quando uma pessoa nº 1, chamada emissor, transmite uma mensagem a uma pessoa nº 2, chamada receptor, não se tem comunicação, mas informação. Para que o termo "comunicação" seja devidamente utilizado, é preciso que o receptor possa levar o emissor a saber se sua mensagem foi bem entendida. Essa fase, que se chama *feedback*, ou confirmação da informação, tem a função de possibilitar eventual correção por parte do emissor, caso ele perceba que não foi entendido.

Essa descrição simples já permite distinguir fundamentalmente duas situações, caracterizadas pela presença ou pela ausência de *feedback*. Na oralidade, o interlocutor, dialogando, pode confirmar constantemente se foi ou não entendido e, por conseguinte, adaptar seu circuito argumentativo. Se, por exemplo, algumas negociações sociais, políticas ou militares avançam, é porque cada um consegue fazer as posições do interlocutor evoluir até que se encontre um ponto de equilíbrio. Isso não ocorre por escrito, quando as eventuais reações do destinatário, ausente por definição, são conhecidas tarde demais para terem alguma utilidade na argumentação em curso.

Quando um professor devolve uma tarefa com observações e uma nota, quando um superior hierárquico rejeita as conclusões de

Para familiarizar-se com a noção de argumentação

um relatório, temos dois exemplos de *feedback* sem utilidade imediata para o emissor, pelo menos no que diz respeito à argumentação em questão.

No entanto, essa ausência de *feedback* e até, às vezes, de destinatário claro e conhecido (quem conhece o examinador de um concurso?) exige um aprofundamento das noções de emissor e receptor. De fato, é necessário que todo redator saiba levar em conta a existência de um receptor, mesmo potencial, para adaptar melhor sua mensagem. Ele também deve conhecer os elementos – às vezes inconscientes – que possam perturbá-lo como emissor durante a elaboração de sua mensagem. As variáveis de personalidade são, na verdade, as mesmas em ambos, mas com conseqüências e implicações contrárias, segundo o indivíduo. Para simplificar, distinguiremos quatro esferas diferentes.

2.1. FATORES SOCIOLÓGICOS:
PERCEPTÍVEIS SOBRETUDO NA ÁREA PROFISSIONAL

Trata-se, essencialmente, do *status* profissional do emissor e do receptor. Um operário certamente não adotará o mesmo circuito argumentativo nem o mesmo tom ao procurar convencer um colega a entrar em greve e ao explicar seus motivos a um representante da direção. A discussão com um superior durante um conflito social pode ser, por exemplo, perturbada pelo respeito ou, ao contrário, pelo desejo de desforra. A experiência e a cultura, tomadas em sua acepção mais ampla e, especialmente, profissional, serão semelhantes no caso de o receptor ser um colega. Serão dessemelhantes e até muito distantes em outros casos: caberá ao emissor, então, adaptar-se àquilo que ele considera serem as preocupações e as convicções do interlocutor, para convencê-lo com mais eficácia. Na falta disso, desenvolvem-se situações de diálogo de surdos, em que cada um se recusa a levar em conta a situação do outro: vêm-nos à mente aqueles conflitos sociais em que a direção está preocupada, acima de tudo, com a competitividade da empresa e com a concorrência internacional, ao passo que o operário tem os olhos voltados para a folha de pagamento e a evolução do custo de vida.

2.2. FATORES PSICOLÓGICOS E AFETIVOS:
PARA TOCAR MELHOR O RECEPTOR

Todos somos fruto de uma educação, todos temos certas fraquezas, certos defeitos, somos marcados por lembranças positivas ou negativas de nossas experiências. Conhecer-se e conhecer o outro são coisas preciosas para o emissor. Assim, ele pode evitar certos excessos nos quais, sabidamente, sua personalidade poderia levá-lo a incidir, como, por exemplo, a irritação, a falta de rigor ou a falta de atenção a conteúdos orais. Mas, conhecendo bem a personalidade do receptor, também pode escolher argumentos que sabe serem certeiros, por tocarem certa corda sensível. É assim que toda criança aprende depressa – e espontaneamente – a mudar de discurso quando se trata de convencer o pai ou a mãe...

2.3. FATORES INTELECTUAIS:
CONHECÊ-LOS É ESSENCIAL

Esses são os mais importantes, por serem mais facilmente controláveis que os anteriores. Em primeiro lugar, trata-se do código verbal, ou seja, do domínio da sintaxe e do vocabulário. Freqüentemente vinculados ao *status* social, quase sempre dependentes do nível de escolaridade, esses fatores são determinantes: é evidente que o uso de termos desconhecidos pelo receptor elimina qualquer chance de eficácia. A escolha de uma sintaxe mais ou menos rebuscada, por sua vez, influirá sobre o modo como a mensagem será recebida: caso o nível da língua seja culto, o receptor poderá apreciar a qualidade e o refinamento do enunciado ou, ao contrário, lamentar o que considera ser um preciosismo. A dificuldade é maior ainda quando os receptores são muito variados (por exemplo, um

Para familiarizar-se com a noção de argumentação

encontro com engenheiros e operários que devem ser convencidos de algo) ou desconhecidos.

Esse código verbal vem acompanhado por um código não verbal, evidentemente perceptível apenas em situações de oralidade. Assim, a presença de um público heterogêneo em termos de idade, sexo e, sobretudo, origem étnica deve ensejar atenção maior, pois é indubitável que as reações do corpo, também chamadas de reações não verbais, são um fator de *feedback* não desprezível e estão estreitamente ligadas à nossa cultura.

Deparamos a noção de cultura com o seguinte fator: as referências de cada um. Esse termo designa o conjunto de nossos conhecimentos, sejam eles escolares ou práticos: deve-se entender que são fruto de nossa personalidade, mas também de nosso meio sociocultural. Tais conhecimentos são cruciais, uma vez que orientam – às vezes inconscientemente – a nossa compreensão do mundo: assim, o emissor escolherá argumentos selecionados, com maior ou menor consciência, por suas referências, e o receptor aceitará com mais facilidade aquelas que se integrarem nas suas. Para conseguir boa comunicação, em geral, e boa eficácia argumentativa, em particular, é indispensável que o locutor se preocupe acima de tudo com o modo de pensar, os conhecimentos e as concepções do destinatário.

Quem desejar aprofundar-se nas expressões "modo de pensar" e "conhecimentos" dos receptores será aconselhado a ponderar os pontos seguintes, no que diz respeito a seu público:

• a ideologia dominante (se existir), o sistema de crenças e de valores (morais, religiosos, políticos…);
• motivações e objetivos no que diz respeito à intervenção escrita ou oral projetada, ou seja, as razões que o levariam a interessar-se, seu eventual desejo de aprender ou de ser convencido;
• eventuais pressupostos e resistências em relação ao assunto abordado ou à própria personalidade do emissor;
• o modo como ele percebe o autor da argumentação, o que o predispõe favoravelmente ou não.

O emissor deverá, finalmente, levar em conta a capacidade intelectual do receptor, especialmente sua rapidez em tratar e integrar informações novas. Portanto, o emissor deverá adaptar tanto o ritmo quanto a qualidade das explicações, fazendo um esforço pedagógico e científico, que consiste justamente em saber adequar suas análises às possibilidades do público.

Em outros termos, quanto mais definido for o público (o alvo, para utilizar um termo comercial), mais clara será sua personalidade na mente do locutor e mais facilmente este poderá adaptar sua estratégia ao auditório ou aos leitores, com maior probabilidade de eficácia.

Essa observação é mais válida ainda quando se tem uma situação de comunicação real, como a de um executivo que procure convencer os subordinados da necessidade de uma reforma: se não quiser falar no vazio, precisará saber quais são suas preocupações, concepção de trabalho e de relações humanas, objetivos em relação à empresa. Toda situação escolar (exame, concurso...) é sem dúvida muito mais artificial, pois se trata de demonstrar uma habilidade.

Para concluir, mencionaremos dois efeitos produzidos por todos esses fatores sociológicos, psicoafetivos e intelectuais na mente do emissor e do receptor. O primeiro é o efeito de halo: esse termo designa conotações, lembranças, sugestões, em suma, todas as vagas ressonâncias provocadas pela menção de um termo que nos seja caro ou, ao contrário, abominado.

Tomemos como exemplo a palavra *"patronato"*: embora cada interlocutor seja perfeitamente capaz de compreender seu sentido, deve-se admitir que ela não ressoará do mesmo modo na mente de um jornalista especializado em economia e na de um sindicalista. Todo emissor deve saber que nem todas as conotações presentes em sua mente serão compreendidas nem integradas do mesmo modo por cada receptor, e que uma mesma palavra poderá até sugerir a este conotações inversas! Cabe ao locutor ser prudente quando souber ou sentir que está abordando um tema delicado.

O segundo é a noção de filtro. De acordo com a imagem do objeto destinado a reter certas substâncias e deixar passar outras, a mente dos interlocutores selecionará certas informações, aceitando e memorizando algumas e rejeitando outras. Também nesse caso,

Para familiarizar-se com a noção de argumentação

são todos os fatores mencionados acima, portanto nosso passado, que orientam essa seleção. Tem-se aí um fenômeno muito importante, especialmente para o receptor. É errôneo considerar que este é um leitor ou um ouvinte passivo, pronto para aceitar passivamente os argumentos despejados pelo emissor, tal como um copo recebe o conteúdo de uma jarra. O emissor deve saber que não poderá impedir que as referências do destinatário privilegiem certas informações em detrimento de outras, de um modo – cabe lembrar – em parte inconsciente. Não podendo evitar esse inconveniente, será obrigado a dar grande importância a todos os fatores mencionados neste capítulo, ou seja, conhecer o máximo possível o receptor. Essa será sua única chance de adaptar-se melhor às preocupações deste último e de tornar, assim, mais eficaz a sua argumentação.

3. APROFUNDAMENTO DAS TÉCNICAS ARGUMENTATIVAS POR MEIO DE TEXTOS NARRATIVOS

Todo adolescente ou adulto que aborde a argumentação acredita estar se dedicando a um novo tipo de atividade, radicalmente diferente das que ele pratica habitualmente, ou seja, a leitura e a redação de textos narrativos, freqüentemente de ficção. No entanto, essa impressão forte deve ser ponderada por meio de algumas observações que mostrarão a dificuldade de propor uma definição simples e clara de argumentação.

A oposição antiga entre os diferentes tipos de texto – romance, teatro, poesia – deixa de ser válida em relação ao nosso tema: romance e teatro comportam, facultativa ou obrigatoriamente, fases de diálogo em que as personagens se defrontam, procurando convencer a outra da validade de seu comportamento ou de sua ideologia. As fábulas, por sua vez, veiculam uma moral, o que subentende o intuito de influenciar a opinião do leitor. Por isso, é preciso recorrer a outras análises para ver com mais clareza.

Algumas distinções mais recentes, baseadas na tipologia dos textos, são mais adequadas, mas assim como resolvem problemas também os ensejam. Um texto explicativo, uma definição de dicionário, por exemplo, pode ser direcionado, portanto argumentativo. Citando: *"propriedade é roubo"* (Proudhon). As descrições, por sua vez, sendo sempre uma seleção de detalhes, podem tornar-se argumentativas pela simples conotação positiva ou negativa de sua orientação.

Inversamente, se admitirmos que um texto argumentativo desenvolve, acima de tudo, idéias, a necessidade de justificar pontos de vista, de que falamos acima, pode levar a citar casos, portanto a produzir um trecho narrativo. A distinção ressaltada entre os diferentes tipos de texto revela-se então muito perigosa.

Em vez de falar de textos argumentativos ou narrativos, é melhor lançar mão da noção de seqüência argumentativa ou narrativa. Essa precisão permite dar mais conta da complexidade dos textos reais; também tem a vantagem – importante a nosso ver – de estimular a análise de trechos narrativos ou poéticos de orientação argumentativa. Também possibilita recusar a clivagem absoluta entre esses diferentes tipos de textos e, assim, cria uma ponte, um nexo lógico entre a narrativa, que o redator conhece bem, e a noção de argumentação, o que só pode facilitar-lhe a tarefa.

Analisar mais de perto o conteúdo ou a expressão de algumas seqüências pertencentes a textos que são *a priori* não argumentativos permitirá que o leitor não só se familiarize com a reflexão, mas sobretudo levante muitos problemas e descubra técnicas que serão muito úteis conhecer e empregar quando ele mesmo precisar redigir um texto.

3.1. Narrativa em prosa: narrar já é argumentar!

A narrativa em si mesma conta uma história. Qual pode ser o nexo com um texto argumentativo? Além da possibilidade de constituir uma anedota que sirva de exemplo ao raciocínio, a narrativa em si mesma pode ser argumentativa, se aquilo que narrar for vetor de uma

Para familiarizar-se com a noção de argumentação

lição. Caberá ao leitor imaginar a moral que deve ser tirada de uma história (caso freqüente nas fábulas de La Fontaine e em qualquer lenda) ou interpretar a narrativa, que constitui então uma gigantesca metáfora, destinada a levar à aceitação de uma tese. É preciso ter em mente que, como todo locutor deve justificar seu ponto de vista, a utilização da narrativa lhe possibilitará ilustrar facilmente suas idéias fundamentais de modo concreto e vivo: por isso, ela não deve ser ignorada por quem quiser dominar a argumentação.

As pesquisas feitas desde muito tempo propiciaram melhor compreensão do modo como se estrutura uma narrativa, e as terminologias e as análises, ainda que variadas, são suficientemente concordantes para dar origem a um esquema de cinco etapas. Essa estrutura, já clássica, alia simplicidade, versatilidade e eficácia, qualidades essenciais para aquele que, mesmo não sendo escritor, queira conferir coerência a uma história. Vejamos rapidamente as diferentes partes que estruturam uma narrativa:

- situação de partida estável: esta permite, por um lado, fixar o contexto (tempo, lugar, outras circunstâncias) e apresentar as personagens implicadas e, por outro, demonstrar que a narrativa só se torna realmente interessante quando, na etapa seguinte, sobrevém um acontecimento anormal que vai desencadear a ocorrência de uma situação problemática;
- um elemento perturbador, fator de desequilíbrio: essa noção é essencial, pois é esse elemento que vai desencadear a existência de uma situação problemática. Ele pode decorrer do acaso, do contexto ou da vontade de uma personagem;
- entrecho: trata-se das conseqüências induzidas pelo elemento acima: podem ser materiais ou psicológicas;
- desfecho, reequilíbrio: essa fase de resolução das tensões precedentes possibilita encerrar o episódio problemático, dar solução a uma situação insatisfatória. Supõe que alguém tomou uma decisão, agiu com sucesso ou foi ajudado pelas circunstâncias ou por outra personagem;
- retorno a uma situação estável: essa etapa possibilita medir o caminho percorrido desde a última fase de estabilidade, ou seja, a

primeira parte, e reencontrar o curso dos acontecimentos, geralmente considerados como "normais".

Ao longo de uma argumentação escrita ou oral, determinada narrativa pode ser construída e apresentada na forma de anedota, como neste trecho de *Antígona*, de Jean Anouilh.

(Creonte, tio de Antígona, procura convencê-la de que às vezes um chefe tem a obrigação de tomar decisões difíceis ou contestáveis, ou mesmo aceitar concessões, coisa a que ela se recusa.)

Mas, meu Deus! Tente entender um minuto, você também, idiota! Eu bem que tentei entendê-la. Mas alguém haverá de dizer sim. Mas alguém haverá de tocar o barco. A coisa está fazendo água por todos os lados, é tudo crime, asneira, miséria… E o leme lá, oscilando. A tripulação não quer fazer mais nada, só pensa em saquear o porão, e os comandantes já estão até construindo uma jangadazinha confortável, só para eles, com toda a provisão de água doce, para pelo menos se safarem daqui com os ossos. E o mastro está estralando, e o vento sibilando, e as velas vão se rasgar, e todos esses animais vão pifar juntos, porque só pensam na própria pele, em sua preciosa pele e nos seus negocinhos. Está achando que há tempo para refinamentos, saber se é preciso dizer "sim" ou "não", ficar pensando se um dia a gente haverá de pagar caro demais e ainda poderá ser gente depois disso? É pegar o casco, é acertar o rumo diante da montanha de água, é berrar uma ordem, é atirar na massa, no primeiro que avançar. Na massa! Coisa sem nome. É como a vaga que acaba de rebentar no convés, na sua frente; o vento que açoita e a coisa que cai no meio do grupo não têm nome. Talvez seja aquele que, no dia antes, lhe deu fogo, sorrindo. Deixou de ter nome. E você também, você deixou de ter nome, agarrado à cana do leme. Só o barco tem nome, ele e a tempestade. Dá para entender isso?

A estrutura da narrativa

Para tornar sua história mais viva, Creonte nos mergulha de imediato na etapa nº 2, ou seja, na fase de perturbação, reforçando assim o aspecto crítico da situação:

Para familiarizar-se com a noção de argumentação

"Fazendo água por todos os lados"
"E o leme lá, oscilando"

O entrecho é constituído por todas as conseqüências da tempestade, sejam elas materiais ou humanas; por exemplo:

"As velas vão se rasgar"
"Todos esses animais vão pifar juntos"

A fase de reequilíbrio põe em cena aquele que toma a direção do navio e assim evita a catástrofe:

"É pegar o casco, é acertar o rumo diante da montanha de água, é berrar uma ordem, é atirar na massa, no primeiro que avançar."

A última fase, estável, também está eliminada; como o locutor demonstrou o que queria, é inútil diluir sua narrativa; mais vale privilegiar o essencial.

A metáfora náutica

A narrativa incluída num texto argumentativo muitas vezes é uma metáfora desenvolvida. Essa técnica, baseada na analogia (aqui: chefe em geral = capitão de navio), dá vida e elementos concretos e impressionantes. O vocabulário marítimo, portanto, está bem representado, tanto no que se refere ao contexto (*"o barco, o mastro estralando, o vento sibila, as velas vão se rasgar"*), à atitude dos subordinados (*"a tripulação, os comandantes, construindo uma jangadazinha"*), quanto ao comportamento do responsável que toma a direção do conjunto (*"acertar o rumo... berrar uma ordem"*). Nesse caso, a exigência principal é a coerência na metáfora, que confere unidade e vigor à narrativa.

A tese defendida

Evidentemente, ela deve ser deduzida da narrativa; nisso, exige esforço de participação do interlocutor, o que constitui um dos interesses desse procedimento; aliás, é o que Creonte ressalta:

"Tente entender"

"Está achando que há tempo para refinamentos?"

"Dá para entender isso?"

Está claro que o leitor ou o ouvinte encontra uma lição ou várias lições diferentes na narrativa e nestes diferentes dados, em função de sua perspicácia:

"Todos esses animais vão pifar juntos, porque só pensam na própria pele, em sua preciosa pele e nos seus negocinhos" = Numa situação crítica, o egoísmo não oferece solução válida; deve-se optar pela cooperação, possível sob a autoridade de uma única pessoa.

"Na massa! Coisa sem nome. Talvez seja aquele que, no dia antes, lhe deu fogo, sorrindo. Deixou de ter nome. Só o barco tem nome, ele e a tempestade" = O interesse geral domina os interesses particulares e exige, por exemplo, que se desprezem todos os sentimentos.

A expressão

No nosso exemplo, a principal qualidade do estilo é dar vida e vigor à narrativa, o que se obtém, entre outras coisas, com as seguintes táticas:

• uso de palavras vagas, que conferem grande rudeza à expressão:

"**A coisa** está fazendo água; é **tudo** crime...; o leme **lá**"

• acumulação e repetição de uma mesma expressão, fator de secura:

"**É** pegar o casco, **é** acertar o rumo diante da montanha de água, **é** berrar uma ordem, **é** atirar na massa"

"**E** o mastro está estralando, **e** o vento sibilando, **e** as velas vão se rasgar, **e** todos esses animais vão pifar"

• numerosas palavras de efeito e expressões familiares:

"animais, pifar, berrar, atirar na massa";

- ritmo ternário, freqüentemente usado na linguagem oral para valorizar noções:

"Tudo é crime, asneira, miséria."

3.2. NARRATIVA EM VERSOS: A FÁBULA E SUA MORAL

É pouquíssimo provável que, para convencer, alguém hoje em dia faça versos, a não ser que seja desafiado. No entanto, é inegável que, não obstante sua estrutura versificada, a fábula (como a que citamos abaixo) possibilita identificar alguns pontos intelectualmente importantes, ligados à argumentação.

A VIUVINHA

Em perda de marido há suspiros e ais,
Passado o escarcéu, vem a consolação:
Sobre as asas do tempo as tristezas se vão,
E a alegria é o tempo que traz.
Entre esta viúva de agora
E aquela viúva de outrora
É difícil de crer: que diferença vai!
Nem parece a mesma mulher:
Uma faz medo à gente; a outra como atrai!
Choro falso ou real: é só o que aquela quer;
Em torno de um bordão sua conversa gira:
"Nunca mais consolo haverá!"
Isto se diz, mas é mentira,
Como esta história mostrará.
História não, pura verdade.

O marido de uma beldade
Para o além se foi. Ao lado do defunto,
Gritava ela: "espera, eu também parto junto,
Minha alma com a tua está pronta a voar".
Partiu o marido somente.
Tinha a beldade um pai: homem sábio e prudente,

Deixou o dilúvio passar.
Depois, a fim de a consolar,
Disse-lhe ele: "Filhinha, afogar teus encantos
Não dá lucro ao finado; enxuga já teu pranto.
Esquece os mortos: há tanto vivo no mundo!
Não digo que tua melhoria
O teu luto transformaria
Em bodas nuns poucos segundos,
Mas, dentro de algum tempo, aceita um pretendente
Belo, jovem, bem-feito, algo bem diferente
Do morto." "Ah – foi dela o gemido –
Um claustro será meu marido."
E na digestão da desgraça
Um mês inteirinho se passa.
O seguinte é usado, horas e dias a fio,
Em trocas que ao toucado ou à roupa se ajeitem.
O luto, enfim, serve de enfeite,
Na falta de outro atavio.
Do amor a revoada gentil
Retorna ao seu pombal: jogos, dança, alegria
Revelam então suas virtudes:
E na fonte da juventude
É um tal de afundar todo dia.
Já não receia o pai o defunto querido;
Mas, visto que mais nada disse à nossa bela,
"Quede aquele jovem marido
Que o senhor prometeu?" – disse ela.

La Fontaine, Fábulas, VI, 21.

Os dois pólos da fábula (e de toda argumentação)

La Fontaine separou nitidamente as duas etapas de sua fábula, o que justifica nossa escolha:

• a lição moral que se pode tirar;
• a narrativa viva e às vezes irônica que a ilustra.

Logo de início, portanto, é afirmado um dos princípios da argumentação, que apresenta ao mesmo tempo conceitos abstratos

Para familiarizar-se com a noção de argumentação

(idéia, tese, moral...) e exemplos concretos (fatos, casos, números eventualmente...). Ora, a relação entre esses dois elementos é, afinal, complexa e cria alguns problemas.

O primeiro é o da validade do exemplo; num piscar de olhos, como só ele sabe, La Fontaine resolve esse problema espinhoso com um jogo de palavras, alegando que sua *"história"* é de fato *"verdade"* (versos 14-15). Mas que prova temos disso, além da boa-fé do narrador? Numa argumentação corrente, o narrador deverá, portanto, prestar atenção à veracidade dos fatos narrados.

O segundo problema é constituído pela relação ambígua que há entre tese e exemplo. La Fontaine optou nessa fábula por apresentar o caso depois das noções que ele quer defender (A mulher é mutável / o tempo apaga tudo): aqui, o exemplo serve de prova. Cabe lembrar que muitas vezes ele adota o procedimento inverso, ou seja, a fórmula moral vem encerrar a narrativa, e esta parece ser a origem da noção. Qual é então a relação real entre o exemplo e o conceito correspondente? Convenhamos que ela é dupla: de maneira geral e cotidiana, são as diferentes situações concretas, vistas ou vivenciadas, que forjam nossas concepções; mas, no domínio técnico da argumentação, a exemplificação é concebida como prova, como justificação *a posteriori* da idéia, e não como aquilo que lhe deu origem.

Essa ambigüidade nos remete de fato ao fenômeno da indução. Intelectualmente falando, isso consiste em refletir do particular ao geral, do exemplo preciso à tese global correspondente. Na vida comum, é principalmente a repetitividade e a regularidade de certas situações que nos levam a inferir uma explicação ou uma idéia. Assim, são as observações cotidianas que forjam cada uma de nossas concepções, no domínio político, por exemplo. Mas logo se percebem os pontos fracos desse procedimento, que, no entanto, é corrente. Por um lado, o observador tende a ser muito subjetivo, ou seja, a selecionar certos detalhes que serão adotados exclusivamente, o que orienta em grande parte a escolha final. Por outro lado, se quiséssemos reduzir essa subjetividade e atribuir valor quase científico a esse tipo de raciocínio, precisaríamos dispor da lista exaustiva de todos os exemplos correspondentes a uma noção (por exemplo, a noção de totalidade das viúvas de todos os países e de todos os tempos), para analisá-los e deles deduzir uma máxima moral. Esse procedimento, claro, é tecnicamente impossível; isso explica que, na falta de coisa melhor, contentamo-nos com uma "amostra representativa" de situação e, na pior das hipóteses, tomamos por base um único exemplo para fundamentar nossas reflexões.

Portanto, não é possível prescindir de base concreta, mas o mínimo que se pode dizer é que o estatuto do exemplo é problemático e vago; por isso, voltaremos a isso no capítulo "Gestão dos exemplos".

Instrumentos da argumentação

A redação argumentativa obrigatoriamente privilegia certo número de técnicas que o aprendiz de redator deve dominar; La Fontaine nos dá aqui alguns exemplos dessas técnicas, tanto por sua pena quanto pelas palavras do pai da jovem viúva (ele também desenvolve uma argumentação).

Afirmações, constatações

Servem para conferir grande firmeza à reflexão e para traduzir a certeza do locutor quanto às suas próprias teorias, ainda que nem sempre ele as justifique. Por outro lado, toda reflexão baseia-se forçosamente num ponto de partida, mais ou menos apresentado como postulado.

> Em perda de marido há suspiros e ais,
> Sobre as asas do tempo as tristezas se vão,

É em nome da eficácia e do vigor (ambos destinados a obter adesão) que se privilegia esse tipo de apresentação.

Demonstração lógica ou... pseudológica

Todo argumento deve basear-se pelo menos em um raciocínio que utilizará com freqüência relações de causa ou conseqüência, ou

Para familiarizar-se com a noção de argumentação

na lógica dos fatos (veremos isso no capítulo "Principais eixos do raciocínio lógico"). É isso o que o pai faz quando afirma:

> [...] afogar teus encantos
> Não dá lucro ao finado; enxuga já teu pranto.

Stricto sensu, mesmo que se acredite na imortalidade da alma, o marido morto não *"lucra"* com os encantos da viúva.

Pode-se observar, porém, que a lógica pode ser apenas aparente, ou seja, ela transparece na forma de uma frase através de certas palavras, mas não justifica nada, como no seguinte conselho:

> Esquece os mortos: há tanto vivo no mundo!

A existência (incontestável) dos seres vivos explicará que os mortos devem ser esquecidos? Isso precisa ser justificado. Trata-se, portanto, de um procedimento pseudológico.

Recurso a imagens

Esse procedimento é freqüente em poesia, que recorre principalmente a quadros. Assim, o tempo é personificado:

> Sobre as asas do tempo as tristezas se vão,
> (O pai) Deixou o dilúvio passar.

Mas a imagem também é utilizada como técnica argumentativa; embora de rigor contestável, sua eficácia em contexto de persuasão é certa, o que justifica o seu estudo no capítulo "Algumas técnicas de estilo".

Orientação da narrativa... ou da argumentação

Construir uma reflexão é escolher os argumentos que conduzirão a demonstração para o sentido desejado pelo locutor. Esse princípio essencial, geralmente denominado orientação, que será estudado no capítulo "Como orientar a argumentação", também é aplicável à narrativa: construir uma narrativa argumentativa é escolher os acontecimentos que tendam a demonstrar a tese (e somente eles). Assim, La Fontaine organizou uma progressão clara nas atitudes da viúva, por ele consideradas, em detrimento de outros comportamentos possíveis:

- tentação do suicídio:

    Minha alma com a tua está pronta a voar;

- tentação da clausura:

    Um claustro será meu marido;

- evolução dos trajes:

    O seguinte é usado, horas e dias a fio,
    Em trocas que ao toucado ou à roupa se ajeitem;

- evolução do comportamento:

    [...] jogos, dança, alegria
    Revelam então suas virtudes;

- pergunta expressa, sinônimo do esquecimento do defunto:

    "Quede aquele jovem marido
    Que o senhor prometeu?" – disse ela.

Essa evolução corresponde de fato a uma contradição total entre o início (vontade de morrer) e o fim (esquecimento da morte). A escolha dos exemplos, dos detalhes de uma história, assim como a escolha dos argumentos, é, pois, crucial para o êxito do desenvolvimento.

Para familiarizar-se com a noção de argumentação

Modalização dos argumentos

Uma idéia pode ser expressa com maior ou menor firmeza; o locutor pode querer insistir em seu aspecto absoluto e obrigatório ou, ao contrário, apresentá-la como simples eventualidade. Ela é então modalizada, o que veremos no capítulo "Modalização". Nesse contexto, podemos sentir a necessidade de atenuar uma afirmação peremptória demais, o que torna a argumentação mais objetiva e policiada. Foi o que fez o pai da moça com estas palavras:

> Esquece os mortos: há tanto vivo no mundo!
> Não digo que tua melhoria
> O teu luto transformaria
> Em bodas nuns poucos segundos,
> Mas...

A estrutura *"Não digo... mas"* é importante na argumentação, pois ao mesmo tempo torna o enunciado mais preciso, correto e atenuado.

Ironia

Entre as técnicas de estilo que estudaremos no capítulo "Algumas técnicas de estilo", o tom da narrativa ou do discurso argumentativo ocupa posição privilegiada. Adivinha-se assim o olhar zombeteiro do narrador, que, como velho sábio, conhece de antemão o resultado do comportamento da jovem viúva, através das palavras que a designam; assim, é muito freqüente a indeterminação do agente das ações:

> O (mês) seguinte **é usado**, horas e dias a fio,
> **Em trocas [...]**
> **É um tal de afundar** todo dia.

Essa falsa objetividade, esse distanciamento voluntário da heroína cria certa conivência entre o narrador (zombeteiro), a heroína e o leitor, conivência que culmina com a expressão *"nossa bela"*. Do ponto de vista argumentativo, o possessivo "nossa" não é inocente: colocado

A arte de argumentar

no fim da narrativa, assim como poderia ser colocado no fim de um raciocínio, exprime que a opinião do locutor e a do seu leitor são unas: não será essa a melhor prova do sucesso de uma argumentação?

3.3. DIÁLOGO: ARGUMENTAÇÃO EM AÇÃO

Logo de início, ressaltamos o nexo que une argumentação e diálogo. É evidente que, num romance, a confrontação de duas personagens é a situação que, na maioria das vezes, dá acesso à noção de opinião e ao estudo de certos procedimentos argumentativos. O interesse freqüente dessas seqüências é enfatizar os seguintes pontos fundamentais:

- elo entre idéias e atitude (tom, gestos, movimentação) das personagens;
- emprego dos verbos de comunicação, que permite estudar o papel dos discursos direto e indireto na apresentação das respectivas teses;
- organização da argumentação (justificação, utilização das conseqüências, ordem das idéias, hipóteses);
- técnicas de refutação (reformulação, concessão) e consideração dos argumentos contrários;
- procedimentos retóricos destinados a convencer (fórmulas, ritmos ternários, perguntas retóricas etc.);
- sistemas de referências implícitas ou explícitas de cada um dos interlocutores.

Com exceção do primeiro ponto, cujo interesse é essencialmente narrativo, deve-se observar que os outros centros de interesse evidenciarão procedimentos que o redator de um texto argumentativo deverá saber dominar. Assim, seria possível estudar o trecho abaixo, extraído de *Au bonheur des Dames*[1] de Émile Zola, à luz das observações que se seguem.

---

1 Trad. livre, *Paraíso feminino*, nome de uma loja que dá título ao romance. [N. da T.]

Para familiarizar-se com a noção de argumentação

(Mouret, gerente de uma grande loja de departamentos, quer impor a Bourdoncle, seu assistente, a venda de um novo tecido, o *Paris-Bonheur*, por um preço que impeça qualquer concorrência.)

– Então, está decidido – continuou ele (ele = o chefe de departamento) –, marcamos a cinco francos e sessenta... O senhor sabe que esse é mal e mal o preço de custo.

– Sim! Sim, cinco francos e sessenta – disse com vivacidade Mouret –, e, se eu estivesse sozinho, venderia com prejuízo.

O chefe de departamento deu uma gargalhada.

– Oh! Por mim, está mais do que bom... As vendas vão triplicar, e como meu único interesse é obter uma boa receita...

Mas Bourdoncle continuava sério, com os lábios crispados. [...] Tinha voltado às suas antigas preocupações, em vista das tramóias da propaganda, que lhe escapavam. Ousou demonstrar repugnância, dizendo:

– Vender a cinco francos e sessenta é o mesmo que vender com prejuízo, porque precisamos descontar as despesas, que são consideráveis... Poderia ser vendido a sete francos.

De repente, Mouret se zangou. Com a mão aberta, deu um tapa na seda, e gritou nervoso:

– Mas eu sei, e é por isso que quero presentear nossas clientes... Na verdade, meu caro, o senhor nunca vai perceber bem a mulher. Entenda que elas vão se engalfinhar por essa seda!

– Vão mesmo – interrompeu o interessado, que teimava –, e, quanto mais elas se engalfinharem, maior será o nosso prejuízo.

– Vamos perder alguns cêntimos sobre o preço do artigo, concordo. Mas e daí? Que mal há nisso? Se atrairmos todas as mulheres e elas ficarem nas nossas mãos, seduzidas, enlouquecidas diante dos montes de mercadoria, esvaziando a carteira sem fazer contas! Tudo, meu caro, resume-se em despertar o entusiasmo delas, e para isso é preciso um artigo que dê satisfação, que seja marcante. Em segundo lugar, os outros artigos podem ser vendidos pelo mesmo preço dos outros lugares, e elas vão acreditar que em sua loja estão pagando menos. Por exemplo, nosso *Cuir d'Or*, aquele tafetá de sete francos e cinqüenta, que é vendido em todo lugar por esse preço, também vai ser visto como uma tremenda pechincha, e isso vai bastar para cobrir o prejuízo do *Paris-Bonheur*... Você vai ver, você vai ver!

Ele estava ficando eloqüente.

– Entenda bem, quero que em oito dias o *Paris-Bonheur* revolucione a praça. Ele é nosso golpe de sorte, é ele que vai nos salvar e promover. Não se falará de outra coisa, a ourela azul e prata será conhecida nos quatro cantos da França... E o senhor haverá de ouvir as queixas raivosas dos nossos concorrentes. O pequeno comércio vai sair arranhado. Para a cova, todos esses brechós corroídos pelo reumatismo, para a cova!

Cabe observar, em primeiro lugar – pois se trata de um diálogo –, a presença de elementos verbais e não verbais, que podem ser encontrados em toda argumentação oral conflituosa e traduzem o estado de espírito dos interlocutores. Assim, Mouret se mostra nervoso quando alguém se opõe às suas concepções: *"De repente, Mouret se zangou. Com a mão aberta, deu um tapa na seda, e gritou nervoso."* Ao entusiasmo e ao nervosismo de um opõe-se a casmurrice de outro, defensor de concepções conservadoras: *"Mas Bourdoncle continuava sério, com os lábios crispados."*

Por outro lado, Émile Zola dá informações sobre um elemento não desprezível de toda intervenção oral: o tom. A altercação aparece viva, pois se nota: *"disse com vivacidade Mouret"*, *"gritou nervoso"*, *"Vão mesmo – interrompeu o interessado..."*

Também aparecem interpelações que, apesar de dificilmente realizáveis por escrito, não deixam de constituir meios de influir sobre os outros. Mouret lança mão da ironia (*"meu caro"*); na maioria das vezes, chama a atenção de Bourdoncle usando imperativos (*"Entenda que"* e *"Entenda bem"*) ou locuções verbais como: *"Você vai ver, você vai ver!"*, *"haverá de ouvir"*. Estes últimos demonstram que toda persuasão é, acima de tudo, autopersuasão, pois ele pede que seu assistente imagine uma realidade hipotética, sugerindo-lhe uma situação futura, como se este último a visse com seus próprios olhos.

A noção de diálogo também possibilita ser sensibilizado para a consideração da tese contrária, que é necessária, embora nem sempre observada nas discussões correntes. É verdade que o narrador nos ajuda a posicionar as duas personagens uma em relação à outra:

Para familiarizar-se com a noção de argumentação

"(Bourdoncle) Ousou demonstrar repugnância", *"(Bourdoncle), que teimava"*. Essas técnicas ficcionais sem dúvida não serão possíveis numa argumentação escrita; em contrapartida, esse texto contém alguns exemplos claros das interações entre as teses opostas.

Primeira constatação: uma argumentação saudável supõe atenção e compreensão da tese contrária; esse comportamento, que nem sempre se observa nos debates orais, é o de Mouret: *"Eu sei"* – responde ele ao adversário. Segundo problema: que fazer com uma idéia de que se desacorda? Zola propõe três soluções das mais correntes:

- aceitação integral da idéia, que volta como um bumerangue contra aquele que a emitiu:
  - idéia 1: *"Vender a cinco francos e sessenta é como vender com prejuízo"*;
  - idéia 2: *"eu sei, **e é por isso** que quero presentear nossas clientes"*;
- aceitação fingida da concepção contrária, para, na verdade, confirmar sua própria tese:
  - idéia 1: *"quero presentear nossas clientes"*;
  - idéia 2: *"**Vão mesmo**, e, quanto mais elas se engalfinharem, maior será o nosso prejuízo"*;
- aceitação parcial da idéia oposta, em outras palavras, concessão, para contra-atacar melhor:
  - idéia 1: *"quanto mais elas se engalfinharem, maior será o nosso prejuízo"*;
  - idéia 2: *"Vamos perder alguns cêntimos sobre o preço do artigo, **concordo**. Mas e daí? Que mal há nisso? Se atrairmos todas as mulheres."*

Mas é na análise da técnica argumentativa que o texto é mais rico e permite estabelecer numerosos parâmetros. Vejamos alguns dados essenciais a todo raciocínio:

- utilização das relações de causa (*"porque"*) para explicar, de condição (*"se"*), de finalidade, em relação com os meios (*"Tudo, meu caro, resume-se em despertar o entusiasmo delas, e **para isso** é preciso um artigo que dê satisfação"*);
- recurso a uma norma, a uma fórmula geral que é apresentada como postulado, o que confere aparência objetiva e sólida à afir-

mação: *"o senhor nunca vai perceber bem a mulher"* e *"Tudo se resume em despertar o entusiasmo delas"*;

- a presença de um exemplo, para ilustrar o que está sendo dito: *"Por exemplo, nosso* Cuir d'Or, *aquele tafetá de sete francos e cinqüenta, que é vendido em todo lugar por esse preço, também vai ser visto como uma tremenda pechincha"*;
- as palavras com conotação muito positiva ou então absolutamente exageradas, por isso mesmo destinadas a obter adesão: *"presentear"*, *"golpe de sorte"*, *"seduzidas"*, *"enlouquecidas"*, *"esvaziando a carteira sem fazer contas"*, *"revolucionar"*, *"nos quatro cantos da França"*, *"Para a cova, todos esses brechós"*;
- a analogia, procedimento que (como se verá) é intelectualmente contestável, mas eficaz porque leva à compreensão por referir-se a uma noção simples e concreta: *"Vender a cinco francos e sessenta **é como** vender com prejuízo"*;
- menção de imagens, cenas realistas destinadas a dar vida e levar a imaginar uma virtualidade e torná-la mais lisonjeira: *"Não se falará de outra coisa [...] E o senhor haverá de ouvir as queixas raivosas dos nossos concorrentes"*;
- procedimentos expressivos, destinados a chamar a atenção do interlocutor para uma idéia, valorizando-a de um modo ou de outro; por exemplo, com o paralelismo (*"**Quanto mais** elas se engalfinharem, **maior** será o nosso prejuízo"*), com o determinante que inclui o interlocutor no raciocínio do locutor (*"**nossas** clientes"*), levando assim a crer que os adversários estão de acordo, ou com os verbos cujo sentido implica eficácia (*"é preciso"*).

3.4. Monólogo ou aprendizagem
do descentramento

Pode ocorrer que, após um episódio, o narrador interrompa o curso da intriga para refletir sobre o sentido dos acontecimentos que a(s) personagem(ns) acaba(m) de vivenciar. Pode procurar extrair alguma lição ou elucidar sua concepção de mundo.

Para familiarizar-se com a noção de argumentação

Essa reflexão assume então a forma de monólogo interior de uma personagem. O que é um monólogo, senão o diálogo entre dois pontos de vista divergentes, entre duas partes de uma mesma pessoa? Sua análise desperta um interesse que, em grande parte, também é despertado pela análise do diálogo. Além disso, possibilita chamar a atenção para uma noção pouquíssimo estudada: o descentramento. Tratar um tema de reflexão pressupõe que o redator saiba assumir certo distanciamento em relação às suas próprias opiniões, por duas razões pelo menos:

- é preciso não cair na armadilha das primeiras idéias que ocorram, mas analisá-las e criticá-las, em suma, compreender seus limites e até recusá-las, às vezes, se forem contestáveis;
- ser capaz também de reproduzir os pontos principais da tese contrária de modo objetivo, para poder refutá-los.

Tudo isso pressupõe abertura mental e descentramento, o que se pode ver claramente neste outro exemplo extraído de *Au Bonheur des Dames*.

(Mouret, diretor de uma grande loja de departamentos, costumava achar que ninguém resistia às suas investidas, principalmente as balconistas. Ora, uma delas, Denise, resiste, e isso justifica o seguinte monólogo interior):

Mouret, porém, vivia angustiado. Seria possível? Aquela moça o torturava a tal ponto! Ele sempre a via chegar ao Paraíso, com seus sapatos grosseiros, o vestido preto ralo, o ar selvagem. Era gaga, todos zombavam dela, ele mesmo a achara feia no começo. Feia! E, agora, ela o teria posto de joelhos com um olhar, ele só a enxergava em meio a um raio de luz! Além disso, ela acabara sendo a última da loja, relegada, escarnecida, tratada por ele como bicho estranho. Durante meses, ele quisera ver como uma moça medrava, divertira-se com aquela experiência, sem perceber que estava brincando com seus próprios sentimentos. Ela, aos poucos, crescia, tornava-se temível. Talvez ele a amasse desde o primeiro minuto, mesmo quando achava que só sentia pena. No entanto, só sentiu que lhe pertencia na tarde do passeio, sob as castanheiras das Tulherias. Sua vida começara ali, ele ouvia as risadas de um grupo de mocinhas, o gorgolejo longínquo de um chafariz, enquanto, na sombra quente, ela andava ao seu lado, silenciosa. Em seguida, ele não sabia bem, a febre aumentara hora a hora, todo o seu sangue, todo o seu ser se entregara. Uma criança daquelas, seria possível? Quando ela passava, agora, o vento brando de seu vestido parecia-lhe tão forte, que ele cambaleava.

Durante muito tempo, ele se revoltara, e às vezes ainda se indignava, queria livrar-se daquela obsessão imbecil. Que tinha ela, afinal, para amarrá-lo assim? Por acaso não a conhecera descalça? Ela não tinha sido admitida quase que por caridade? Se pelo menos fosse uma daquelas mulheres soberbas, que causam furor! Mas aquela mocinha, aquela coisa de nada! Em suma, ela tinha uma daquelas caras bisonhas que não despertam comentários. Não devia nem sequer ter lá muita inteligência, porque ele se lembrava das bobagens que ela fez quando começou. Depois, passado cada acesso de raiva, ele tinha uma recaída de paixão, como que um terror sagrado por ter insultado o seu ídolo. Ela trazia tudo o que há de bom na mulher: coragem, alegria, simplicidade; e, de sua doçura, recendia um feitiço que tinha a sutileza penetrante do perfume. Não era possível vê-la, conviver com ela como se fosse qualquer uma; logo o feitiço estava agindo com força lenta, invencível; e, se ela se dignasse sorrir, quem visse pertencia-lhe para sempre. Tudo sorria então no seu rosto branco, nos olhos lilases, nas covinhas das faces e do queixo; enquanto isso, os pesados cabelos loiros também pareciam iluminar-se, com uma beleza régia e conquistadora. Ele se confessava vencido, ela era inteligente; como era bonita, sua inteligência vinha do melhor de seu ser.

Duas Denises se defrontam na mente de Mouret, como duas teses na mente de quem pesa o pró e o contra.

Mostra-se uma primeira série de defeitos: *"sapatos grosseiros"*, *"vestido ralo"*, *"ar selvagem"*, *"relegada"*, *"escarnecida"*, *"tratada por ele como bicho estranho"*.

Adiante aparece uma segunda série: *"admitida quase que por caridade"*, *"uma daquelas caras bisonhas que não despertam comentários"*, *"não devia nem sequer ter lá muita inteligência"*.

As qualidades o vencem no fim da reflexão: *"coragem"*, *"alegria"*, *"simplicidade"*, *"doçura"*, *"feitiço"*, *"inteligente"*.

Para familiarizar-se com a noção de argumentação

O descentramento de Mouret, que possibilita a análise da situação, manifesta-se pelo fato de que uma parte dele procura compreender a outra, mas nem sempre consegue; em todo caso, isso é feito com um esforço de lucidez.

Assim os defeitos (ou seja, a tese que deve ser refutada) são apresentados através do desenrolar cronológico reconstituído pelo passado: *"no começo"*, *"durante meses"*; o Mouret atual (*"agora"*) procura descobrir referenciais no passado (*"talvez ele a amasse desde o primeiro minuto"*, *"sua vida começara ali"*). Mas essa procura é hesitante e não necessariamente confiável, a exemplo da pessoa que reúne suas primeiras idéias para uma argumentação: *"talvez"*, *"Em seguida, ele não sabia bem"*. A parte da personagem que analisa a outra através das lembranças aproxima-se inevitavelmente do presente: *"Depois, passado cada acesso de raiva, ele tinha uma recaída de paixão"*, *"confessava-se vencido"*; presente que o leva à tese das qualidades de Denise. Assim como quem pesa o pró e o contra, ele se interroga e duvida: *"Seria possível?"* Na verdade, o descentramento dessa personagem que procura enxergar com clareza em si mesma deve ser o descentramento do futuro redator de uma argumentação que procura exemplos e raciocínios em apoio de uma ou outra tese; em todo caso, a lição de Mouret é que não nos devemos deixar levar pelas primeiras impressões ou idéias, mas passá-las pelo crivo da análise.

Na vida comum, como na vida profissional, muitas vezes aproveitamos uma pausa em meio a uma série de acontecimentos, uma suspensão das ações para meditar em fatos passados, tentar deduzir deles uma lição ou comunicar nossas conclusões a outra pessoa, simples confidente ou superior hierárquico: em todo caso, é sempre questão de construir uma argumentação destinada a convencer, ou a convencer-se.

3.5. DISCURSO OU ARGUMENTAÇÃO ORAL

Mesmo não redigindo uma dissertação, a personagem que se dirige a uma multidão deve ser o mais persuasiva possível. Portanto, em muitos discursos desse tipo será possível encontrar um campo de exploração referente:

- à organização dos temas e aos meios retóricos de persuasão que já abordamos no diálogo;
- à noção de consideração do receptor, do público. De pouca utilidade em meio escolar, já que o papel essencial do destinatário, como vimos, é julgar um trabalho, e não ser influenciado por ele, a existência de um público concretamente presente (argumentação oral) ou ulterior e fictício (argumentação escrita, manifesto) é uma chave para a eficácia. De fato, o convencimento é mais eficaz quando se levam em conta os conhecimentos, as referências, a cultura, a ideologia e os possíveis objetivos dos destinatários.

Assim, em *Germinal*, Émile Zola põe em cena mineradores em greve, que se reúnem clandestinamente, à noite, na floresta, para ouvir um deles, Étienne, falar.

"Camaradas, já que nos proíbem de falar, já que nos mandam a polícia, como se fôssemos bandidos, precisamos aqui chegar a um acordo! Aqui, somos livres, estamos em casa, ninguém virá nos calar a boca, assim como ninguém cala os pássaros e os animais!" Respondeu-lhe uma trovoada de gritos e exclamações.

– Sim, sim, a floresta é nossa, temos o direito de conversar aqui... Fale!

Então Étienne ficou imóvel por um instante sobre o tronco de árvore. A lua, baixa ainda no horizonte, continuava iluminando apenas os ramos mais altos; e a multidão permanecia imersa nas trevas, acalmando-se aos poucos, silenciosa. Ele, também nas trevas, projetava uma barra de sombra acima dela, no alto da encosta.

Levantou um braço num gesto lento e começou; mas sua voz já não troava, assumira o tom frio de um simples representante do povo que presta contas. Enfim, fazia o discurso que o comissário de polícia interrompera em *Bon-Joyeux*; e começava com um histórico rápido da greve, afetando uma eloquência científica: fatos, nada mais que fatos. De início, falou de sua repugnância à greve: os mineradores não a queriam, foi a Direção que os provocou, com sua nova tarifa sobre a

Para familiarizar-se com a noção de argumentação

madeira. Em seguida lembrou as primeiras tentativas dos representantes junto ao diretor, a má-fé da Régie, e, mais tarde, na segunda tentativa, a sua concessão tardia, os dez cêntimos que ela devolvia depois de ter tentado roubá-los. Agora, estava-se naquela situação, ele estabelecia numericamente a penúria da caixa de previdência, indicava o uso da ajuda enviada, desculpava com algumas frases a Internacional, Pluchart e os outros, por não poderem fazer mais por eles, em meio às suas preocupações com a conquista do mundo. Portanto, a situação se agravava dia a dia, a Companhia estava devolvendo as carteiras de trabalho e ameaçando contratar operários na Bélgica; além disso, intimidava os fracos, convencera certo número de mineradores a descer de novo às minas. Ele continuava falando com sua voz monótona como que para insistir naquelas más notícias; considerava que a fome vencia, que a esperança morria, e que a luta chegava aos últimos estertores da coragem. E, de repente, concluiu, sem subir de tom.

– É nessas circunstâncias, camaradas, que vocês precisam tomar uma decisão nesta noite. Querem a continuação da greve? Se quiserem, o que pretendem fazer para vencer a Companhia?

Um silêncio profundo caiu da noite estrelada. A multidão, que não se via, calava-se na noite, sob aquelas palavras que lhe apertavam o coração; e só se ouvia um sopro desesperado através das árvores.

Mas Étienne já continuava com a voz mudada. Já não era o secretário da associação que falava, era o chefe do bando, o apóstolo portador da verdade. Haveria ali covardes que deixassem de cumprir a palavra? Como! Seria um mês de sofrimento inútil para todos, um retorno às minas de cabeça baixa e o recomeço da eterna miséria! Não seria melhor morrer logo, tentando destruir aquela tirania do capital que matava de fome o trabalhador? Continuar a submeter-se à fome até o momento em que a fome, de novo, lançasse os mais calmos à revolta, não era um jogo estúpido que não podia perdurar? E ele mostrava os mineradores explorados, suportando sozinhos os desastres das crises, reduzidos a parar de comer, sempre que as necessidades da concorrência reduzissem o preço de custo. Não! A tarifa da madeira não era aceitável, o que havia ali era apenas uma economia disfarçada, queriam roubar de cada homem uma hora de trabalho por dia. Daquela vez era demais, chegara a hora de os miseráveis, esgotados, fazerem justiça.

Ficou com os braços levantados.

A multidão, ouvindo a palavra justiça, sacudida por uma longa tremulação, explodiu em aplausos, que ressoavam com um rumor de folhas secas. Algumas vozes gritavam: "Justiça! Está na hora, justiça!"

Germinal, quarta parte, capítulo 7.

O contexto, a estrutura e o conteúdo desse discurso possibilitam melhor percepção de alguns dados essenciais de toda situação argumentativa.

Função dos elementos não verbais

Essa expressão "não verbal" abrange, como vimos, todos os campos que extrapolam o próprio discurso, especialmente a atitude do corpo e as modulações da voz. Todo aquele que faz comunicações orais poderá, portanto, meditar com proveito no comportamento de Étienne, que, por um lado, escolhe o lugar de onde vai falar e, por outro, atenta para a gestualidade:

"Subiu num tronco de árvore", "Ficou imóvel por um instante sobre o tronco de árvore [...]"; "levantou um braço num gesto lento", "Ficou com os braços levantados".

Ainda que nem sempre haja vegetação disponível nas salas de reunião, o orador escolherá, se não um lugar elevado, que nem sempre existe, pelo menos uma posição de destaque, de onde possa ser visto pelo maior número possível de ouvintes.

Por outro lado, o tom de voz não é indiferente, embora não se possa formular nenhuma regra geral absoluta. De fato, o início do discurso é caracterizado pela potência da voz de Étienne: *"gritando"*, *"continuava com voz vibrante"*.

Mas logo o tom evolui: *"sua voz já não troava, assumira o tom frio"*, *"continuava falando com sua voz monótona como que para insistir naquelas más notícias"*, *"de repente, concluiu, sem subir de tom"*.

E essa atitude, evidentemente, lhe possibilitará tirar partido dos contrastes; assim, ele começa a discursar apaixonadamente para o público a partir do momento em que Zola explicita:

"Mas Étienne já continuava com a voz mudada."

Para familiarizar-se com a noção de argumentação

É de concluir, portanto, que, além de uma potência mínima de voz necessária a todo orador, a principal qualidade que ele deve adquirir é, sem dúvida, a variedade de entonações, que lhe permite adaptar-se ao conteúdo (voz monótona = má notícia) e evitar a monotonia que parece ser inerente ao discurso um tanto longo. A evolução de Étienne pode ser resumida assim: voz forte + tom frio e monótono + conclusão brusca + voz apaixonada.

Além disso, um elemento vocal destacado por Zola nos remete a um problema muito mais profundo, ligado à própria concepção de argumentação: como vimos no capítulo "Delimitação do conceito de argumentação", ela oscila entre dois pólos: dirigir-se à reflexão, ou procurar obter adesão por meio dos sentimentos. Como se verifica, Étienne joga com as duas possibilidades. Tal como muitos filósofos que refletiram sobre a questão, ele pensa numa argumentação que seja irrefutável por ter um encadeamento absolutamente rigoroso. Assim, Zola qualifica o tom de sua personagem de *"eloqüência científica"*. Veremos adiante que o resultado prático dessa concepção é o intuito de estruturar firmemente a reflexão, como se toda estrutura pudesse tornar obrigatória e irrefutável a posição do locutor.

No entanto, essa determinação só aparece na primeira parte de sua fala; a segunda será formada por um acúmulo não estruturado de argumentos e exemplos destinados a galvanizar e entusiasmar os receptores, o que, aliás, será conseguido: *"A multidão [...] explodiu em aplausos."*

Encontraremos freqüentemente essas duas tendências (opostas ou complementares?) em toda argumentação, inclusive nesta obra, cujo capítulo 3, baseado no rigor, tenta "organizar uma reflexão coerente", ao passo que o capítulo 5, "Como ser convincente", trata dos meios de persuasão mais subjetivos.

Desenvolvimento do raciocínio

A construção da primeira parte do discurso de Étienne, portanto, caracteriza-se por uma estrutura firme, cujo rigor é valorizado pelo encadeamento dos conectores:

A arte de argumentar

De início, falou de sua repugnância à greve...
Em seguida lembrou as primeiras tentativas dos representantes
... **Agora,** estava-se naquela situação...
Portanto, a situação se agravava dia a dia...
E, de repente, concluiu.

É de deduzir disso que a estruturação de um raciocínio o torna mais eficaz pois lhe dá aparência de rigidez, solidez e firmeza; e insistimos que essas qualidades são ainda mais importantes na argumentação oral do que na escrita, pois, por definição, não existe nenhum referencial visual que possibilite ao interlocutor seguir os passos da demonstração (ver o capítulo "Apresentação e defesa oral das idéias").

Por outro lado, como toda reflexão argumentativa é de essência dialógica, é preciso levar em conta as idéias (ou, neste caso, os atos) da parte contrária; é isso o que faz Étienne: a *Régie* fizera *"uma concessão tardia"*, *"depois de ter tentado roubá-los"*.

Entre todas as atitudes possíveis perante a tese contrária (ver o capítulo "Refutação de uma tese"), Étienne escolheu de início lembrar a parte contrária (*"A Régie"*), mas para minimizar o alcance de seu ato (a concessão é *"tardia"*) e para contra-atacá-la imediatamente com uma acusação grave (*"roubá-los"*).

É de notar, finalmente, que, entre todos os procedimentos demonstrativos existentes, o locutor optou por mostrar que os mineradores não eram responsáveis pela situação; portanto, ele tende a atribuir toda culpa às pessoas identificadas:

> "Já que nos mandam a polícia [...], precisamos aqui chegar a um acordo"; "os mineradores não tinham desejado (a greve)".

Mas, para conferir legitimidade quase objetiva a seu raciocínio, ele nega qualquer responsabilidade individual, defendendo uma espécie de avanço inelutável da história:

> "Daquela vez era demais, chegara a hora de os miseráveis, esgotados, fazerem justiça."

Para familiarizar-se com a noção de argumentação

Pode-se dimensionar a função argumentativa dessa idéia, que visa levar os atores a compreender que, na verdade, são sobrepujados por sua decisão, que, ademais, é afirmada sem ser justificada.

Técnicas de estilo

Em todos os tempos, os oradores procuraram utilizar, classificar e organizar, para melhor delimitar, as técnicas de expressão (elas serão estudadas no capítulo "Uso da retórica"). O herói de *Germinal* não é exceção a essa tendência, pois recorre a várias técnicas:

- repetição: *"Já que nos proíbem de falar, já que nos mandam a polícia"*;
- palavras de efeito: *"A tirania do capital"*, *"A eterna miséria"*;
- palavra firme, sinônimo de firmeza e de eficácia: *"precisamos aqui chegar a um acordo"*;
- recurso aos valores morais unanimemente aceitos por nossa sociedade: *"Esperança"*, *"coragem"*, *"deixar de cumprir a palavra"*, *"Fazer justiça"*;
- recurso aos sentimentos mais fundamentais: *"fome"*, *"miséria"*;
- uso de dados reais indiscutíveis à guisa de provas: *"estabelecia numericamente a penúria da caixa de previdência"*;
- recurso à imagem, ao concreto, ambos muito evocadores: *"E ele mostrava os mineradores explorados"*, *"a Companhia estava devolvendo as carteiras de trabalho e ameaçando contratar operários na Bélgica"*;
- compaixão: *"Como se fôssemos bandidos"*, *"ninguém virá nos calar a boca, assim como ninguém cala os pássaros e os animais"*;
- ritmo ternário: *"Estabelecia numericamente a penúria da caixa de previdência, indicava o uso da ajuda enviada, desculpava com algumas frases a Internacional"*;
- perguntas retóricas, freqüentemente muito dirigidas (1 e 2), por exemplo quando a construção é interrogativo-negativa (3):
  1) *"É nessas circunstâncias, camaradas, que vocês precisam tomar uma decisão nesta noite. Querem a continuação da greve? Se quiserem, o que pretendem fazer para vencer a Companhia?"*;

2) *"Haveria ali covardes que deixassem de cumprir a palavra?"*;

3) *"não era um jogo estúpido que não podia perdurar?"*;

- falso diálogo, quando responde em lugar dos interlocutores às suas próprias perguntas: *"Não! A tarifa da madeira não era aceitável."*

Consideração dos interlocutores

Por definição, um orador dirige-se a um público. Essa evidência leva a tomar em consideração a existência e a presença dos destinatários. Assim, as reações destes informam o emissor sobre a recepção de sua mensagem; foi o que se definiu no capítulo "Conhecimento dos princípios básicos da comunicação" como *feedback*, que se mostra com nitidez em nosso texto:

> "Respondeu-lhe uma trovoada de gritos e exclamações: – Sim, sim, a floresta é nossa, temos o direito de conversar aqui… Fale!"

Isto, como é normal, leva Étienne a interpelar seu público: *"Camaradas."* Mas deve-se observar que um dos riscos de toda situação desse tipo é isolar o locutor (necessariamente sozinho) do grupo ao qual ele se dirige. Essa dificuldade, com que inevitavelmente depara todo orador, provoca estresse e pode às vezes ser aplanada por meio de técnicas de estilo, que no mais das vezes consiste em insistir na unidade (e não na oposição) profunda entre quem fala e quem ouve:

> "Aqui, **somos** livres, estamos **em casa**"; "seria um mês de sofrimento inútil **para todos**, um retorno às minas?"; "assumira o tom frio de um simples **representante** do povo".

Por fim, a lição mais importante que todo orador deve extrair do discurso de Étienne é a necessidade de usar com a máxima precisão possível as referências dos interlocutores. Para ser mais bem entendido, ele menciona o universo cotidiano deles:

> "Continuar a submeter-se à fome?"

Para familiarizar-se com a noção de argumentação

Muitos políticos ou dirigentes não sabem, às vezes com boas intenções, entender o funcionamento mental de seu público e por isso fracassam em todas as comunicações. Está claro que a dificuldade aumenta quando a reflexão é feita por escrito, pois nem sempre se conhece com precisão o leitor, sobre cujas referências, porém, se procura agir.

Toda argumentação, pois, passa em primeiro lugar pelo melhor conhecimento possível do público e pela sua consideração, seja ele real ou virtual.

2. À CAÇA DAS IDÉIAS

1. COMO ENTRAR
NO ASSUNTO

Partir à caça das idéias supõe, evidentemente, que o redator de uma argumentação saiba em que direção levar suas pesquisas, o que passa por um estudo atento do assunto apresentado. Certo número de hábitos intelectuais, favorecidos por nossa sociedade, faz que os estudantes sintam cada vez mais dificuldades em demonstrar um rigor espontâneo diante de um enunciado. Em nosso caso, é grande o risco de começar por uma falsa pista, de ocultar uma parte do assunto ou de cometer um contra-senso, desde que não se tome um mínimo de precauções. Aqui daremos três conselhos que, se aplicados e transformados em hábito, possibilitarão evitar esse problema; inspiram-se nas técnicas utilizadas na elaboração de resumos.

1.1. IDENTIFICAÇÃO DE
PALAVRAS-CHAVE

O simples levantamento das palavras-chave muitas vezes dá acesso ao tema abordado pela reflexão solicitada. Com maior aprofundamento, outras palavras-chave podem indicar as relações existentes entre duas idéias (correlação, oposição, condição...): freqüentemente elas estão no cerne da problemática. Identificadas essas palavras, para que haja melhor entendimento de seu conteúdo e de suas implicações, não é ocioso procurar o máximo de sinônimos: por um lado, só esse trabalho já pode esclarecer certos conceitos; por outro, pode prestar serviços na hora da redação, propiciando meios de evitar repetições.

1.2. Identificação das palavras de ligação, ou "conectores"

Se o enunciado do assunto for um tanto longo, é possível a utilização de algumas palavras de ligação, como as que estudaremos no capítulo "Integração da idéia na frase". Elas em geral são importantes, pois indicam uma relação essencial entre dois termos, que pode ser de causa, conseqüência, concessão, finalidade e condição. Em todos os casos, elas permitem captar um elemento-chave do enunciado.

1.3. Reformulação (objetiva!)

Falaremos de todas as qualidades que vemos nessa técnica, especialmente em contexto de discussão oral, no capítulo "Um objetivo + um princípio = dois procedimentos fundamentais". Reformular consiste em reproduzir o sentido de uma idéia não usando os termos de seu autor, mas os do leitor (ou do ouvinte). Não há melhor meio de provar a outra pessoa (e, no caso, demonstrar a si mesmo) que uma noção foi entendida, pois reformulação supõe compreensão profunda de uma problemática, tão profunda, que pode ser retomada por conta própria. Esse esforço de objetividade intelectual, portanto, é de grande valia para a compreensão, mas também para o início de análise de um assunto.

2. EM BUSCA DAS IDÉIAS

É no mínimo surpreendente que se considere obscura ou automática a maneira como cada um de nós encontra suas idéias. Em geral se considera que "a inspiração", por definição, chega espontaneamente, ou então... não chega. Embora exista há séculos, essa fase, chamada "invenção" na retórica antiga, é pouquíssimo abordada no currículo escolar francês, como se não se devesse mencionar uma eventual desigualdade de aptidões nesse campo. Ora, mesmo sendo inegável que certos indivíduos são mais criativos que outros, não deixa de ser possível utilizar certas técnicas para melhorar os desempenhos. Uma rápida digressão pela fisiologia possibilitará justificar as técnicas pensáveis nessa busca.

2.1. LADO ESQUERDO E LADO DIREITO DO CÉREBRO: DOIS HEMISFÉRIOS OPOSTOS, MAS COMPLEMENTARES

Os trabalhos do doutor Roger Sperry, prêmio Nobel de medicina em 1982, evidenciaram que cada um de nossos dois hemisférios cervicais é especializado em tarefas intelectuais próprias:

- o lado direito trabalha de maneira global e sintética, e, só para citar os campos que nos interessam, está voltado para a invenção e a criatividade. É ele o mais desenvolvido nos artistas e nos criadores;
- o lado esquerdo funciona como um computador, ou seja, trata as informações umas após as outras, de modo sucessivo; é especialmente apto à análise e ao raciocínio lógico.

Observe-se até que ponto nossa sociedade está mais voltada para o lado esquerdo do cérebro, privilegiando as ciências e o raciocínio matemático em detrimento da criação. A própria escola valoriza a lógica, e pede-se que a argumentação se baseie num raciocínio estruturado. Ora, não é o lado esquerdo do cérebro – lógico e organizador – que permitirá encontrar mais idéias. Se admitirmos que, em nome da eficácia, um único lado do cérebro terá uso privilegiado para não interferir no outro, chegaremos a justificar o método que consiste em dissociar a fase de busca de idéias da fase de classificação, que será abordada no capítulo "Classificação das idéias".

Para abordar um tema de reflexão, aconselhamos portanto:

- deixar que o lado direito do cérebro procure o máximo de idéias com toda a liberdade, evitando interferência e censura do lado esquerdo (sempre pronto a desconfiar de uma noção em nome do rigor); isto é feito para não refrear a busca;

- permitir, num segundo momento, que o lado esquerdo selecione os elementos do amontoado obtido, passando – só então – as idéias pelo crivo da crítica.

Cada uma dessas tarefas explorará, assim, da melhor maneira possível as aptidões de cada hemisfério. Numa primeira etapa, trata-se de reunir o máximo de material eventualmente útil para o futuro raciocínio; mas de que material se trata?

2.2. UMA DISTINÇÃO IMPORTANTE:
FATOS – IDÉIAS – OPINIÕES – CRENÇAS

Elementos de cada uma dessas quatro noções aparecem quase obrigatoriamente quando é feita a pesquisa (voluntariamente desorganizada) de idéias. Mas nem todos têm o mesmo valor, em especial do ponto de vista do uso e da função dentro da argumentação.

Fato

É um elemento concreto pertencente à esfera da realidade; pode ter sido diretamente vivenciado pelo emissor ou ter chegado ao seu conhecimento por meio de leituras, estudos, relato alheio ou informação da mídia. Pode assumir vários aspectos: pode ser um acontecimento preciso que põe em cena personagens, uma série de acontecimentos habituais, uma anedota, logo uma narrativa, ou dados numéricos. É preciso atribuir-lhe grande valor, pois reflete a realidade e possibilita ancorar a reflexão em coisas concretas, evitando assim que se faça pura elucubração esotérica. Mas seu papel não deve ser hipertrofiado, ao contrário do que ocorre com muita freqüência em debates espontâneos; de fato, na qualidade de dado preciso, o fato só pode ser validamente utilizado na reflexão com uma única condição: refletir o conjunto das situações vizinhas pertencentes à esfera da realidade e constituir assim, por inferência, o fundamento de uma noção geral.

A argumentação freqüentemente se valerá do fato como prova de uma idéia, como justificação de um ponto de vista. Conforme veremos ao estudarmos a noção de indução (capítulo "Principais eixos do raciocínio lógico") e o uso dos exemplos (capítulo "Gestão dos exemplos"), esse procedimento muitas vezes é ilegítimo do ponto de vista do rigor intelectual e, se o empregamos regularmente, é por motivo de facilidade e também porque é quase impossível agir de outro modo: como levantar e gerir o conjunto dos dados reais referentes a uma noção? Assim, podem ser formuladas duas leis, que deverão ser aplicadas com muita flexibilidade (não será esse o apanágio de toda lei?):

• um fato não basta para fundamentar um conceito; teoricamente, apenas a reunião de todos os fatos poderia pretender isso;
• um único fato basta para desmentir um conceito, pois nesse momento ele deixa de ter, por definição, alcance geral.

Portanto, é preciso manejar os fatos com precaução, embora não possamos prescindir deles.

Idéia

É uma noção abstrata. Em relação ao fato, que é preciso e específico, ela tem alcance geral. A aptidão para denominar uma idéia pressupõe, portanto, além do conhecimento semântico da palavra que a veicula, qualidades de abstração e generalização. Realizar a síntese de várias noções existentes para reagrupá-las num único conjunto e saber encontrar o ponto comum entre as situações *a priori* diferentes são aptidões indispensáveis (mas difíceis de obter, porque intelectualmente exigentes) a quem queira dominar a reflexão.

Opinião

Poderia ser confundida com idéia, uma vez que também é um conceito abstrato. Na verdade, é um subconjunto da idéia, pois se trata de uma noção subjetiva. Muitas vezes o que se discute numa dissertação é uma opinião, que poderá constituir o próprio objeto de que se deve convencer o interlocutor. Sendo pessoal, está vinculada à liberdade de apreciação de cada um; por isso, é necessário expor as táticas já mencionadas no capítulo "Delimitação do conceito de argumentação" (justificação, raciocínio, exemplificação, retórica), a fim de exercer pressão sobre a opinião alheia.

Crença

Próxima da opinião, distingue-se desta por pertencer à esfera do não-demonstrável, como ocorre com a fé religiosa. Do ponto de vista argumentativo, pode-se procurar desvendar as opiniões ou os conceitos que o defensor da tese contrária procura apresentar como crenças, o que lhe permite escapar à necessidade de uma justificação. Argumentar é, em primeiro lugar, procurar apresentar provas, que são resultado do raciocínio ou da realidade.

2.3. Como encontrar idéias

Esses métodos, oriundos de pesquisas teóricas e de campos diferentes, servem em maior ou menor grau como orientação e (infelizmente!) não constituem meios infalíveis de encontrar todas as idéias referentes a um assunto. Seu conhecimento e, sobretudo, sua prática – principalmente se decorrentes de um treino sistemático – apenas evitam incorrer numa pane de idéias, acabando assim com a angústia da página em branco e permitindo, em geral, um bom recenseamento.

Referências pessoais

A palavra "referências" alude a tudo o que nossa memória conserva, de modo consciente ou inconsciente; constitui, portanto, nossa cultura pessoal composta de fatos, idéias, imagens, lembranças, impressões, valores... O mais simples, ao se abordar um problema, é pensarmos em nós mesmos: teremos alguma vivência no que se refere ao tema abordado ou teremos sido espectador de alguma situação a ele referente? Em tudo o que nos ocorreu, em tudo o que lemos, em tudo o que ouvimos, pessoalmente ou por rádio, entre todas as coisas que testemunhamos, diretamente ou por intermédio de um tubo catódico, haverá algo que tenha relação, mesmo distante, com nosso tema? Raramente essa introspecção desemboca no nada absoluto. Mas é bem pouco freqüente que ela produza um número suficiente de idéias para tratar o tema, o que justifica o uso de outros métodos.

Brainstorming

Literalmente, "tempestade cerebral", às vezes traduzido em francês por *"remue-méninges"* [remexe-miolos], essa é uma técnica empresarial de discussão em grupos, utilizada sempre que se propõe alguma inovação. Ela pode ser adaptada, sem dificuldade, a outras situações, escolares ou pessoais, visto que seus princípios são muito simples:
- cada um é convidado a expressar todas as idéias, todas as palavras, mesmo as mais estapafúrdias, que lhe ocorram ao ser proposto determinado tema;
- é absolutamente proibido criticar uma idéia proferida ou zombar dela, para evitar qualquer bloqueio nos outros participantes;
- um terceiro, não implicado naquela proposta (o "secretário"), anota ou grava tudo o que é dito.

Trata-se de um exercício de desbloqueio que pode ser realizado tanto num grupo grande quanto em grupos de duas a quatro pessoas: as idéias de uns servem de trampolim para as dos outros. Depois, é absolutamente necessário que se aprenda a praticar o exercício individualmente. Está claro que o efeito de grupo já não existirá, mas todos terão entendido o princípio de uma pesquisa "em todos os quadrantes".

Cabem aqui duas observações, que servem para acautelar:
- as palavras proferidas às vezes representam idéias, às vezes exemplos concretos: é obrigatória uma triagem ulterior;
- é óbvio o risco de fugir ao assunto: cada um deve aprender, num segundo momento, a analisar com cuidado aquilo a que se chegou.

Mas tenhamos em mente que o principal objetivo desse exercício é o desbloqueio.

Deve-se entender que o *brainstorming* funciona a partir de uma sinergia coletiva. Que fazer quando se está sozinho diante de uma folha em branco, num dia de exame, por exemplo? Basta adaptar o método a si mesmo, ou seja, procurar em todas as direções, sem nenhuma censura, principalmente, todas as palavras que determinada noção evoca. Está claro que o rendimento será inferior ao de um grupo, pois não somos então beneficiados pelo efeito estimulante das idéias alheias: mas o objetivo buscado é o mesmo: libertar o pensamento dos entraves da reflexão excessivamente racional, que o refreia.

A regra dos 5 Qs

Há muito tempo as escolas de jornalismo utilizam essa técnica, que não passa de nova versão de uma regra de retórica antiga. Baseia-se no princípio de que uma idéia é, acima de tudo, resposta a uma pergunta: será então suficiente fazer boas perguntas sobre determinado tema para não ficar sem idéias?

Os 5 Qs

- o *quê?* Qual é exatamente o problema?
- *quem?* Quem está implicado nesse problema?
- *quando?* Quando o problema se manifesta especialmente? Quando apareceu?
- *em que lugar?* Onde podem ser constatadas as manifestações do problema?
- *por quê?* Quais são as origens do problema?

Acrescentaremos outros centros de interesse, conseqüência lógica, aliás, do último Q.

Responder a essas perguntas permite que o jornalista informe integralmente o leitor ou o ouvinte sobre um acontecimento. O ponto de vista do caçador de idéias é completamente diferente: essas perguntas possibilitam delimitar melhor os dados de um problema, seja ele abstrato ou faça ele parte do dia-a-dia.

Assim, uma pesquisa sobre o tema grave da condição dos idosos ensejou a emergência das seguintes idéias num grupo de estudantes:

- *O quê?* De que condição se trata? Física? Psicológica? Intelectual? Aí estão pelo menos três pistas de pesquisa nas quais nem todos tinham pensado.
- *Quem?* Quem são os idosos? A resposta não parece fácil e exige certo tempo para que se perceba que há mais mulheres do que homens idosos, e que sua condição varia em função do meio sociocultural a que pertencem.
- *Quando?* Essa pergunta parece inútil até que sua análise seja apurada por certas observações. Alguém se torna idoso quando se aposenta? Quando começa o que se chama de quarta idade?
- *Em que lugar?* À primeira vista, essa pergunta parece mais rentável para nosso assunto: são numerosos os lugares relacionados com os idosos: *asilos, casas de repouso*, mas também *praia* ou *campo...*

Ressaltemos que estas últimas duas perguntas podem ser ampliadas, para produzir enunciados do tipo: "**Desde quando** o problema dos idosos se apresenta como um fenômeno social?", ou "Os idosos são tratados de modo diferente **em outros lugares**, fora de nossas sociedades ocidentais?" Portanto, é preciso insistir no fato de que essas perguntas devem ser feitas com flexibilidade e mente aberta, de que constituem pistas de rendimento irregular, de acordo com o assunto; é o que ocorre, aliás, com a próxima.

- *Por quê?* Essa pergunta, muitas vezes essencial numa análise, deve ser manipulada com precaução: *"Por que ficamos velhos?"*, evidentemente, seria uma pergunta inútil no caso. *"Por que as condições dos idosos são diferentes?"*, ao contrário, leva a descobrir razões financeiras ou socioculturais (já mencionadas).

Para maior eficácia, pode-se somar a esses 5 Qs tradicionais certo número de centros de interesse que possibilitam ver um problema de todos os ângulos.

Conseqüências

Se, com a pergunta *por quê?*, conseguimos ver os antecedentes do problema, dar as costas a tais antecedentes possibilitará deparar as cons eqüências de uma medida ou de um estado de fato, voltar o olhar para os conseqüentes, o futuro. Dois reflexos devem então ocorrer a quem examinar conseqüências, quais sejam, procurar, sistematicamente:

- conseqüências positivas e negativas. Estas últimas são importantes porque podem constituir efeitos perversos e indesejáveis de uma medida ou de uma situação que não será possível eliminar ou, em sentido contrário, poderão servir de trampolim para soluções que tenham em vista minimizá-los ou até eliminá-los;
- conseqüências de curto e longo prazo. Observe-se que podem ser contraditórias, e essa preocupação é importante nos campos práticos e profissionais.

Princípios e implicações

Sempre que se deve tratar um assunto mais prático que filosófico, é necessário saber remontar aos princípios fundamentais e às implicações que estão por trás de uma idéia ou de uma proposta concreta. Quando esse raciocínio não está presente, a análise do problema corre o risco de ficar presa demais à realidade, de ser demasiadamente concreta e não buscar compreender os problemas de fundo. Assim, o responsável político da atualidade, que procurar convencer os concidadãos da necessidade de restabelecer o equilíbrio orçamentário do país, malogrará em parte caso se limite a reafirmar a obrigação de reduzir os déficits sem mencionar os princípios e as implicações que, a seu ver, justificam essa decisão; em nosso caso, é o intuito de constituir a moeda única em 1999, em nome da unidade européia.

Princípios e implicações, portanto, possibilitam a quem analisa um problema tomar distância ou, mais exatamente, altura.

Finalidades, objetivos

Seja a curto, médio ou longo prazo, é sempre importante definir os objetivos: eles permitem que o locutor, no primeiro momento, e o leitor ou ouvinte, no segundo, compreendam aonde se quer chegar com uma noção ou uma medida. Portanto, a preocupação com a clareza e com aquilo que em política se convencionou chamar de "transparência" do projeto justifica que sempre se definam os objetivos que motivam nossa ação.

Meios

Complemento indispensável do centro de interesse acima, a análise dos meios, por sua vez, pode suscitar muitos problemas. No entanto, ela é inevitável a quem queira estudar a fundo uma situação profissional; pode ser dividida em pelo menos três principais subconjuntos:

- meios humanos, ou seja, pessoas direta ou indiretamente implicadas e relações que elas mantêm entre si;
- meios materiais, ou seja, todos os instrumentos que estão em jogo ou podem ser postos em jogo por esta ou aquela decisão;
- meios financeiros, que, como se sabe, determinam de fato muitas medidas.

Soluções possíveis

Numa fase de procura de idéias, não se deve hesitar em imaginar o máximo de soluções, por mais loucas que sejam: o lado esquerdo do cérebro, na fase de organização (ver o capítulo "Classificação das idéias"), fará a seleção, seja eliminando soluções inaplicáveis, seja fazendo modificações e adaptações numa solução aparentemente irrealizável, para possibilitar sua aplicação, o que é muito mais positivo.

Condições de sucesso

Por fim, nunca se deve esquecer que, em nome dos melhores princípios, os melhores objetivos podem dar origem a excelentes soluções, mas com resultados decepcionantes, simplesmente porque seu autor não considerou com bastante realismo que condições (suficientes, mas, sobretudo, necessárias) devem ser reunidas para que o projeto tenha sucesso. Ilustraremos nossa afirmação com um exemplo econômico-político: no passado, em nome do combate ao desemprego,

A arte de argumentar

certos governos fixaram como objetivo o crescimento econômico, vendo como solução a adoção do aumento do poder aquisitivo, mas sem pensar que não se reuniam todas as condições. Na verdade, como a indústria francesa não estava pronta para atender às necessidades dos consumidores, a retomada econômica foi muito útil... para os países estrangeiros. Outro caso de figura possível: se não tiverem confiança, os franceses se limitarão a economizar o aumento de poder aquisitivo, sem reinjetá-lo no circuito econômico.

Observemos que esses pontos de transição, a nosso ver obrigatórios em toda reflexão, serão proporcionalmente mais úteis quanto mais prática for a reflexão. E esses conselhos serão ainda mais necessários quando for preciso analisar o funcionamento de uma instituição, refletir sobre uma regulamentação, propor medidas concretas e até técnicas: percebe-se que esses exemplos abrangem situações profissionais freqüentes, podendo-se aquilatar o interesse despertado por esse método.

Pontos de vista

Técnica mais difícil de manipular do que a anterior, a mudança de ponto de vista é uma iniciação à versatilidade mental e pode levar a compreender que um mesmo problema deve ser analisado de diferentes ângulos. Quem refletir em um método de pesquisa de idéias topará com duas dificuldades:

• propor pontos de vista utilizáveis pela maioria das pessoas;

• limitar seu número para que eles sejam administráveis: um estudante ou um adulto poderá ficar sem ação diante de um número excessivo de conselhos. Podemos limitar-nos aos cinco abaixo, que exemplificaremos aludindo ao mesmo assunto de que tratamos quando falamos dos 5 Qs:

  – A própria pessoa: qual é meu ponto de vista sobre os idosos, quais são minhas relações (afeição, zombaria?) com eles?

  – Outras pessoas: como reagem as pessoas que me cercam? Meus pais acatam os conselhos dos idosos? Os vizinhos os socorrem? Ou os deixam sozinhos?

À caça das idéias

– A sociedade: como reage? Cria casas de repouso? Por acaso não considera a possibilidade de aumentar a idade da aposentadoria? O que é a aposentadoria mínima?

– O aspecto material: um idoso às vezes tem problemas de autonomia, devido a dificuldades de locomoção ou a problemas pecuniários.

– O aspecto psicológico: quais são as principais características psicológicas implicadas em nosso problema? Já mencionamos a solidão e suas eventuais conseqüências: depressão, sentimento de inutilidade, suicídio...

Evidentemente, seria possível aumentar muito o número desses pontos de vista ou adaptá-los a cada tema estudado. Essa preocupação com a perfeição prejudicaria a eficácia: para serem úteis, esses conselhos devem ser adaptáveis e memorizáveis, logo pouco numerosos.

Fragmentação

O método do *brainstorming* tinha em vista liberar a imaginação para encontrar o máximo de idéias. A fragmentação é muito mais radical: como seu nome indica, essa técnica visa estilhaçar uma noção abstrata ou uma medida concreta, para analisá-la melhor. Trata-se mais, a princípio, de técnica de criatividade orientada para uma prática do que de meio de análise de um problema. Como nessa parte é essencial aproveitar tudo, ela pode ser adaptada à procura de idéias, pois a fragmentação de umas pode suscitar outras.

Como os meios de fragmentar uma idéia são numerosos, aqui nos limitaremos a alguns que podem nos ser úteis e exemplificaremos cada um a partir da idéia de agressividade. É possível "quebrar" uma idéia empregando técnicas específicas:

Aumento

Aumentar a intensidade da agressividade, generalizá-la, é chegar à idéia de conflito mundial, destruição total, aniquilamento dos seres humanos.

Diminuição

Reduzida, a agressividade se torna simples desejo de dominar o outro ou o mundo e, nesse sentido, pode apresentar aspectos positivos.

Melhora

Pode-se pensar em canalizar a agressividade, ficando apenas com seus aspectos positivos e eliminando os inconvenientes? Não será esse o caso, por exemplo, dos esportistas, que procuram canalizar sua agressividade na busca da vitória?

Associação

A que outras noções vincular a agressividade? Ao gosto pela conquista (política), pela vitória (esporte), pela dominação (hierarquia)? As pistas podem ser numerosas.

Inversão

O que é o inverso, o contrário da agressividade? Submissão? Passividade? Ponderação? As pistas vislumbradas são muito diferentes; o inverso de um problema sempre pode contribuir para delimitar melhor o assunto.

Substituição

Se a agressividade não existisse, o que poderia ocupar seu lugar? Outras motivações de ação?

Como sempre, nas esferas de liberdade total, nem todas as idéias encontradas se integrarão, obrigatoriamente, no circuito argumentativo em estrita conexão com o assunto. Isso não importa. O essencial é, por um lado, encontrar dessa maneira noções que não teriam emergido de outra e, por outro lado, exercitar-se na busca de idéias novas, o que só pode tornar as pesquisas ulteriores mais rápidas e eficazes.

Diagrama de Ishikawa

Muito conhecido por todos os especialistas que desejam progressos nas exigências de qualidade da empresa, esse diagrama é concebido para analisar problemas de ordem prática. Esse método pode, na verdade, servir de transição entre a fase de procura e a etapa de classificação de idéias, que veremos no capítulo "Classificação das idéias". Trata-se de uma "árvore das causas", cujo princípio consiste em partir de uma dificuldade, de um problema, de um bloqueio, para estudar suas principais razões e agir melhor sobre as razões que estão na origem do obstáculo. Trata-se, portanto, de uma variante especializada da pergunta *por quê?* estudada acima.

A procura de idéias é então canalizada de dois modos:
- distinguem-se as causas primárias, secundárias e terciárias, sem ir além, para evitar complexidades inúteis;
- utilizam-se cinco famílias (até seis, porém não mais) de causas, que em geral permitem ver sob todos os ângulos os pontos litigiosos de uma situação profissional, a saber, as causas vinculadas ao maquinário e à infra-estrutura (equipamentos, instalações, financiamento...), à mão-de-obra (pessoal, hierarquia...), aos métodos (processos de fabricação, técnicas de pesquisas, hipóteses de trabalho...), ao material (matérias-primas, materiais de construção...) e ao ambiente (condições de trabalho, relação com as empresas clientes ou fornecedoras). Essa análise, resumida com o nome de "regra dos 5 Ms", enseja a elaboração da árvore seguinte:

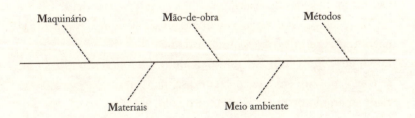

A arte de argumentar

Todos esses procedimentos têm em vista flexibilizar a mente, e só produzem realmente frutos se um treino sistemático possibilitar sua impregnação profunda na mente do futuro orador. Por outro lado, eles põem à disposição, de modo abrupto, um misto de fatos, opiniões e idéias que o lado esquerdo do cérebro deverá depois, impreterivelmente, selecionar e organizar. Mas, pelo menos, a reflexão não corre o risco de ficar sem matéria-prima!

TRABALHOS DIRIGIDOS[2]

2. À CAÇA DAS IDÉIAS

2. Em busca das idéias

Aplicação nº 1*: *Brainstorming*

A busca das referências pessoais, especialmente com a utilização da técnica do *brainstorming*, possibilita "desbravar terreno" e esboça certo número de pistas variadas. Será mais rentável porque aplicada a uma noção abstrata, que será assim explicitada na execução.

Deve-se procurar o máximo de palavras (fatos – idéias – opiniões) que se vinculem às noções seguintes:

- *autoridade*   – *fidelidade*   – *tolerância*   – *aventura*
- *heroísmo*   – *verdade*   – *justiça*   – *aparência*
- *música*   – *silêncio*

Aplicação nº 2*: Os 5 Qs

Por ser de origem jornalística, a técnica dos 5 Qs (acompanhada da busca das conseqüências) será bem adaptada a uma argumentação subseqüente à análise de um problema social ou de um problema político, no sentido amplo do termo. Aplique essa técnica aos seguintes campos, presentes na atualidade francesa:

- *Crescimento do trabalho informal.*
- *Diminuição do número de casamentos.*
- *Onipresença de pesquisas políticas.*
- *Corrupção política.*
- *Legalização da eutanásia.*

---

2 Somente as aplicações seguidas de asterisco serão corrigidas, as outras necessitam de uma reflexão de caráter mais pessoal.

A arte de argumentar

Aplicação nº 3*: Implicações, princípios e objetivos

A busca de princípios, implicações, objetivos, meios, soluções e condições de sucesso completa perfeitamente o estudo dos 5 Qs e possibilita, sobretudo, estudar fenômenos concretos, freqüentemente de ordem profissional, evitando a fascinação pelos fatos reais e possibilitando uma visão de conjunto do assunto. Utilize essa pesquisa para o estudo dos seguintes campos:

– *Eventual redução da jornada de trabalho para 32 horas semanais.*

– *Transferência de empresas para o exterior.*

– *Incentivo a doações e implantes de órgãos.*

– *Expansão da internet.*

– *Globalização da economia.*

– *Maior desenvolvimento da imagem em detrimento da escrita em nossa sociedade.*

– *Imigração: integrar-se ou preservar a cultura?*

– *Papel da empresa na formação dos jovens.*

– *Moral: triunfo do individualismo.*

– *Limitação do direito de greve no funcionalismo público.*

Aplicação nº 4*: Pontos de vista

A variedade dos pontos de vista também se aplica muito bem a um problema social: possibilita estudar o envolvimento de todos os seus membros e aprofundar os seus dados técnicos. Analise segundo esse método os seguintes problemas contemporâneos:

– *Baixo índice de natalidade na França.*

– *Violência na periferia.*

– *Eventual legalização ou descriminalização das drogas leves.*

– *Maior dependência dos jovens adultos, sobretudo estudantes, em relação aos pais.*

– *Grande aumento do número de diplomados.*

Aplicação nº 5: Fragmentação

A fragmentação é uma técnica de criatividade que possibilita obter novas idéias a partir de noções ou de objetos existentes. Serve, pois, principalmente para flexibilizar a mente, mas é eficaz tanto nos campos concretos quanto na reflexão abstrata. Tente aplicá-la aos seguintes conceitos:

– *O automóvel de amanhã.*

– *Renovação dos aluguéis subsidiados.*

– *Poluição atmosférica.*

– *Desertificação das zonas rurais.*

– *Contenção do refluxo do sindicalismo francês.*

Aplicação nº 6*: Análise do assunto

Para cada tema de reflexão abaixo, realize, sucessivamente, três operações: 1) Detecção das palavras-chave, 2) Detecção eventual de conectores, 3) Reformulação:

> Nossa obsessão é sermos reconhecidos como pessoas originais, insubstituíveis; realmente o somos, mas nunca sentimos o suficiente que as pessoas que nos cercam estão conscientes disso. [...] A condição é que o objetivo não seja a destruição do outro ou a instauração de uma hierarquia, mas a construção progressiva de cada um. O choque, mesmo violento, é benéfico, permite que cada um se revele em sua singularidade; a competição, ao contrário, quase sempre insidiosa, é destrutiva.
>
> André Jacquard, *Éloge de la différence.*

> O conflito trágico é uma luta travada contra a fatalidade, luta na qual o herói que a trava precisa afirmar e mostrar por meio de ações que não há fatalidade ou que nem sempre ela existirá. O obstáculo que deve ser vencido é posto em seu caminho por um poder desconhecido sobre o qual ele não tem domínio, chamando-o, por isso, de divino. O nome mais temível que ele dá a esse poder é Destino.
>
> André Bonnard, *De l'Iliade au Parthénon.*

> Está sendo constituído um folclore mundial. A canção, que devemos evitar separar dos elementos culturais, aparece como um fator real a serviço da criação (tentada com maior ou menor consciência) de uma mentalidade global. Mas ao mesmo tempo, em sua fímbria de obras "contestadoras", ela apresenta possibilidades de questionamento da sociedade por parte da minoria que reivindica uma civilização de liberdade.
>
> Jean-Marie Haeffelé, Jornal *L'Alsace.*

A arte de argumentar

O trabalho não deve continuar sendo o único centro de gravidade da civilização. O cidadão pode vincular-se a esta mais por elos culturais do que pelo labor. [...] Cabe à era pós-industrial somar às conquistas de uma civilização quantitativa os benefícios de uma civilização qualitativa, cujos objetivos fundamentais sejam o aperfeiçoamento intelectual, o senso de beleza, a vida interior.

Georges Elgozy, *Les Damnés de l'opulence.*

Os homens não são feitos para se amontoarem em formigueiros, mas para se espalharem pela terra que devem cultivar. Quanto mais se juntam, mais se corrompem [...] De todos os animais, o homem é o que menos pode viver em bandos [...] As cidades são a voragem da espécie humana.

Jean-Jacques Rousseau, *Emílio ou Da educação.*

Aplicação nº 7*: Árvore das causas

Aplique o diagrama de Ishikawa às seguintes situações problemáticas:
- *A França tem um índice de acidentes de trânsito superior ao dos países comparáveis.*
- *O analfabetismo é detectável tanto nas crianças quanto nos adultos.*
- *Os franceses saem de férias mais vezes, mas ficam menos tempo.*
- *As celebridades do esporte ou da televisão recebem salários exorbitantes.*
- *A língua francesa, aos poucos, está perdendo sua influência mundial.*

Aplicação nº 8: Os 5 Qs e a argumentação

Meio de buscar idéias, como demonstramos, a técnica dos 5 Qs também pode servir para apresentar idéias, constituindo em si mesma uma estrutura argumentativa, como prova o texto que preconiza a doação de órgãos. Comente, ou seja, justifique ou critique a ordem de apresentação adotada, bem como as explicações, mostrando o papel do receptor na concepção desse tipo de plano:

– O que é doação de órgãos?

É um presente de vida. Depois de sua retirada, o corpo é devolvido à família. Não deve ser confundida com a doação do corpo para estudos científicos.

– Quando se pode fazer a retirada de um órgão?

Depois da confirmação da morte cerebral. Em conseqüência de algum acidente muito grave e depois do fracasso das tentativas de reanimação, o funcionamento dos órgãos é mantido artificialmente. A morte cerebral é considerada a morte do indivíduo. Alguém que esteja com morte cerebral não pode viver.

– Como é feita a retirada dos órgãos?

A retirada dos órgãos sãos é feita por uma equipe médico-cirúrgica, com grande respeito pelo falecido.

– Quais são os órgãos implantáveis?

Rins, coração, fígado, pâncreas, pulmões, mas também córnea, ossos...

– O que é a lei Caillavet?

A lei Caillavet transforma cada cidadão em um doador de órgãos em potencial, a menos que este expresse a sua oposição em vida. Para as crianças, é necessária a autorização dos pais ou responsáveis.

– Qual a utilidade do cartão?

Para afirmar sua escolha e fazer que ela seja respeitada.

Ficha de informação da associação *France Adot*, BP 35 - 75462 Paris Cedex.

Aplicação nº 9*: Os 5 Qs e a argumentação

Apresente as informações, dadas desorganizadamente abaixo, sobre a doação de medula óssea, segundo o mesmo princípio estudado na aplicação nº 8 (as informações são oriundas do mesmo organismo):

Pode-se doar uma vez, excepcionalmente duas, a medula óssea a um mesmo paciente, e isso é feito dos 18 aos 50 anos. Ela se situa no interior dos ossos e é origem da fabricação das células sangüíneas. A retirada é feita por punção nos ossos da pelve, com anestesia. A medula pode ser doada entre irmãos, pois pode haver compatibilidade; em caso de incompatibilidade, é preciso recorrer a um doador voluntário. A medula do doador se reconstitui automaticamente, em 48 horas, no máximo. A doação de medula é feita por um doador vivo e exige exame de sangue para teste de compatibilidade HLA em laboratório autorizado. Os pacientes que precisam de implantes são pessoas afetadas por aplasia ou leucemia, freqüentemente crianças. Os custos de hospitalização e de deslocamento do doador ficam a cargo da Previdência Social.

3. ORGANIZAÇÃO DE UMA REFLEXÃO COERENTE

1. CLASSIFICAÇÃO DAS IDÉIAS: ARGUMENTAR É, EM PRIMEIRO LUGAR, ENCONTRAR UMA ORDEM

Antes mesmo de conceber um plano, é preciso realizar um esforço de aclaramento. É possível aprender a classificar as idéias? Sim e não. Não, se precisarmos admitir, por um lado, que cada tema exige uma organização diferente e, por outro lado, que a personalidade de cada um não deve ser moldada por procedimentos prontos, nos quais vazaríamos nosso pensamento. Sim, se quisermos reconhecer que, para além das particularidades de conteúdo ou de pessoa, o espírito humano funciona de acordo com certas constantes. Assim, as grandes categorias abaixo, apesar de não serem exaustivas, possibilitam organizar as idéias em várias famílias, que podem completar-se ou apresentar uma intersecção parcial.

1.1. CLASSIFICAÇÃO FATO-NOÇÃO

É preciso, o mais depressa possível, separar as noções, que constituem a estrutura do raciocínio, dos fatos que servirão de ilustração, exemplos, provas. A diferença de estatuto dessas duas categorias se mostrará nitidamente quando estudarmos a estrutura do parágrafo no capítulo "Como orientar a argumentação para expor melhor os objetivos".

1.2. CLASSIFICAÇÃO SINCRONIA-DIACRONIA

Baseada em duas concepções do tempo, essa distinção permite sensibilizar para a noção de simultaneidade dos fatos (por estarem sendo ou terem sido vivenciados assim por algumas pessoas) e para a noção de complementaridade de fatos sucessivos, portanto de evolução e história.

1.3. Classificação concreto-abstrato

Vimos no capítulo "Como encontrar idéias" que todo problema, toda noção, comporta pelo menos duas faces principais: uma concreta, prática e material, e outra abstrata, espiritual e psicológica.

1.4. Classificação individual-coletivo

Sempre que nos debruçamos sobre um problema sociológico, político, profissional ou filosófico, a reflexão, num momento ou em outro, passa a ser uma reflexão sobre o homem. Devemos aprender a distinguir fatos e idéias que estejam em relação com o indivíduo e fatos e idéias que estejam ligados às relações sociais com os outros, aos fenômenos de interação de grupo, de sociedade.

1.5. Classificação problema-solução

Ainda chamada análise-ação, essa divisão é útil sobretudo para uma problemática profissional. Permite essencialmente valorizar o fato de que não se pode propor uma solução sem ter antes formulado bem o problema nem, inversamente, aprofundar um problema sem sugerir pelo menos pistas de ação.

Essas propostas de divisão poderiam ser mais numerosas, mas nos limitamos a abordar as mais usuais. Falta mencionar uma classificação que é crucial para todos os procedimentos que nos interessam, pois se trata da orientação argumentativa.

2. COMO ORIENTAR A ARGUMENTAÇÃO PARA EXPOR MELHOR OS OBJETIVOS

Antes mesmo de se formular o problema da construção do plano, deve ser mencionada a noção de orientação argumentativa para que o locutor possa gerir melhor suas idéias. Para retomar um exemplo

Organização de uma reflexão coerente

banal, dizer que um copo está meio vazio ou meio cheio tem sentido equivalente; no entanto, a orientação do pensamento é negativa num sentido e positiva em outro. Do objetivo de demonstração do autor dependerão, portanto, a escolha privilegiada de certos argumentos e a rejeição ou refutação de outros. Assim, quando do julgamento pelo tribunal de recursos de Rouen dos marinheiros do cargueiro *MC Ruby* que haviam matado e jogado no mar passageiros clandestinos, dois jornais apresentavam relatos diferentes, e sua orientação argumentativa quase oposta manifestava-se bem nos títulos:

• *Le Figaro* (cotidiano nacional): *A odisséia sangrenta do* MC Ruby.
• *Le Marin* (hebdomadário profissional): *Tragédia marítima freqüente.*

Insistir na crueldade dos fatos (como propõe *Le Figaro*) ou, ao contrário, valorizar o aspecto da freqüência maior do que imaginada para tais gestos, como faz *Le Marin*, supõe duas orientações argumentativas diferentes e, evidentemente, escolhas diferentes nos argumentos que serão desenvolvidos.

É evidente que certos fatos (como o copo meio cheio/meio vazio do qual falávamos no início) poderão levar a conclusões diferentes, em decorrência de atitudes argumentativas diferentes. Isso sempre ocorre em política, na qual uma medida (por exemplo, a redução dos gastos orçamentários) será criticada por uns, em nome do poder aquisitivo, e elogiada por outros, que nela verão uma marca de rigor administrativo: é exatamente a escolha dos argumentos e dos fatos que possibilitará que a reflexão se desenvolva numa direção ou noutra.

Orientar a argumentação, portanto, será importante, pois essa intenção determinará:

• a escolha de certos argumentos que serão usados com prioridade para conduzir a uma conclusão precisa. Os argumentos de nível inferior deverão ser hierarquizados para propiciar progressão ou valorizar os mais importantes; os argumentos opostos deverão ser mantidos para acrescentar nuances a teses gerais, se forem admissíveis, ou para serem contestados;

- a escolha dos conectores que ligarão as idéias, quer valorizando seu encadeamento lógico (causa-conseqüência), quer ressaltando suas contradições, em caso de contra-argumentação.

A busca de uma orientação argumentativa constitui assim uma atividade de transição entre a seleção bruta das idéias (capítulo "Classificação das idéias") e a elaboração do plano, que aprofundaremos agora.

3. CONCEPÇÃO DE UMA ESTRUTURA

Como não reconhecer que a palavra "plano" assusta muitos redatores, por se lembrarem daquilo que precisaram (ou precisam ainda) produzir no liceu ou na universidade? É verdade que certos redatores vão concebendo a estrutura à medida que redigem. Convenhamos que, nesse caso, é grande o risco de haver uma sobrecarga cognitiva, ou seja, de se ter de procurar idéias, refletir na sua organização e, ao mesmo tempo, pensar em integrar o pensamento em palavras, portanto em redigir. É então melhor separar as duas operações: a concepção e a redação. De qualquer modo, é preciso estar convencido da necessidade de uma estrutura.

3.1. O PLANO: A SERVIÇO DO EMISSOR E DO RECEPTOR

Refletir nas funções do plano significa compreender os objetivos dessa organização, o que não está claro para todos. O plano é concebido, em primeiro lugar, pensando-se no destinatário, que assim terá várias vantagens:

- Entenderá o essencial com mais facilidade, visto que toda estrutura sempre possibilita valorizar as idéias mais importantes. Essa primeira vantagem será ainda mais clara no caso de argumentação oral: o acompanhamento e a compreensão das idéias serão muito facilitados por uma organização sólida.
- Captará o andamento do raciocínio, pois um bom plano deve evidenciar o encadeamento das idéias. Os argumentos, mais bem

Organização de uma reflexão coerente

hierarquizados e organizados, serão mais eficazes. Ademais, as transições desempenharão papel capital, pois garantirão a coerência do conjunto, destacando os nexos lógicos que unem as partes. Essa é, sem dúvida, a principal vantagem do plano.

- Poderá referir-se facilmente a algum trecho, no caso de argumentações escritas cujo plano esteja visível, ou seja, com títulos e subtítulos. Essa apresentação, não escolar, mas muito difundida nas áreas profissionais, dá grande clareza à demonstração e possibilita economia de tempo aos responsáveis, freqüentemente assoberbados, que poderão ler ou reler apenas os trechos que lhe interessem mais; isso se dá graças à existência de uma estrutura.

- Finalmente, sempre que o plano é evidenciado, poderá memorizar com mais facilidade as idéias principais e, sobretudo, seu encadeamento, vantagem final para o criador, cujas teses serão assim não só compreendidas como também sobretudo retidas na memória.

O plano, portanto, é inegavelmente um fator de clareza, auxilia a leitura e a compreensão. É uma forma de homenagem ao destinatário e, na verdade, presta um serviço àquele que o cria ao conferir mais eficácia à sua argumentação.

Precisamente e de um modo não tão evidente, o plano também é muito útil a seu autor:

- Obriga-o a organizar as idéias. Ora, ao contrário do que se pensa, toda coerção traz em si uma libertação; em nosso caso, a obrigação de buscar uma estrutura muitas vezes leva a aprofundar mais o problema, ou seja, compreendê-lo melhor para melhor o expor. E dominar um problema não será, de certo modo, libertar-se dele?

- Obriga-o a ater-se ao essencial e a construir um raciocínio, visto que quem pensa sobre algo sempre parte de um amontoado de idéias. Assim, quem conceitua é obrigado a demonstrar lógica e a chegar a alguma conclusão depois de uma trajetória intelectual: graças ao plano, a confusão das idéias transforma-se em ordem dinâmica, ou seja, em organização que dá sentido ao pensamento.

Constitui ferramenta que confere rigor à reflexão, evitando ao máximo divagações. Estas, facilmente produzidas por associação de idéias quando nos deixamos ir ao correr da pena, podem ser evitadas pela exigência de uma estrutura. De fato, diante de uma idéia, ou percebemos que ela desempenha algum papel no raciocínio, e a inserimos, ou não sabemos muito bem onde a encaixar, e essa incerteza significa freqüentemente que ela deve ser eliminada. Na mesma ordem de idéias, a visualização da reflexão proposta permite evidenciar, portanto corrigir, eventuais desequilíbrios da construção.

Por fim, ao favorecer a separação das fases reflexão-organização e escrita, libera a mente do redator, que não precisa ficar pensando ao mesmo tempo no que vai dizer e em como vai dizer; pode então concentrar-se apenas, portanto com eficácia, no que está fazendo no momento.

Em suma, do ponto de vista do destinatário, o plano será útil por sua clareza e pela definição dos encadeamentos; o emissor, por sua vez, terá meios de tornar-se mais eficaz graças ao rigor e à lógica que tentará demonstrar.

3.2. PRINCIPAIS TIPOS DE PLANO:
COMO DOMINAR OS PLANOS CLÁSSICOS
PARA ELABORAR MELHOR UM PLANO PRÓPRIO

Antes de qualquer coisa, duas observações preliminares e relativamente contraditórias possibilitam tirar a maior vantagem possível dos conselhos que seguem:

- não existe plano "genérico", estrutura que sirva para tudo. Se assim fosse, a liberdade criativa seria negada, e todos os textos se assemelhariam mais ou menos, como novelas de televisão de categoria B; isto pela mesma razão: eles proviriam da aplicação mecânica de técnicas cujo número é limitado;
- no entanto, existem formas de raciocínio, estruturas que se encontram sistematicamente em todos os que refletem, e que são mais ou menos adaptadas a situações argumentativas diferentes.

Organização de uma reflexão coerente

Daí cabe deduzir uma observação de bom senso: os tipos de plano não poderiam ser utilizados sistematicamente para a concepção de uma argumentação completa. Por outro lado, conhecê-los pode ser útil para a melhor apresentação de uma fase da reflexão. Por isso, é preciso usá-los de modo parcial num texto e, ademais, saber adaptá-los à própria personalidade e ao raciocínio em questão.

Planos lineares

Os dois planos abaixo são lineares, visto que não são dinâmicos, por não se apoiarem num ponto de partida, com o fito de atingi-rem um ponto de chegada, o que equivaleria a uma trajetória do pensamento. Por isso, são pouco argumentativos. No entanto, é importante conhecê-los, pois a experiência mostra que são encon-trados quase inevitavelmente como componentes do raciocínio argumentativo.

Plano enumerativo

É pouco argumentativo, mas inevitável em certos trechos. Tam-bém chamado de plano por aspectos, por categorias ou por associa-ções, é constituído (como mostram suas denominações) por uma lista ordenada de noções. A extensão de seu desenvolvimento pode variar: cada idéia pode ser contida em uma frase ou, ao contrário, ser desenvolvida em um parágrafo e até mesmo ser estudada com todas as suas variantes em um capítulo.

No nível da frase, pelo menos, o uso desse plano é quase inevitá-vel em certas etapas da reflexão: como não enumerar as diferentes vantagens de uma solução ou os efeitos nocivos de uma decisão? Por mais modesto que seja, deve ser tratado com maestria, por não ser isento de defeitos:

- assemelha-se a uma compilação: um trecho enumerativo é pouco vivaz, é monótono e corre o risco de logo cansar o leitor e parecer confuso ao ouvinte;
- sua distribuição não é fácil: evidentemente, todos entendem que, por exemplo, o aspecto psicológico e o ponto de vista material

constituem duas abordagens diferentes e complementares de um mesmo problema. Mas, no que se refere aos idosos, só para citar um exemplo, em que categoria estudar a redução ou mesmo o desaparecimento de sua autonomia de locomoção?

- ele é múltiplo: um interlocutor atento inevitavelmente se perguntará se não existem outros aspectos não estudados pelo emissor. Em outros termos: quando termina uma enumeração de categorias diferentes? Nunca?

Todo emissor, portanto, deverá prestar muita atenção a esses problemas e tentar evitá-los, em especial acatando alguns conselhos:

- atentar para os conectores: como a enumeração é, em si mesma, uma estrutura bastante frouxa, é preciso agir no nível formal para reforçar a organização. Deve-se abolir, sobretudo nas comunicações orais, repetições do tipo *"existe"*, *"existe também"*, *"existe também"* ou *"senão"*, *"senão"*, *"senão"*. Elas não possibilitam a identificação de uma ordem, primeira qualidade de uma enumeração. Deverão ser usadas expressões como *"em primeiro lugar"*, *"em seguida"*, *"além disso"*, *"finalmente"*, bem como todos os conectores estudados no capítulo "Nexos entre as idéias";

- evitar uma lista longa demais: como o ritmo ternário (seqüência de três elementos) é equilibrado, a impressão de enumeração começa realmente a partir de quatro noções. Ao se ultrapassarem seis ou sete itens (número máximo de informações instantaneamente memorizáveis), a impressão de sobrecarga, já perceptível, se tornará sufocante, e o interlocutor não conseguirá reter o essencial, sobretudo nas comunicações orais;

- tentar conferir coerência: é possível ressaltar os pontos comuns a várias categorias – o que confere certa unidade a uma desordem aparente –, ou lançar mão de sínteses que valorizem os pontos de convergência dos diferentes aspectos.

Se acatados esses poucos conselhos de bom senso, o inevitável trecho enumerativo se tornará mais leve e coerente; em suma, será mais útil à argumentação.

Organização de uma reflexão coerente

Plano cronológico

Deve agrupar e sintetizar!

Apresentar o histórico de uma situação, de um problema ou de uma tese muitas vezes é coisa necessária, no mínimo para entender melhor a sua lógica. Essa observação é aplicável sobretudo em contexto profissional ou no caso mais preciso da redação de um relatório. Salvo exceção, é fácil compreender que é praticamente impossível construir uma argumentação completa com base na cronologia, e, quando esta existe, é posta freqüentemente no início do desenvolvimento: remontando aos antecedentes do problema, o histórico está muitas vezes necessariamente ligado às suas causas, constituindo, portanto, seus primórdios. Além disso, a existência de um problema está muitas vezes ligada à evolução de uma situação: antigas soluções são então percebidas como obsoletas ou inaplicáveis, coisa que um histórico pode perfeitamente trazer à tona.

O principal problema é parecido com o que se indicou para o plano acima: apresentar uma seqüência temporal é arriscar-se à monotonia por simples compilação de momentos, sobretudo se a enumeração for mal gerida por conectores sem originalidade como *"em seguida"*, *"em seguida"*, *"em seguida"*, o que é bastante freqüente em comunicações orais.

Num primeiro tempo, observe-se que existe uma alternativa ao simples desfile cronológico, com a possibilidade de romper em parte a monotonia. Embora muitas análises históricas sejam estruturadas segundo o esquema *passado remoto – passado recente – presente – futuro*, pode-se propor uma pequena subversão na seqüência temporal e obter: *presente – passado remoto – passado recente – futuro*.

Se bem dominada, essa ordem apresenta pelo menos três vantagens:
- rompe a habitual monotonia da apresentação;
- é um gancho eficaz: é de acreditar que o leitor e, sobretudo, o ouvinte serão mais sensibilizados pela alusão a uma situação atual, enquanto podem deixar de compreender por que alguém os faz retroceder, logo de início, vários anos ou até vários séculos;
- o mais importante é que ela apresenta um segundo rosto. Isto porque, por trás da ordem cronológica *presente – passado – futuro*,

dissimula-se outra ordem, puramente lógica, que é *fato – causas – conseqüências* ou *objetivos*.

Demonstraremos no próximo capítulo que essa medida freqüentemente favorece uma boa abordagem do problema.

Por ser mais atraente, lógica e viva, sobretudo nas comunicações orais, essa organização não deve ser negligenciada, mas não poderia compensar sozinha todas as fraquezas da cronologia; melhor será, também, tentar aplicar os seguintes preceitos:

- valorizar as etapas: para evitar uma enumeração fastidiosa e nem sempre justificada, é melhor tentar demonstrar capacidade de síntese e reunir todos os dados em quatro ou cinco etapas, não mais. O destinatário tem uma visão muito mais global e mais memorizável da situação, o que facilita sua compreensão dos fenômenos que tenham sido agrupados. Basta inspirar-se no vocabulário histórico para aprender a utilizar palavras indicativas das etapas: *"período, era, momento, época..."*. Sintética, essa medida dará sentido àquilo que, de partida, não passa de lista;

- destacar as evoluções positivas ou negativas: logicamente, separar um histórico em etapas possibilitará valorizar a tendência dominante que caracteriza cada uma. É possível identificar três tendências comuns: estagnação, melhora e degradação. A primeira será indicada com palavras como: *"imobilismo, estagnação..."*; a melhora utilizará palavras como *"crescimento, aumento, desenvolvimento"*; *"deterioração"*, *"declínio"* e *"agravamento"* ressaltarão a degradação. Terminaremos observando que cada um desses três dados poderá ser marcado com o selo da regularidade ou, ao contrário, da irregularidade, o que não está em contradição com sua tendência geral;

- indicar, claramente, os momentos de ruptura: evidentemente, a transição entre duas etapas é intelectualmente mais interessante, pois indica uma evolução rápida, uma mudança importante. Deve ser destacada por meio de expressões do tipo: *"revolução, transformação, novo fenômeno, guinada"* ou *"foi então que, mas, foi só em tal ano que se notou..."*. A análise desses tempos fortes sempre apaixona historiadores e economistas, possibilita compreender profundamente a evolução de uma mentalidade, de uma sociedade ou de uma noção, constituindo, pois, um instrumento precioso de argumentação.

Planos binários

Terá sido a dualidade de alguns órgãos nossos ou as alternâncias naturais fundamentais, do tipo dia-noite, que induziram o homem a raciocinar em termos de contrários? Não deixa de ser verdade que esse hábito existe, que seu símbolo mais universal e marcante é a oposição feita pela filosofia chinesa entre *yin* e *yang*, princípio este que pode auxiliar na elaboração de estruturas.

Plano binário simples para intervenções rápidas

Certo número de noções que mantêm relações de oposição relativa (guerra-paz) ou de complementaridade (objetivos-meios) formam pares com os quais estamos acostumados a trabalhar. Dizer, mesmo esquematicamente, que a união desses conceitos explica a totalidade de um problema seria exagero: em contrapartida, é verdade que ela possibilita um tratamento bastante completo de um aspecto do problema. Não seria ocioso criar uma lista de pares que formassem uma grade de análise cômoda e rápida dos problemas, desde que o locutor escolha o par mais adequado à situação.

No entanto, cabe destacar que o próprio caráter binário veda, na prática, a utilização desse procedimento para uma argumentação completa e longa. Assim, ele será totalmente adequado a uma argumentação oral rápida (um a três minutos), a respostas a entrevistas ou a questionamentos, ou mesmo a uma breve circular escrita. Desde que o raciocínio se integre num conjunto mais longo, esse plano binário só poderá constituir uma subseção.

Plano por oposição de múltiplas variantes

Evidentemente, o plano binário mais conhecido é o dialético: mesmo comportando uma conclusão, seu movimento essencial continua sendo um ritmo de dois tempos. Sua principal vantagem é ilustrar perfeitamente o fato de que todo movimento argumentativo é a base do diálogo. No entanto, por ser muito pesado, é bastante rara a sua aplicação, não por estudantes, mas por adultos em contexto profissional. A menção a uma noção em três a quatro páginas ou durante cinco a seis minutos, antes de desenvolver a noção antagonista, não permite a real comparação entre as duas, o que constitui a finalidade desse procedimento. Assim, podemos citar diversas variantes desse plano binário:

- tese / objeções possíveis a essa tese / refutação das objeções / reforço da tese;
- antítese / refutação da antítese / apresentação da tese defendida com justificação;
- antítese / concessões a certos aspectos da antítese / refutação global da antítese / apresentação da tese defendida com justificação;
- argumento 1 da tese / argumento 1 da antítese / conclusão 1 / argumento 2 da tese / argumento 2 da antítese / conclusão 2 / argumento 3 da tese...

Embora nem sempre seja possível elaborar um plano completo que siga esses diversos esquemas, muitas vezes se observam movimentos intelectuais desse tipo dentro de uma subseção.

Planos analíticos

Alguns profissionais, entre os quais os jornalistas, precisam dispor de estruturas que lhes permitam, de modo simples, examinar um problema ou uma noção sob todos os ângulos. Esses planos são dinâmicos porque, a partir de um ponto dado, de uma constatação, desembocam numa solução concreta ou em outra idéia. Ao contrário dos planos enumerativos, por exemplo, são reflexo de um processo firme e preciso.

Plano jornalístico

Divide-se, tradicionalmente, em várias partes, todas indicadas no modelo canônico que segue, mas raramente presentes na totalidade

Organização de uma reflexão coerente

em um texto. Em contrapartida, a ordem apresentada ganha respeitabilidade:

- apresentação da situação tratada (esfera do concreto) ou da idéia analisada (reflexão abstrata);
- confirmação com exemplo(s), contra-exemplo(s) ou caso(s);
- análise das principais causas, distantes ou próximas, diretas ou indiretas;
- desenvolvimento das conseqüências da situação ou do conceito, conseqüências essencialmente negativas, para introduzir o ponto seguinte;
- apresentação das soluções possíveis ou da melhor solução;
- consideração crítica das soluções, dos pontos fracos e dos eventuais efeitos nocivos;
- discussão dos inconvenientes possíveis e confirmação DA solução.

Enquanto o jornalista pode utilizar esse plano para apresentar uma situação, o engenheiro poderá indicar a solução prática para uma situação difícil, o sociólogo analisará comportamentos e mentalidades para sugerir evoluções possíveis.

Uma análise mais fina das três últimas etapas definirá os três procedimentos intelectuais mais freqüentes que podem ser desenvolvidos no último item: "discussão dos inconvenientes possíveis e confirmação da solução". Cabe destacar, para começar, que a principal utilidade desse plano não é formular problemas ou levantar questões, mas sim dar respostas, enfim solução. No entanto, esse aspecto construtivo não deve levar a impor um desfecho apressado. Por isso, depois da proposta de soluções, é importante analisá-las criticamente. Mas essa atitude não deve levar à anulação pura e simples da etapa anterior sem apresentação de resposta precisa, pois sem esta o aspecto destrutivo desse plano entraria em contradição com seu principal objetivo.

Essas observações, portanto, levam à sugestão de três construções possíveis para o último ponto:

- confirmação: as críticas feitas à solução podem ser refutadas ou minimizadas; esta parece ser a escolha menos ruim, e aí é preciso confirmá-la, valorizando seus pontos positivos;

A arte de argumentar

- novo questionamento: as críticas à solução podem ser tão graves e justificadas, que levam a negar-lhe qualquer valor e a anulá-la. Nesse caso, é preciso orientar-se para outra solução, que, aliás, poderá ter sido sugerida antes. Em todo caso, é importante não concluir com uma anulação total;
- dialética: as críticas não põem fundamentalmente em xeque a solução, mas são bastante fortes para não serem descartadas; faltará, portanto, integrá-las na atual solução. Trata-se então de um raciocínio dialético que conduzirá a uma nova solução, perceptivelmente diferente da primeira, mas que integra alguns daqueles dados e observações críticas, utilizadas no caso de um ponto de vista construtivo.

Um bom exemplo não literário, mas totalmente prático, dessas três possibilidades foi dado durante o conflito social de novembro-dezembro de 1995 pela atitude do primeiro-ministro Juppé, que as utilizou simultaneamente. Cabe lembrar que os dois elementos desencadeadores daquela crise foram constituídos, por um lado, pelo intuito do governo de reformar profundamente a Previdência Social e, por outro lado, pelo questionamento dos chamados regimes especiais de aposentadoria, relativos aos funcionários públicos. Os sindicatos de ferroviários foram os que se mostraram mais virulentos, principalmente porque manifestavam oposição a um terceiro tema, constituído pelo novo acordo de infra-estrutura que deveria ser assinado entre o Estado e a SNCF[3]. O desenrolar daquela crise, aliás, se parece bastante com nosso plano jornalístico: diante de uma situação (déficits orçamentários), cujas causas são conhecidas (direitos adquiridos), o governo se respalda nas conseqüências negativas (impasse orçamentário a curto e a médio prazo) para propor soluções (reforma da Previdência Social, das aposentadorias e da SNCF). Pode-se considerar que o desencadeamento das greves

---

3 Société Nationale des Chemins de Fer (Companhia Nacional de Estradas de Ferro). [N. da T.]

Organização de uma reflexão coerente

constitui a crítica (vigorosa) a essas soluções. No fim de dezembro, com o encerramento das greves, foi possível constatar que o primeiro-ministro utilizara, simultaneamente, mas em campos diferentes, as três possibilidades apresentadas acima, no que se refere à última etapa:

- confirmação: a reforma da Previdência Social será mantida pelo governo e votada pela assembléia;
- questionamento: a reforma das aposentadorias dos regimes especiais será abandonada;
- dialética: o acordo de infra-estrutura com a SNCF será levado à mesa de negociações, para discussão com os sindicatos, para consideração de suas críticas. De modo mais geral, a cúpula social que, em 21 de dezembro, encerrou o conflito procura integrar certas propostas sindicais ao intuito de reforma governamental.

Esse exemplo prático prova, portanto, que o plano jornalístico tem finalidade prática, e seu desenvolvimento argumentativo poderá ajudar a começar de um ponto de partida conhecido por todos e a justificar uma decisão nova ou um ponto de vista pessoal.

Plano técnico

Divide-se em dois tempos. Uma variante do plano jornalístico consiste em partir de uma oposição binária problema-solução para desenvolver um pouco o primeiro e mais o segundo, o que permite obter o seguinte esquema argumentativo:

- problema: apresentação dos dados,
  histórico da situação;
- solução: definição dos objetivos, a longo e a curto prazo, análise dos meios, existentes ou por criar, aspecto material da resolução da situação, pessoas afetadas, objetos necessários, elaboração do método de resolução: procedimento, cronograma.

Esse fracionamento da solução, que retoma alguns pontos mencionados no capítulo "Como encontrar idéias", a propósito da busca de idéias, possibilita enfatizar não a análise do problema em si mesma, mas os aspectos técnicos da solução; trata-se, pois, de um plano menos abstrato que o anterior, mais voltado para a prática.

Planos de subsídio à decisão

Decididamente voltados para a necessidade de apresentar, de modo convincente, idéias novas e talvez desagradáveis, objetos originais ou concepções revolucionárias, esses planos dirigem-se prioritariamente ao profissional (técnico, engenheiro, executivo) preocupado em dispor de um instrumento de comunicação que seja completo e eficaz.

Baseiam-se em alguns princípios simples, aliás válidos para toda e qualquer situação de comunicação; tais princípios podem ser assim resumidos: o destinatário de uma argumentação escrita ou oral não é um receptor passivo, ou seja, um leitor ou um ouvinte que se limite a gravar o que lê ou ouve. Seu papel, ao contrário, é ativo, pois ele vai selecionar, julgar e talvez aceitar os argumentos diante dos quais é posto.

Como vimos no capítulo "Conhecimento dos princípios básicos da comunicação", esse trabalho de reflexão é especialmente realizado por intermédio das referências do destinatário, em outros termos, de toda a sua cultura, de todos os seus modos de pensar, de todos os seus sentimentos; ele estará realmente convencido quando tiver integrado as idéias apresentadas no mais profundo de seu ser.

Todo esse procedimento pode resumir-se numa fórmula única: toda persuasão é, acima de tudo, autopersuasão, o que significa que o receptor continua, em última instância, senhor daquilo que deve pensar. Esse estado de fato constitui um obstáculo real para o locutor, obstáculo que poderia ser assim formulado: como obter aceitação de uma idéia nova que, por definição, não pertence às referências do interlocutor? Profissionalmente, as implicações disso são importantes, pois uma idéia muito interessante, mas também muito revolucionária, será dificilmente aceita, e maior será essa dificuldade quanto mais revolucionária ela for, porque mais afastada das referências do leitor-ouvinte.

Organização de uma reflexão coerente

Esse raciocínio é válido não só para conceitos novos, mas também para informações de conotação negativa e desagradável. Nos dois casos, a mente do interlocutor pode ser bloqueada, primeiro passo para a recusa definitiva a qualquer aceitação, e isso significa o fracasso da comunicação argumentativa. Resta-nos, pois, formular o problema em seus devidos termos: visto que toda persuasão é, em primeiro lugar, autopersuasão, que estratégia adotar para que o receptor concorde por si mesmo em integrar uma noção nova ou desagradável? Várias respostas foram sendo dadas ao longo do tempo, entre as quais selecionamos as que nos parecem apresentar a melhor relação entre simplicidade e eficácia.

Plano SPRI

Trata-se de explicar para convencer. Desenvolvido inicialmente por Louis-Timbal Duclaux no livro que tem esse nome, "Método SPRI" (ver nossa bibliografia), responde bem à problemática exposta acima e se decompõe em quatro partes:

Situação – Problema – Resolução de princípio – Informação.

Sua originalidade reside no fato de que o conceito novo ou negativo cuja aceitação se deve obter só é apresentado na terceira parte (resolução de princípio), tendo sido, portanto, preparado por todo um desenvolvimento argumentativo anterior. Tentaremos desenvolvê-lo rapidamente, ressaltando que o próprio autor esboçou múltiplas variantes.

• Situação: como o nome indica, trata-se de apresentar a situação, ou seja, o contexto no qual se inserirá a argumentação. Nenhum problema é particularmente levantado nessa etapa, que, para ter pleno êxito, deve atender a critérios precisos. Como se trata de obter a aceitação ulterior de uma idéia nova por parte das referências do interlocutor, a fim de evitar qualquer bloqueio inicial, essa situação deve ser real, conhecida pelo receptor e adaptada a suas referências. Uma mesma solução, portanto, se baseará em situações diferentes, de acordo com o público ao qual o locutor se dirija.

A arte de argumentar

É importante compreender bem as duas funções dessa parte. A primeira é de ordem intelectual: como a situação é conhecida pelo destinatário, este não manifestará nenhum bloqueio, pois seus referenciais serão claros; quanto mais fácil de ser entendida, mais será eficaz, visto que o objetivo é fazer que as referências do destinatário aceitem uma problemática. E assim chegamos à segunda função, de ordem psicológica. Como a situação é real e conhecida, o leitor-ouvinte é obrigado a aceitá-la, pois, por definição, ela é irrefutável. Quando alguém aceita um primeiro ponto, está demonstrado que lhe é muito mais difícil recusar um segundo, vindo do mesmo autor.

Só se pode equiparar essa etapa, aparentemente inocente, a certas estratégias de venda que começam com uma fase de "chamariz", nos termos dos psicólogos sociais. Aceitar, por exemplo, responder a algumas perguntas sobre um tipo de produto não compromete nada, mas, se o seu interlocutor depois lhe faz uma oferta comercial, será mais difícil recusá-la do que se ele não tivesse feito a pesquisa prévia, pois nos sentimos, de certa maneira, comprometidos com ele. O mesmo ocorre aqui: visto que aceitamos a situação como tal (e, conforme vimos, como não aceitar?), aceitaremos mais facilmente os argumentos que se seguirão. De certo modo, o leitor é obrigado a concordar em entrar espontaneamente numa armadilha psicológica; mas a moral e a lógica acabam levando vantagem, pois a realidade não é ludibriada.

• Problema: essa fase destina-se a apresentar uma dificuldade que ocorre na situação exposta anteriormente. Essa etapa é mais lógica, visto que todo problema está sempre ligado a uma situação: se o contexto mudar, o problema poderá desaparecer, conforme mostra o desencadeamento de todos os conflitos pessoais ou militares.

No entanto, o autor que quiser redigir um plano SPRI canônico deverá atentar para a boa separação das duas primeiras fases, o que nem sempre é fácil, pois é verdade que o problema às vezes está indissoluvelmente ligado à situação. Evitado esse escolho, deve-se notar que a intensidade do problema pode ser reforçada caso se explicite que já foram propostas e até aplicadas algumas

Organização de uma reflexão coerente

soluções que se mostraram parcial ou totalmente ineficazes. A menção desses fracassos somente reforçará a validade e a lógica da etapa seguinte, que as referências do destinatário serão levadas a aceitar quase que inelutavelmente.

- Resolução de princípio: para ser facilmente aceita, uma solução deve, em primeiro lugar, ser apresentada em sua forma mais geral, ou seja, é preciso indicar claramente o(s) princípio(s) que orientou(aram) a sua elaboração. Essa fase essencial, portanto, aparece tardiamente no raciocínio, e sua apresentação, na forma de generalidade, a erige em lei. Se o conceito é complexo ou a solução é muito técnica, o redator deve prestar a maior atenção para torná-los acessíveis às referências do destinatário, por exemplo simplificando-os ou comparando-os com elementos conhecidos. Trata-se de evitar a qualquer custo a sobrecarga de informações que poderia afogar o destinatário nos detalhes. Logo, é essa terceira parte que apresenta a idéia central que motiva o texto.
- Informações: só nessa última fase serão apresentados os elementos técnicos, as modalidades de funcionamento ou de aplicação. Por razões práticas, ela pode ser muito mais desenvolvida que as outras, num relatório, por exemplo.

Para ser ao mesmo tempo mais bem entendido e mais facilmente aplicado, esse método requer algumas observações:
- deve-se notar, a princípio, seu parentesco com a realização de um diagnóstico médico ou mecânico: delimita-se o contexto, estuda-se o problema, propõe-se um princípio de solução, entra-se em detalhes;
- do ponto de vista da redação, é aconselhável refletir "ao inverso": se é verdade que o locutor conhece de saída a solução de princípio cuja aceitação espera, deverá procurar o problema do interlocutor ao qual ela poderá atender, e depois se perguntar em que situação acessível ao destinatário ele pode integrar sua reflexão. Essa medida facilitará sua redação ulterior;
- essas quatro partes (situação – problema – resolução de princípio – informações) não devem tornar-se um jugo; por isso, é preciso

saber usá-las com flexibilidade e, por exemplo, não deduzir que elas devem ter extensões iguais. Assim, numa carta destinada a obter do consumidor a aceitação de um feixe de novas medidas, cada uma das três primeiras partes será desenvolvida em um parágrafo, ao passo que a última será destinada à pormenorização dos procedimentos práticos e poderá ocupar várias páginas.

Portanto, é possível hipertrofiar uma ou outra parte: o problema (P), caso se queira insistir na urgência e na gravidade dos dados que explicam uma decisão; a resolução (R), caso a argumentação se destine a sensibilizar para uma solução, sem a pormenorizar totalmente; a informação (I), caso, como no exemplo anterior, o objetivo seja informar o mais completamente possível.

Não podemos encerrar este método sem pedir ao leitor que reflita sobre o seu valor moral; em outros termos, caberá responder se ele constitui uma temível técnica de manipulação, cujo objetivo é levar o interlocutor para onde se queira, ou um meio particularmente lógico e inteligente de informar outras pessoas. Sem querer fugir ao problema que nós mesmos formulamos, responderemos com sinceridade: ambas as coisas. Esse método é uma técnica, e, como no uso de qualquer técnica, tudo dependerá da intenção do autor. Pode-se, então, considerar que as duas primeiras partes, em especial, têm o objetivo de lisonjear o interlocutor e até amortecer a sua vigilância e induzi-lo para uma engrenagem que destrói o seu livre-arbítrio. Pode-se, ao contrário, chamar a atenção para o fato de que essas mesmas duas partes representam um louvável esforço de pôr-se ao alcance de outra pessoa, e que nisso cabe mais respeito que desprezo. Os abalos periódicos que agitam o corpo social francês estão aí, para lembrar que todo dirigente, todo responsável, deve imperiosamente saber levar em conta as referências de seu destinatário, caso queira convencer.

Plano SOSRA

É a aliança entre psicologia e inteligência. Mais antigo, esse plano pode ser aplicado sobretudo em situações práticas e profis-

Organização de uma reflexão coerente

sionais. Dinâmico, tal como o plano jornalístico, parte de uma situação (S) para levar a uma decisão (A de ação) e será útil ao responsável encarregado de apresentar novas medidas de modo convincente. Vejamos suas cinco fases:

- Situação: trata-se de apresentar de modo completo e objetivo o contexto do problema.
- Observação: o autor chama a atenção para alguns dados da situação que ele julgar pertinentes e desejar aprofundar.
- Sentimentos: aqui se situa, sem dúvida, a fase mais original desse plano. Resolver um problema econômico, técnico ou político muitas vezes exige um raciocínio preciso e lógico. Mas não se deve esquecer que toda medida tem em vista o ser humano; quem não quiser ser um dirigente frio, um tecnocrata sem coração, precisará levar em conta a dimensão humana dos problemas, o que começa pela consideração de suas próprias reações afetivas diante da situação. Ora, quantos responsáveis esquecem essa dimensão humana fundamental e não compreendem por que, depois, a decisão que acreditavam ser boa, que era boa, não convenceu! Foi porque se esqueceram de levar em conta o fator humano presente em seus destinatários.
- Reflexão: a apreciação subjetiva da situação não deve eliminar, mas, ao contrário, completar essa fase muito mais rigorosa em que o locutor indicará os principais pensamentos que a situação lhe sugere.
- Ação: ao contrário do que ocorre com as dissertações de liceu, esses planos não se destinam a mostrar aptidões para a reflexão teórica, mas sim a obter a aceitação de respostas concretas a uma situação problemática.

De fato, estas duas últimas categorias de plano analítico e de auxílio à decisão não devem ser vistas como estruturas frias para aplicação escolar, mas como tipos de atitude intelectual que devem ser adotados. Observemos, aliás, certas constantes que correspondem a conselhos de bom senso:

A arte de argumentar

- nunca agredir o destinatário, apresentando-lhe, de saída e sem explicação, uma nova idéia que constitua, na realidade, o resultado da argumentação;
- levar em conta suas referências, pormenorizando elementos do contexto;
- não acreditar que essas técnicas têm eficácia absoluta e mágica: felizmente, aliás; isso significa que o locutor e o interlocutor continuam conservando o seu livre-arbítrio.

3.3. TRANSIÇÕES, PARA GARANTIR E VALORIZAR A COERÊNCIA DO RACIOCÍNIO

A elaboração do plano constitui, decerto, a etapa mais delicada da construção argumentativa; dela dependem a coerência, a lógica e, portanto, a força do conjunto. Convém, por isso, destacar uma dificuldade de aplicação: pode ser que o aprendiz saiba construir um plano correto, mas com freqüência as diferentes partes podem mostrar-se excessivamente independentes umas das outras. Aí está um efeito nocivo da aprendizagem: inteiramente absorvido pelas diferentes etapas que deve conceber, o aprendiz raciocina demais em termos de partes, e não o bastante em termos de todo. Portanto, é importante saber interligar as diferentes fases da reflexão, redigindo aquilo que se convencionou chamar de transições.

Essa exigência, muitas vezes dominada tardiamente por ser perigosa e sutil, nada tem de superficial ou passível de ser decorado, mas apresenta vantagens das quais o redator deve ter consciência, pois elas tornam a argumentação mais eficaz para o destinatário.

Por um lado, tornam a leitura mais cômoda; quem quiser comparar as diferentes partes de um plano que se completam a engrenagens que propiciam o avanço do pensamento poderá dizer que a transição é um lubrificante. Ela permite que o leitor não se veja diante de bruscas mudanças de tema, tornando assim mais fluente a leitura.

Por outro lado – e principalmente –, ela interliga duas etapas. Pois é preciso que essa ligação exista, seja confiável e fidedigna.

Organização de uma reflexão coerente

Assim, ao destacar esse nexo, que constitui uma exigência primordial, a transição torna ostensiva a lógica do raciocínio; é como se o redator pusesse às claras a prova de sua coerência, expressando-a, o que lhe dá duas vantagens. Se ele estiver se dirigindo a não-especialistas, estes compreenderão mais facilmente o encadeamento de sua reflexão; se estiver se dirigindo a um juiz (professor num exame, por exemplo), este saberá detectar e apreciar a sutileza desse trecho e daí deduzir que a construção do pensamento foi bem cuidada e rigorosa.

Caberá ao emissor que redigir as últimas linhas garantir, a qualquer custo, a coerência do elo com o parágrafo que se segue, prevendo um deslizamento progressivo que ressaltará com elegância a lógica de seu raciocínio.

3.4. DUAS FORMAS DE ARGUMENTAÇÃO PROFISSIONAL: CARTA DE APRESENTAÇÃO E RELATÓRIO

Os planos mencionados acima podem ser aplicados em situações escolares ou universitárias (dissertação de exame ou de concurso) ou em situações profissionais (anotação de serviço, relatório, memorando, carta...). O tema e o destinatário servirão, ao mesmo tempo, para inspirar uma ou outra estrutura. Dois tipos de texto, porém, exigem esclarecimento específico.

Carta de apresentação

Breve (não mais de uma página) e densa, a carta de apresentação que acompanha o *curriculum vitae* no pedido de emprego ou de estágio deve ser, acima de tudo, eficaz. Essa exigência leva a pesar todas as palavras com muita atenção e a refletir sobre a sua estrutura, cuja problemática poderia ser assim resumida: como pode alguém falar de si mesmo e valorizar-se sem dar mostras de excessivo egocentrismo?

Uma das soluções possíveis é adaptar (no sentido amplo do termo) o plano SPRI:

- **S**, de situação da empresa: começar a carta mencionando a empresa e suas atividades tem três vantagens intelectuais e psicológicas. Em primeiro lugar, o redator demonstra seu interesse pelo eventual futuro empregador, mostrando que o conhece; em segundo lugar, evita evidenciar-se já na primeira frase, o que poderia ser sentido como presunção; em terceiro lugar, fala à pessoa que abre a carta sobre ela mesma, o que é marca de respeito (... ou de adulação?);
- **P**, de problema da empresa... ou do redator: uma empresa pode procurar preencher um posto com determinada qualificação; um estudante pode estar à procura de um estágio. Cada uma dessas situações constitui um problema que será resolvido quando o posto for ocupado e o candidato estiver empregado. Destacar esse ponto é mostrar que se é capaz de integrar a problemática do outro, ou de levar ao entendimento de sua própria situação;
- **R**, de resolução: é evidente que a solução desse problema está na intersecção dos interesses da empresa com os do redator da carta. Caberá a ele, nessa etapa, demonstrar que há convergência entre ambos: que, por exemplo, em vista da situação e do problema, ele poderá, com sua formação e suas qualificações, contribuir para a resolução dos problemas de pessoal da empresa;
- **I**, de informação: este último trecho será dedicado a elementos de ordem material, como datas, possibilidades de disponibilidade ou menção a entrevistas futuras.

Deve-se notar que, em vista da brevidade do documento, cada uma dessas partes deverá constituir um parágrafo de uma ou duas frases, não muito mais que isso. Por outro lado, essa estrutura confere grande coerência a certas solicitações; assim, no caso de um pedido de estágio, **S** representa o ponto de vista da empresa; **P**, o problema do candidato; **R**, a correspondência entre os dois; e **I**, as informações necessárias às duas partes. Adaptada ao plano gramatical, no nível das pessoas utilizadas, a equação: S + P = R e I pode ser escrita: *você* + *eu* = *nós*, o que em si já é todo um programa e constitui, inegavelmente, uma dinâmica argumentativa.

Organização de uma reflexão coerente

Relatório

A não ser que seja puramente técnico ou exigido durante um estágio (casos nos quais ele é relativamente objetivo), o relatório é um texto cujo objetivo é comentar fatos não satisfatórios para depreender soluções possíveis.

Esta última parte o torna argumentativo, pois se destina a apresentar uma tese e a convencer. No que se refere à estrutura, as que apresentamos acima são utilizáveis, mas exigem algumas adaptações.

O plano SPRI continua sendo indicado, mas será indispensável tomar consciência de que o desenvolvimento de cada parte em relação às outras traduzirá a adaptação do redator à problemática. Assim, se o principal objetivo for sensibilizar, dar o sinal de alarme, valorizar a necessidade e a urgência de decisões, a parte **P** será hipertrofiada em relação às outras. Em contrapartida, se, por trás de uma solução relativamente simples de entender, estiverem ocultas medidas técnicas e modalidades de aplicação muito complexas, mais desenvolvida será a última parte, **I**.

O essencial, de fato, é não deixar de refletir em certo número de pontos cuja ordem pode variar um pouco, de acordo com o assunto e a personalidade do redator, mas que podem ser considerados inevitáveis:

Apresentação dos fatos

Muitas vezes ponto de partida do relatório, essa apresentação deve ser realizada com o máximo de precisão e rigor, pois constitui as fundações do edifício. Portanto, será preciso selecionar os fatos úteis ao desenvolvimento ulterior e pensar em considerar o contexto em sua globalidade; uma situação é apreciada de pontos de vista técnicos, mas também sociais, econômicos, políticos e históricos. Omitir um desses "primórdios" significa falsear a argumentação.

Análise dos fatos

A separação da apresentação (objetiva) da análise (obrigatoriamente subjetiva) é necessária à clareza da exposição, à credibilidade do conjunto e aos eventuais questionamentos ulteriores.

Implicações e objetivos

Convencer um destinatário da necessidade de uma solução passa obrigatoriamente por uma visão de longo prazo das finalidades. De fato, a resposta às perguntas *"Para quê? Com que objetivo?"* permite compreender melhor as medidas que devem ser tomadas, integrando-as numa visão mais ampla.

Solução ou soluções

Para comprovar a existência de reflexão profunda, convém saber apresentar várias soluções, analisá-las para, finalmente, ficar com uma que – como é freqüente em contexto profissional – talvez seja a menos ruim, e não a melhor. O circuito argumentativo, portanto, terá como tarefa não apenas valorizar seus pontos positivos, mas também minorar ou obter a aceitação de seus eventuais inconvenientes.

Meios e programação

Escolhida a solução em suas linhas gerais, é possível pormenorizar certas medidas. Os meios serão divididos em – no mínimo – humanos, materiais e financeiros. A programação possibilita fixar um prazo geral e, se possível, etapas, imprimindo-se certo ritmo à implementação da solução.

Futuro próximo

No capítulo referente à conclusão, aprofundaremos as suas diferentes modalidades. Agora destacaremos, porém, que a conclusão de um relatório deve, acima de tudo, ser crítica e prática. Essas exigências significam que, projetada para o futuro imediato, a conclusão, para ser útil ao destinatário, deve enfatizar não só as primeiras medidas que deverão ser tomadas, o modo de dar início ao novo processo previsto, as providências mais urgentes, mas também as dificuldades que devem ser evitadas e suas eventuais limitações. Tal conclusão unirá a ponderação das reflexões às reais possibilidades práticas.

Organização de uma reflexão coerente

4. APRESENTAÇÃO E ENCERRAMENTO DO ASSUNTO

Por que agrupar aqui introdução e conclusão? Acima de tudo porque se assemelham em muitos pontos. Em primeiro lugar, muitos estudantes as consideram um tanto supérfluas: sua conotação escolar maçante na verdade lhes oculta funções profundas. Em segundo lugar, cabe admitir que se trata de trechos ao mesmo tempo delicados e determinantes. Delicados porque falar do assunto sem o tratar, como ocorre na introdução, exige habilidade; determinantes porque sua posição no conjunto do trabalho as supervaloriza e pode acabar influindo sobre a percepção global da argumentação (por exemplo, a de um examinador): a introdução dá o tom, portanto impressiona favoravelmente ou não; a conclusão compreende as notas que continuam ressoando na mente do leitor ou do ouvinte, depois de terminada a obra. Logo, ambas exercem especial influência sobre o modo como o texto é apreendido e, sobretudo, memorizado: a primeira vale-se do efeito de primazia; a segunda, do efeito de recência.

Por fim, no plano cronológico, é depois da concepção global do raciocínio, e só nesse momento, que se pode refletir sensatamente sobre sua construção. De fato, introduzir e concluir uma reflexão pressupõe que se tenha consciência precisa e rigorosa de seu conteúdo.

4.1. Introdução: três regras de três

Três funções

Aplicaremos a essa situação o conselho já dado quando tratamos da busca de idéias: não é possível realizar bem uma tarefa sem conceber claramente seus objetivos. A introdução tem três objetivos nitidamente diferentes:

- deve, em primeiro lugar, despertar o interesse do leitor, chamando sua atenção para o assunto. Esse papel, ao contrário do que pensa grande número de estudantes, nada tem de artificial: em bora em contexto escolar o avaliador conheça o assunto (que, na maioria das vezes, ele mesmo propôs), nas situações de comunicação entre adultos, o(s) destinatário(s) deve(m) realmente ser motivado(s) pela introdução de uma intervenção oral ou escrita. Aliás, todo jornalista, obcecado pelo receio da mudança de canal ou da virada de página, sabe muito bem disso: por esse motivo, extrairemos muitos exemplos de artigos de jornais ou revistas;

- em segundo lugar, deve deixar claro não só o tema que será abordado, mas também o assunto exato, para facilitar a compreensão do destinatário;
- por fim, deve esboçar o encaminhamento global da reflexão, ou seja, indicar suas grandes etapas, portanto o plano. Tampouco há algo de artificial nessa exigência: para acompanhar mais facilmente uma argumentação, o receptor, mesmo não precisando saber para onde o querem levar, deve saber pelo menos quais serão os caminhos seguidos. Demarcar o itinerário apresenta vantagens intelectuais e psicológicas. Intelectuais porque o leitor e, sobretudo, o ouvinte acompanharão a reflexão com mais facilidade, pois nisso foram ajudados com o esboço das grandes etapas da caminhada; psicológicas porque essa disposição contribuirá para tranqüilizá-los, dando-lhes segurança, condição da confiança.

Três qualidades (e mais uma!)

Se formos dos objetivos à execução, ficará claro que cada um desses papéis exige uma qualidade dominante, que o emissor deverá tentar pôr em ação:

- interessar o leitor requer vivacidade. Vivacidade no modo de abordar o assunto, vivacidade para despertar seu interesse, vivacidade porque no início a argumentação está sem vida, pois não começou a desenrolar o fio da meada e nada seria pior do que desestimular de saída a boa vontade do receptor;
- apresentar o assunto exige clareza. Não se trata de mencionar vagamente aquilo "de que se vai falar", mas de indicar com precisão o assunto da reflexão;

Organização de uma reflexão coerente

- esboçar o plano demanda rigor. O receptor – sobretudo se a argumentação for oral – precisará perceber a organização interna do roteiro, o que pressupõe que este esteja claro para o próprio emissor.

Embora esses três papéis sejam relativamente tradicionais e teoricamente fáceis de executar, uma quarta qualidade exige atenção: fluidez do estilo, única coisa que impedirá que eles se justaponham e os fará encadear-se perfeitamente. Obter essa coerência interna na introdução é tarefa mais delicada.

Três partes

A esses três papéis que exigem três qualidades diferentes corresponderão, claro, três partes. A primeira, por ser a mais difícil de executar – pois cria um texto onde nada havia –, exigirá maior aprofundamento que as outras.

Gancho

Essa denominação dada às primeiras frases confirma seu papel, que consiste, afinal, em justificar a própria existência da reflexão. Se nos inspirarmos nas técnicas jornalísticas, poderemos sugerir vários procedimentos, cada um deles ilustrado por um breve exemplo, que supostamente represente o início de uma argumentação sobre *"a necessidade de reformar a legislação para lutar melhor contra os efeitos prejudiciais dos excessos de certas seitas"*:

- fato(s) real(ais): citar uma situação – desde que notoriamente conhecida pelo receptor, para que ele possa compreendê-la e, sobretudo, integrá-la facilmente – constitui o meio mais comum e um dos mais eficazes, pois a reflexão será desenvolvida em nome da realidade. Esses fatos podem ser constituídos por rememoração de acontecimentos, dados numéricos ou relato de um caso.

Testemunhas-de-jeová, adeptos do Rev. Moon, membros do Templo Solar e outros grupos semelhantes, aparecendo periodicamente nos noticiários, revelam não só a existência de seitas, mas principalmente sua expansão e influência crescente.

A arte de argumentar

- fatos reais "centrífugos": uma variante dessa técnica consiste em apresentar uma série de situações cujo ponto comum, *a priori*, o destinatário não perceberá. Por isso, ele ficará intrigado e assim se manterá atento. No entanto, deve-se ter o cuidado de não hipertrofiar esse tipo de desenvolvimento: como a palavra-chave da introdução é "confiança" do receptor, este não deverá sentir-se disperso durante muito tempo, correndo o risco de perder tempo e... boa vontade. Portanto, deverá ser feita uma síntese dessas situações, com uma transição bastante rápida para a etapa seguinte.

> Queda do muro de Berlim, símbolo da derrocada de uma ideologia, aumento do desemprego num contexto econômico desfavorável, menor influência da moral: no campo político, econômico ou ético, o homem moderno parece ter perdido seus referenciais. Não será essa impressão de vazio que impele um número cada vez maior de pessoas para as seitas?

- fatos reais ou noção de "fugir do assunto": técnica arriscada, que exige muita habilidade; consiste em apresentar situações cuja relação com o assunto que será abordado não pareça clara. O truque, evidentemente, está no verbo *"parecer"*, pois o locutor terá facilidade em demonstrar que determinado fato, aparentemente fora do assunto, na verdade possibilita apresentá-lo.

> Haverá vítimas voluntárias? A abordagem jurídica desse paradoxo equivale à sua negação, pois o papel do juiz é ouvir as duas partes: vítima e réu. Mas existe pelo menos uma situação na qual um indivíduo se torna voluntariamente (conscientemente?) vítima de si mesmo: quando ele entra para uma seita.

- a afirmação de efeito: técnica também arriscada, porque pode chocar o receptor; no entanto, tem o mérito de ser estimulante e provocadora, de suscitar debate. Útil principalmente na argumentação oral, possibilita atrair a atenção dos ouvintes para o assunto, desde que não ultrapasse certos limites: o do bom gosto e do respeito humano.

Organização de uma reflexão coerente

A liberdade mata a liberdade. Há dois séculos a França reitera seu apego à liberdade: liberdade de pensamento, liberdade de locomoção. Ora, o recente desenvolvimento das seitas parece demonstrar que, em nome da liberdade religiosa, o Estado deve admitir que alguns de seus membros sejam privados da liberdade de pensar e locomover-se.

- opiniões opostas: se a argumentação se mostra necessária, é porque há duas teses em oposição: o gancho pode já apresentar as linhas gerais das opiniões opostas, citando, por exemplo, palavras (contrárias) de pessoas famosas ou reproduzindo idéias geralmente aceitas por parcelas da população.

A proliferação de seitas e as eventuais conseqüências físicas e psicológicas sobre seus membros suscitam um debate de fundo: algumas pessoas, entre as quais familiares dos adeptos, acham que o Estado deve tomar novas medidas legais, que sejam incisivas e rápidas, contra seus atos condenáveis; outras, como, por exemplo, os membros das comissões parlamentares encarregadas do inquérito, consideram que a aplicação rigorosa da lei atual seria suficiente para limitar os excessos verificados.

- paradoxo: variante do procedimento anterior, essa técnica consiste em apresentar uma tese geralmente aceita, em demonstrar que ela é falsa, e que a busca de conclusão por parte do locutor passa pela justificação de uma verdade paradoxal. O interessante do paradoxo está no fato de que sua existência fundamenta a argumentação, que se mostra então como uma necessidade imperiosa, destinada a restabelecer um estado de fato.

A laicidade do Estado, princípio afirmado desde o início do século XX, sempre o levou a impor sua neutralidade em questões religiosas, garantia da liberdade fundamental, que é a liberdade de pensamento. Mas esse princípio de não-intervencionismo agora se volta contra ele, impedindo qualquer repressão legal contra as seitas.

- histórico: certas situações, cuja "data de nascimento" pode ser fixada, prestam-se bem à rememoração cronológica, que possibilita chegar ao assunto preciso de que se vai tratar, desde que seja rápida e se evitem a qualquer custo os prólogos inúteis e chavões do tipo *"Desde tempos remotos, os homens se perguntaram se..."*; essa técnica permitirá situar o problema em seu contexto.

1789: a revolução fecha as igrejas, por considerar que a estrutura clerical está mancomunada com a realeza. A terceira república, por sua vez, declarou-se anticlerical, regulamentando severamente o estatuto das congregações religiosas. Não obstante, sua lei de 1901 estabeleceu o princípio da liberdade de associação. Portanto, está em contradição com nossa história o fato de as seitas, de filiação religiosa, se estruturarem em virtude de uma lei que não foi feita para elas.

• generalização: procedimento que deve ser manipulado com precaução, pois a observação geral só valerá se não for vaga demais e se permitir introduzir diretamente o tema, que aparece, de algum modo, como uma exemplificação, um caso particular que se integra numa noção mais vasta.

Em nome da tolerância, deverá o Estado aceitar que certas seitas vilipendiem os direitos humanos, que ele está incumbido de garantir? No entanto, é isso que todo observador atento poderá, infelizmente, constatar.

• pergunta: desenvolver uma argumentação muitas vezes é responder a uma pergunta ou a um enigma que intrigue os destinatários. Portanto, é lógico pensar que nisso se encontra um bom gancho. A realidade é mais complexa. Não há dúvida de que se trata de um procedimento enérgico, pois interpela o receptor, formulando em seu lugar uma pergunta que o interessa. Mas, na argumentação escrita, o receptor não pode responder, e, na oral, esperar respostas dos receptores pode ser arriscado: como reagirá o emissor se a reação for de silêncio ou se as respostas forem inúteis, inesperadas ou provocadoras? Na verdade, o emissor estará freqüentemente reduzido ao uso de perguntas retóricas, ou seja, a dar resposta à sua própria pergunta, ou então a demonstrar que a argumentação em si constituirá a resposta à sua pergunta, o que – convenhamos – priva o procedimento de boa parte de sua espontaneidade.

Apresentação do tema

Como percebemos, o gancho serve para puxar o tema, se possível justificando-se o fato de ele ser objeto de um texto argumentativo. A apresentação exata do assunto, por sua vez, observará os conselhos e as pesquisas mencionadas no capítulo "Como entrar no assunto". Coexistem dois procedimentos. A argumentação pode desenvolver-se a partir da citação de um autor (o que só é feito em âmbito escolar), e então o rigor exige que seus termos sejam precisamente reproduzidos. Pode basear-se na pergunta ou na observação de quem conceitua um assunto (situação escolar), ou pode constituir um desenvolvimento escolhido com maior ou menor liberdade pelo emissor (situação profissional); neste caso, ele pode reformular os termos do assunto à vontade, e o essencial é que haja clareza e precisão da problemática.

Esboço do plano

Ao contrário do que alguns poderiam pensar, esta última parte não é tarefa obrigatória de cunho escolar, mas sim um auxílio oferecido ao leitor ou ao ouvinte, para que ele acompanhe com mais facilidade o desenrolar da argumentação. A única dificuldade real dessa parte está na redação, freqüentemente convencional e bem pouco elegante. Duas observações a esse respeito possibilitarão melhorar sua execução. A primeira consiste em ressaltar que um plano bem organizado corresponde a uma intenção precisa do locutor, o que significa que ele será mais claro se valorizar seu objetivo profundo com uma frase do tipo: *"Para entendermos melhor a problemática X, devemos refletir em Y."* De fato, indicar o objetivo do plano equivale a justificá-lo, portanto a tornar a organização mais robusta. A segunda observação será de ordem estilística: como as estruturas, na maioria das vezes, são compostas por duas, três ou quatro grandes partes, sua demarcação deve evitar a monotonia. Pode-se anunciar com clareza cada parte:

- com fórmulas introdutórias: *"A primeira parte tratará de X"*, *"Numa primeira etapa, nossa atenção estará voltada para X"*;
- com uma expressão que a segue, o que é menos espontâneo e mais discreto: *"A análise de X constituirá o cerne da segunda parte."*

Evidentemente, a elegância consistirá em utilizar apenas um desses dois meios e em variar as fórmulas de apresentação, substituindo o banal *"Começaremos estudando X"* por expressões que contenham a marca da personalidade do emissor.

Em resumo, quem considerasse a introdução como uma peça postiça, exigida pela instituição escolar e dotada de grande formalidade cometeria um grave erro: trata-se, na verdade, de uma parte integrante do circuito argumentativo, deixando grande margem de manobra para a personalidade do locutor, que, dando já de início o tom geral, poderá imprimir firmemente a sua marca na argumentação.

4.2. Conclusão: duas fases para duas funções

Conforme pode constatar todo cinéfilo, não é freqüente sair plenamente satisfeito de um filme: isso porque nunca é fácil terminar bem uma narrativa. Essa dificuldade se encontra na argumentação, às vezes agravada pelo fato de que, num exame, por exemplo, a conclusão padece do cansaço intelectual do redator e de sua eventual falta de tempo.

Dois papéis

Para maior eficácia, devemos colocar-nos no lugar do destinatário. O que ele espera do fim de uma reflexão?

- uma resposta clara para a problemática apresentada pela introdução;
- um esboço de reflexão sobre a concretização dessa resposta.

Portanto, ao mesmo tempo será preciso fechar o debate e destacar os problemas eventualmente criados por essa conclusão, pois é verdade que nenhuma questão nunca é resolvida de modo perfeito, completo e intocável, e que a vida é, ao contrário, constituída por um encadeamento de questões. Esses dois papéis nos levarão a conceber uma estrutura binária.

Dois tempos

Conclusão fechada

Em geral, esse é o nome que se dá a essa primeira parte da conclusão, que deve impreterivelmente dar destaque aos pontos essenciais aos quais chegou o raciocínio do emissor. Essa observação é menos supérflua do que parece, porque, no intuito de acostumar o aluno a aprofundar sua reflexão, o liceu lhe aconselha formular perguntas, a tal ponto que a própria conclusão de um trabalho escolar freqüentemente carece de firmeza e procura fugir para outras indagações, outros problemas. Ora, a vida profissional exigirá respostas, soluções (se possível, eficazes) para os problemas. Sem resumir a argumentação – o que seria repetitivo, portanto inútil –, é essencial que todo emissor saiba exprimir com firmeza as duas ou três grandes idéias claras às quais chegou. No entanto, é ilusão pensar que uma reflexão, por mais rigorosa e aprofundada que seja, permite dar resposta definitiva a qualquer problema; ela só corresponde a uma parcela de vida que simplifica a realidade para que possamos entendê-la melhor. Como todos os problemas enfrentados pelo ser humano estão interligados, é artificial isolar um deles, a não ser para estudá-lo de modo específico. Logicamente, depois de tratado, ele deve ser novamente inserido na cadeia complexa da realidade, o que será tarefa da segunda parte.

Conclusão aberta

Em primeiro lugar, destacaremos um perigo: abrir para o vazio. As banalidades do tipo *"O problema sempre existirá"*, ou *"Quando se encontrará uma solução?"*, ou *"O caminho ainda é longo"* nada contêm de concreto ou convincente para o destinatário. Por motivo de clareza intelectual, tentaremos distinguir algumas grandes atitudes intelectuais mais comuns:

- ressalvas: consistem em ressaltar certos problemas suscitados pela solução da argumentação. Pode-se assim formular perguntas sobre suas limitações (é ela generalizável para outras situações?), sobre seus efeitos nocivos (não poderá ela provocar inconvenientes inesperados?), sobre suas dificuldades de execução (as modalidades de funcionamento poderiam entravar a realização de uma boa idéia?) ou sobre as dificuldades que ela deverá evitar para ser eficaz (com que obstáculos se corre o risco de topar?). Embora seja realista mencionar todos esses pontos, pode ser psicologicamente canhestro terminar com eles, pois há o perigo de deixar no receptor uma impressão negativa que estaria em contradição com o objetivo geral da argumentação. As ressalvas, portanto, podem fazer parte da conclusão, mas não constituir seu ponto fulcral, a não ser por necessidade. Por outro lado, caso essas ressalvas sejam importantes, mencioná-las como conclusão seria insuficiente, está claro, e caberia considerar a possibilidade de integrá-las no raciocínio, conforme sugerimos como fim do plano jornalístico no capítulo "Principais tipos de plano";
- futuro imediato: essa técnica, realista, visa considerar as conseqüências e as implicações práticas de uma tese afirmada na primeira parte da conclusão. Na maioria das vezes, trata-se de aludir às suas condições de sucesso (a que condições humanas, econômicas, materiais etc. a aplicação da idéia está sujeita?), às conseqüências práticas imediatas (o que deverá ser considerado como mudança no comportamento das pessoas, na organização etc., se essa idéia for aplicada?), às primeiras medidas, talvez urgentes, para que a idéia se torne aplicável.

Essa conclusão de conclusão, como se pode adivinhar, será especialmente adequada às situações profissionais concretas: depois que o destinatário está convencido, pela argumentação, da correção da tese, é lógico que ajude a planejar a sua execução.

- Extensão: mais escolar, esse método possibilita passar de uma idéia afirmada a um problema mais geral induzido por aquela. O

Organização de uma reflexão coerente

obstáculo aí é o temível disparate: nem sempre é fácil perceber a diferença entre a transição lógica para um problema próximo da tese conclusiva e aquilo que poderia constituir um salto para o "nada-a-ver". Pode-se assim esboçar pistas para o futuro distante, mostrar a distância que há entre a idéia final realizável e aquilo que seria idealmente desejável, indicar que ela se integre de fato numa problemática mais ampla. Ainda sobre o tema das seitas, utilizado quando falamos da introdução, proporemos o exemplo seguinte:

> Quer o Estado se limite a aplicar a lei atualmente em vigor para neutralizar as ações perniciosas das seitas, quer ele opte por promover uma evolução do direito, será preciso dar grande atenção à manutenção do equilíbrio delicado entre o respeito ao direito de associação e à livre reflexão e o respeito aos direitos humanos. Mas a lei, seja ela qual for, não poderá obrigar os indivíduos a adotar um determinado comportamento: por isso, o Estado deve, acima de tudo, promover uma campanha de esclarecimento para as populações de risco, sobre os perigos bem reais de certas seitas.

Seja como for, nunca será demais chamar a atenção do redator para a última frase, as últimas palavras, o último termo. Principalmente nas argumentações orais, estes últimos elementos constituirão a impressão geral que o receptor levará consigo: eles são psicologicamente preciosos.

TRABALHOS DIRIGIDOS[4]

3. ORGANIZAÇÃO DE UMA REFLEXÃO COERENTE

2. COMO ORIENTAR A ARGUMENTAÇÃO
PARA EXPOR MELHOR OS OBJETIVOS

Aplicação nº 1*: Classificação das idéias

Agrupe de uma maneira ou de outra, sob três ou quatro temas diferentes, as noções associadas aos assuntos abaixo, a que chegaram alguns estudantes depois de um *brainstorming*:

1) Autoridade: *autoritário, poder, direção, justiça, governo, leis, juiz, polícia, pais, força, violência, submissão, cassetete, Folcoche[5], senhor, punição, liberdade, eficácia, rejeição, Deus, patrão, coerção, prisão, entrave, anarquia, respeito, disciplina, flexibilidade, tolerância, policial, arbítrio, ditadura, escravidão, medo, superioridade, ódio, uniforme, educação, punição, fascismo, proibição, hierarquia, injustiça, conflito.*

2) Fidelidade: *amor, respeito, família, amizade, confiança, cão, aliança, infidelidade, igreja, possessivo, santo, religião, amigo de infância, liberdade, risco, ideal, monotonia, hábito, Deus, fé, compromisso, dever, efêmero, obrigação, regra, estabilidade.*

3) Tolerância: *respeito, limites, fanático, conflito, harmonia, discreto, religião, nazismo, inquisição, julgamento, justiça, erro, transgressão, acordo, entendimento, liberdade, desconhecido, racismo, política, estrangeiro, igualdade, abertura de mente, enriquecimento, confronto, limitado, resoluto, diferença, multirracial.*

4) Aventura: *exotismo, imprevisto, evasão, mistério, herói, super-homem, relaxamento, esporte, esforço, viagem, férias, descobertas, risco, solidão, proeza,*

---

4 Somente as aplicações seguidas de asterisco serão corrigidas, as outras necessitam de uma reflexão de caráter mais pessoal.
5 Mãe violenta, personagem de um romance de Hervé Bazin. [N. da T.]

prazer, sensações, desafio, limites, coragem, monótono, conforto, grupo, coletividade, pose, sonho, exploração, explorador, selva, paixão, loucura, dinheiro, patrocínio, imprevisto, ruptura, proteção, segurança, embriaguez, temeridade, medo, proibição, sobrevivência, luta.

5) Pose: *jovens, exibir, observador, olhar, dualidade, rebaixar, masculino, importância, complexado, auto-imagem, superestimação, ridículo, moda, consumo, criatividade, ilusão, fachada, fechamento, imitação, egocentrismo, convencido, valorização, espectadores, centro de interesse, orgulho, indiferença, jogo, caricatura, auto-realização, camuflagem, coragem, superfície, profundidade, reserva, timidez, humildade.*

Aplicação n.º 2*: Orientação da argumentação

Encontre duas conclusões diferentes para cada frase abaixo, invertendo a ordem dos argumentos, segundo o modelo apresentado a seguir:

– *Para obter uma promoção, propuseram-me fazer alguns cursos, mas estou muito ligado a meu trabalho atual e a meus colaboradores.*

– *Para obter uma promoção, propuseram-me fazer alguns cursos, mas estou muito ligado a meu trabalho atual e a meus colaboradores, **por isso não vou me inscrever nesse grupo.***

– *Estou muito ligado a meu trabalho atual e a meus colaboradores, mas, para obter uma promoção, propuseram-me fazer alguns cursos, **por isso vou me inscrever nesse grupo.***

1) *Estou fazendo regime, mas estou com fome.*

2) *O homem é um caniço, o mais fraco da natureza, mas é um caniço pensante.*

3) *Meu carro está quebrado, mas eu não tenho dinheiro.*

4) *Saio de férias, de barco, amanhã, mas a meteorologia está anunciando uma tempestade.*

5) *Meu patrão quer me transferir depressa para a Alemanha, mas eu não falo alemão.*

Aplicação n.º 3*: Classificação / orientação da argumentação

Oriente as idéias de cada lista de dois modos diferentes, segundo a tese que queira desenvolver. Assim, cada noção poderá pertencer, de acordo com sua vontade, à tese, à antítese, a um trecho de refutação ou a uma concessão (ver capítulo "Refutação de uma tese"). Deduza, em cada caso,

A arte de argumentar

uma conclusão precisa sobre sua concepção e as medidas que devem ser tomadas:

- Os hipermercados devem ser fechados?

Eles criaram numerosos empregos (80000 dos quais 50000 no setor de alimentação) / Os pequenos comerciantes especializados continuam existindo (quitandas, padarias, confeitarias...) / O número de lojas pequenas aumentou em 30000, graças ao atrativo dos centros comerciais / Os empregos oferecidos são ilusórios, pois na maioria das vezes são de tempo parcial[6] / Grande número de pequenos supermercados desapareceu / As padarias artesanais, que ainda cobrem 75% do mercado, passaram de 50000 em 1945 para 35000 atualmente / As lojas de roupa foram muito prejudicadas / 20000 postos de gasolina desapareceram em vinte anos / Os preços dos hipermercados são interessantes / A desertificação dos centros da cidade, que é atribuída a eles, deve-se também à fuga dos habitantes e das estruturas universitárias e terciárias para as periferias / Sua instalação contribuiu para financiar partidos políticos / Todos os anos, eles contribuem com um bilhão para um fundo de reconversão do pequeno comércio / Os centros das cidades estão morrendo por causa deles / Os subúrbios e a entrada das pequenas cidades são desfigurados por culpa deles / A qualidade das condições de habitação é da responsabilidade dos prefeitos, e só deles / Os hipermercados têm posição financeira hegemônica, especialmente em relação aos fornecedores / Eles favorecem a concorrência, fator de queda dos preços.

- Os árbitros esportivos devem aceitar a ajuda dos vídeos?

Eles permitiriam fixar com exatidão os erros cometidos / Os comentadores de televisão se arvoram em árbitros, em detrimento daqueles / O esporte deve continuar sendo espetáculo, não um caso de especialistas / Poderiam ser numerosas as interrupções do jogo / Seria o fim da ditadura de um só homem / Os vídeos criariam uma discriminação entre países ricos e pobres / Não são confiáveis, por não haver número suficiente de câmeras / O desenrolar de uma partida muitas vezes é rápido demais para uma única pessoa / Os vídeos

---

6 A legislação francesa admite dois tipos de jornada de trabalho: a plena e a parcial. Se o trabalhador optar pela jornada parcial, seu salário será reduzido proporcionalmente à redução do tempo de trabalho. Essa redução pode ser solicitada pelo empregado que preencha alguns requisitos e para fins específicos. [N. da T.]

constituem um progresso inelutável / Em esportes coletivos, não é possível isolar uma ação do conjunto do desenvolvimento da partida / Os vídeos poriam em evidência detalhes não perceptíveis por uma só pessoa / Os árbitros estariam assim protegidos das reações do público / O árbitro sente e ouve os jogadores: usar o vídeo é renunciar ao ponto de vista humano do esporte / O vídeo poderia pelo menos ser usado como meio de controle posteriormente / As imagens dramatizam e deformam, obrigatoriamente / Uma boa instalação seria cara e pesada demais / Os jogadores sob vigilância se vigiariam mais / O papel do ser humano seria valorizado pela técnica / O homem seria dominado pela técnica.

- Para ajudar os dependentes de drogas, caberá encorajar os tratamentos de substituição da heroína, prescritos por clínicos gerais e vendidos em farmácia?

O tratamento seria prescrito por um clínico geral e seria válido por 28 dias, o que é muito tempo / A privação, atualmente proposta, só é positiva para a minoria dos dependentes / Deixar o toxicômano nas mãos de um clínico geral é uma irresponsabilidade, pois ele não tem formação especializada nesse campo / Seria possível um desvio: o medicamento se transformaria em droga e seria revendido no mercado negro / Tratar-se-ia de um pacto entre o paciente e o médico, que, então, não seria um simples distribuidor / Distribuir sucedâneos é comprar paz social, e não resolver o problema fundamental / O médico é um bom analista das causas da toxicomania / Esse tratamento agiria como um analgésico, o que é interessante em casos de complicações clínicas no dependente / Consumidos como droga, esses produtos exporiam aos mesmos riscos que ela (superdosagem, aids…) / Como esse medicamento é de venda livre, desapareceriam o mercado negro e o tráfico associado / O médico deve ouvir o dependente, e não se transformar num distribuidor de droga.

- Caberá incentivar e desenvolver as pesquisas políticas?

Elas ajudam os órgãos políticos a compreender melhor os eleitores, portanto a melhorar sua estratégia / Elas dão resultados mais confiáveis do que o simples contato subjetivo entre o candidato e os cidadãos / Sua validade nem sempre é facilmente aceita pelos órgãos políticos / Elas constituem uma intervenção direta dos cidadãos na política / Sua mediação amplia a distância entre os candidatos que têm chance de vitória e os "pequenos" candidatos / Pesquisar não é governar nem pensar o futuro / Elas forçam os cidadãos ao voto "útil", portanto modificam seu comportamento / Possibilitam explicar ou julgar uma decisão a posteriori / São reveladoras dos pensamentos da "maioria silenciosa" / Revelam, portanto ampliam, as diferenças entre os candidatos / Aumentam a importância dos coordenadores de campanha, que estão preocupados acima de tudo com a imagem do candidato / A maioria silenciosa não faz as coisas avançar, seguem atrás delas / Seus dados objetivos permitem que o jornalista compreenda melhor os fenômenos políticos e assim aumente sua influência / Seu número pode intoxicar a opinião pública / Toda pesquisa política negativa levará o candidato a defender-se perante os meios de comunicação: portanto, as pesquisas são úteis principalmente para os jornalistas / Os pesquisados podem mentir para o pesquisador / As pesquisas constituem uma informação importante, pois, na falta de referência, a maioria se torna uma referência / A opinião dos outros pode modificar a intenção de voto das pessoas / As pesquisas constituem uma norma; na verdade, elas são a camuflagem da angústia e da falta de idéias.

Aplicação nº 4: Classificação / orientação

Procure entre dez e vinte idéias em cada um dos temas abaixo, depois selecione e hierarquize os argumentos, conforme optar por uma ou por outra tese:

– *Exército profissional: necessidade para a defesa ou risco para a democracia?*
– *Homem e computador: quem domina quem?*
– *Eutanásia: crime ou caridade?*
– *Terrorismo: assassinato cego e premeditado ou necessidade política?*
– *Greenpeace: contrapoder ecológico indispensável ou manipulação político-econômica da mídia?*
– *Moeda única européia: necessidade econômica ou freio ao desenvolvimento?*
– *Escola: fator de desenvolvimento pessoal e social ou máquina de reproduzir desigualdades?*
– *Formação por aprendizagem[7]: necessidade pedagógico-econômica ou exploração dos jovens?*

....

7 Tipo de formação com contrato de trabalho especial. Abrange profissões de vários tipos, inclusive de nível superior. [N. da T.]

Trabalhos dirigidos

– *Países do Leste depois da queda do muro de Berlim: liberdade ou nova escravidão?*

– *Dinheiro e esporte: elo necessário ao desenvolvimento do esporte ou tutela do esporte?*

Aplicação nº 5*: Orientação da argumentação

Em cada assunto abaixo, encontre duas séries de cinco a seis idéias, orientadas de modos diferentes, em função do público sugerido ou do título jornalístico proposto:

– *Dinheiro e esporte (dirigentes de um grande clube / amadores de uma associação esportiva):*
Dinheiro a serviço do esporte / Esporte, escravo do dinheiro.

– *Greenpeace (dirigentes de grandes indústrias / habitantes de uma grande cidade):*
Greenpeace: a grande manipulação da política e da mídia / Ecologia: futuro de nossos filhos.

– *Serviço militar (oficiais do exército / reservistas):*
Pilares da nação / Serviço obsoleto.

– *32 ou 35 horas por semana (sindicalistas /economista liberal):*
Menos trabalho para mais trabalhadores / A grande ilusão.

– *Eutanásia (médicos / famílias de pacientes):*
Respeito devido à vida / Respeito devido à dignidade humana.

3. CONCEPÇÃO DE UMA ESTRUTURA

Aplicação nº 1: Plano cronológico

Redija um texto correspondente ao plano cronológico, respeitando os conselhos dados a partir das informações abaixo sobre a evolução da demografia mundial, cujas principais etapas apresentamos:

– *Há mais de 500 000 anos: aparecimento do homem de Neandertal; o número de nascimentos é ligeiramente superior ao de falecimentos; portanto, pequeno período de crescimento, em vista das epidemias de fome, das pestes e das guerras.*

A arte de argumentar

– *De 4000 a 3000 a.C., decuplicação da população mundial (provavelmente, de 15 a 150 milhões de habitantes), devido ao desenvolvimento da agricultura, da pecuária e à sedentarização.*

– *De 3000 a.C. ao século XVIII de nossa era: crescimento pequeno (cerca de 1% ao ano) e irregular, devido às epidemias.*

– *A partir de meados do século XVIII: redução duradoura da mortalidade, devido aos progressos da medicina, da higiene e da alimentação, acompanhados por redução da fecundidade. Conseqüência: novo equilíbrio.*

– *Do fim do século XVIII a meados do século XX: maior redução da mortalidade do que da fecundidade. Conseqüência: crescimento (por exemplo: Europa + CEI = de 150 a 600 milhões de habitantes).*

– *A partir de 1950: caso específico do terceiro mundo: queda da mortalidade, devida aos progressos médicos, sem diminuição da natalidade, por uma questão de mentalidade. Conseqüência: aumento planetário de 3% ao ano.*

– *A partir de 1970: início de estabilização da fecundidade em certos países do Terceiro Mundo (Índia, China).*

Aplicação nº 2*: Plano cronológico

1) Compare o texto que obteve a partir da aplicação nº 1 com o texto abaixo, que constitui seu desenvolvimento original.

2) Nesse excerto de um texto dedicado à história da população mundial, reconheça o que constitui as qualidades de um bom plano cronológico. Para tanto:

a) Identifique as expressões indicativas de períodos, de tal modo que se faça a divisão da história da população em etapas;

b) Identifique as fórmulas que valorizam a importância deste ou daquele período ou da tendência geral que o caracteriza;

c) Indique os termos que marcam o sentido da evolução de cada etapa: grande progressão, progressão moderada, estabilização ou declínio da população;

d) Analise as razões que explicam cada uma dessas tendências.

EXPLOSÃO DEMOGRÁFICA: PARA ONDE VAMOS?

Durante milênios, as populações humanas, tal como as outras espécies vivas, foram submetidas a um regime demográfico cruel, quando somente a

Trabalhos dirigidos

grande fecundidade possibilitava compensar a grande mortalidade. Regime demográfico no qual o excedente dos nascimentos em relação aos óbitos era muito pequeno, e o pífio crescimento natural era periodicamente posto em xeque por graves crises: pestes, fome, guerra... Na verdade, era como se, entre fecundidade e mortalidade, o crescimento demográfico, sempre pequeno, fosse regulado pelas condições de subsistência. Quando a conquista de novos espaços ou a descoberta de novas técnicas permitiam aumentar a quantidade de alimentação disponível, a população podia crescer e atingir o novo teto de densidade. Mas, quando este era ultrapassado, tornava-se inevitável a crise, com uma forma ou outra. Assim, durante milênios, os seres humanos cresceram numericamente de forma lenta e irregular, povoando aos poucos todas as superfícies habitáveis do planeta e melhorando progressivamente o domínio dos recursos dos quais extraíam sua subsistência.

Durante essa longa evolução, a descoberta da agricultura e da pecuária, no neolítico, teve importância considerável. Ela elevou tremendamente o "teto" de povoamento possível e possibilitou uma fase de crescimento demográfico excepcional. Do 4º ao 3º milênio, em apenas 1000 anos, portanto, a população mundial provavelmente decuplicou, passando talvez de 15 a 150 milhões! Trata-se de um fenômeno sem precedente, que não se repetirá durante os 4 milênios seguintes. Trata-se também de uma época capital, pois a agricultura, provocando a sedentarização, ensejou a socialização do homem. Da criação das cidades ao uso da escrita, tem-se o surgimento das grandes civilizações da história: Suméria, Egito, China, Índia... Os quatro milênios seguintes foram de novo marcados por um crescimento extremamente lento, entrecortado por graves crises de mortalidade, até meados do século XVIII.

A grande transformação ocorre na Europa, no século XVIII. A Revolução Industrial modifica radicalmente as condições de crescimento demográfico. Não só os progressos da medicina e da higiene, mas também o desenvolvimento econômico e a melhoria da alimentação provocam um decréscimo profundo e duradouro da mortalidade, enquanto a evolução da família e dos costumes põe a fecundidade no mesmo caminho.

Iniciado no Noroeste da Europa, o movimento se expande rapidamente para todos os países europeus, que em um século ou dois passam, assim, do regime antigo (em que fecundidade e mortalidade eram elevadas e se equilibravam, pelo menos em média) para um novo regime em que fecundidade e mortalidade também se equilibram, mas em nível bem mais baixo. No século XVIII, a expectativa de vida no nascimento era inferior a 30 anos, e o número médio de filhos por mulher passava de seis. Hoje, a expectativa de vida está próxima dos 80 anos, e o número de filhos por mulher é de apenas dois! Percebe-se até que ponto mudaram as regras do jogo.

Mas o que conta mais ainda para a história recente da humanidade é que, durante esse período de "transição", que vai do fim do século XVIII a meados do século XX, a redução da mortalidade precedeu a redução da fecundidade. A luta contra a morte é uma preocupação ancestral. A novidade no século XVIII é que ela se torna eficaz. Os efeitos são imediatos. O mesmo não ocorre com o domínio da fecundidade, que depende de uma inversão radical de atitude perante a procriação e de uma mudança na mentalidade, donde a discrepância no tempo, mas, com raras exceções, bastante importante para desencadear crescimentos populacionais sem precedentes.

A expansão do neolítico, por mais decisiva que tenha sido, era produzida a um ritmo médio de apenas 0,2% ao ano. Nos séculos XIX e XX, as populações européias crescem a um ritmo de 1 ou 1,5% ao ano: cinco vezes mais depressa. De menos de 150 milhões de habitantes em 1750, o conjunto Europa-URSS (fronteiras atuais) passa para cerca de 600 milhões em 1950, ou seja, quadruplicou em 200 anos. Acresce também que, no mesmo período, a Europa, tomando posse do planeta graças a seu poderio econômico e militar, também contribui em grande parte, graças a seu dinamismo demográfico, para o povoamento do Novo Mundo (é verdade que faz isso depois de ter dizimado as populações autóctones). A América passa, assim, de menos de 20 milhões de habitantes em 1750 a 350 milhões em 1950.

Revista *Sciences humaines*, nº 15, março de 1992.

Aplicação nº 3*: Plano cronológico

O texto abaixo, sobre jogos de azar, segue um plano cronológico e possibilita uma boa síntese de procedimentos utilizáveis nesse campo. Analise:

1) As fórmulas que possibilitam apresentar cada nova etapa e destacá-la.
2) A tendência principal de cada período assim definida.
3) O nexo existente entre esse raciocínio cronológico e a conclusão.

A MODA DOS JOGOS DE AZAR

Somos ganhos pelos jogos. Sudoku, sorteio, loto, raspadinha, exata, dupla, trifeta, quadrifeta, *derby*, bingo, superbingo, bolsa de valores: o léxico das palavras do jogo engorda ano a ano. Algum dia, para facilitar a adaptação dos

Trabalhos dirigidos

jovens à sociedade francesa, será que teremos de criar cursos especiais, sessões de instrução em jogo e aprendizagem da sorte (e do azar)?

O frenesi cresce. A época é dos ganhadeiros famosos (Tapie and Co.) e dos ganhadores anônimos. Viver é arriscar ou, mais exatamente, apostar. Perder é um costume que se pega facilmente, pois um dia – está escrito – a gente vai ganhar a sena acumulada. Só pode. Senão, por que a gente faria questão de ficar esvaziando cofrinhos e porta-moedas? Essa doença tem pouco mais de cinqüenta anos. Foi em 1933 que na França se instituiu a Loteria Nacional, hoje uma senhora cheia de rugas, que não envelhece muito bem: a juventude a evita. Teve seus dias de glória, essa estrela da sorte colhida nos caminhos do acaso aritmético. Contribuiu para alimentar os sonhos do "povo", reanimar o velho mito da cornucópia, ajudar a suportar as desigualdades, pois diante do acaso – não é mesmo? – todos são iguais. A sorte sorria para os jogadores. Depois da Segunda Guerra mundial, em meados dos anos 50, veio a moda do turfe, com a sigla PMU que, como poucos franceses sabem hoje, significa "pari mutuel urbain". Os anos 60 foram os anos "trifeta". Pelas pálidas manhãzinhas dos domingos, sempre recomeçadas, das portas de "cafés-tabacarias-PMUs", estendiam-se as filas dos fiéis que, por aquela religião, desertavam de igrejas, templos e até mesquitas. Aos poucos a coisa virou ciência. O acaso não mexia todos os pauzinhos. Tratava-se de corridas e de cavalos. Com boa dose de informação, era possível dar uma mãozinha à sorte, prever, identificar os "azarões", sem precisar ficar limitado à data de nascimento da vovó ou do priminho.

1975, nova etapa, desforra do acaso, retorno à magia dos números aleatórios: é a ressurreição da velha loto que nos fora legada pelo Antigo Regime. Números e gente: há os fiéis da série fixa (um dia ela acaba saindo), os maníacos da probabilidade, ciência incerta, os suicidas da lapisada aleatória. E os ganhadores, exibidos às massas maravilhadas. O jogo, sociologicamente, marca novos pontos. A pequena burguesia adere, de início um pouco envergonhada, depois sem vergonha. Nas casas lotéricas, é uma obsessão. Todos se reúnem ao redor dos bilhetes conjuntos, comunismo de apostas e – sabe-se lá – de ganhos. Um prêmio alto é a novidade do dia. O povo dos *trailers*, das casinhas da periferia, dos sonhos com tetos de vigas aparentes e carpete lilás ouve dizer, em todas as ondas, que vale a pena sonhar porque às vezes o sonho se realiza. Passa-se batido pelos ganhadores que perderam tudo em semanas, administradores ineficientes de uma fortuna rápida demais. Nisso não vai moralismo. A crise econômica está aí, azar dos vencidos, azar dos perdedores.

A hora é daqueles que empreendem, que seguram o touro pelos chifres. As desigualdades são invertidas, compensadas pela possibilidade fantasiosa que agora todos têm de, com umas moedinhas, vir a ser um aproveitador, um rico, um nababo.

Dez anos depois, nova mudança. Nem toda a França jogava. Era preciso ganhar – digamos – as novas gerações e dar a vez, no acaso, também aos efeitos da competência e da dedução. Introduzir aí um pouco de ciência e conhecimento; em suma, fazer que a gente mereça um pouco mais aquilo que eventualmente ganhe. Essa será a função da loteria esportiva, filha caçula da turma da Sorte. Depois de uma aparição apagada – complicada demais, o sujeito precisava ser politécnico para se achar – a loteria esportiva se impõe. Dos bancos da escola aos gabinetes dos executivos, finalmente o jogo completamente lícito que mata dois coelhos com uma cajadada: exige competência e ainda financia o esporte!

No tempo das religiões, o destino dominava o mundo, a providência governava a vida. Agora é o acaso que assume essa função no reino da igualdade das chances. À moral da fé e das obras sucedeu uma moral que transcende as divisões de esquerda e direita, a moral do resultado.

Dossiers et documents, Le Monde, dezembro de 1985.

Aplicação nº 4: Plano cronológico

Para cada um dos cinco assuntos abaixo, sobre os quais você deve documentar-se previamente, faça um plano cronológico linear (passado distante – passado próximo – presente) ou, se preferir, um plano cronológico invertido (presente – passado distante – passado próximo ou presente):

– *História do apartheid na África do Sul.*

– *História do conflito na Iugoslávia.*

– *Evolução do número de sindicatos na França.*

– *História dos grandes avanços tecnológicos, da roda ao computador.*

– *Evolução das armas da pré-história à bomba atômica.*

Aplicação nº 5*: Plano enumerativo

Estrutura simples para o texto que segue, referente às férias livres, destinado a responsáveis comunais. No entanto, comporta o essencial de todo raciocínio, conforme comprova a análise de sua estrutura.

Trabalhos dirigidos

1) Identifique a frase de transição que separa as duas teses.

2) Identifique as palavras de ligação que organizam o texto, ordenando os diferentes argumentos.

3) Encontre pelo menos:

– uma justificação por meio de exemplo;

– uma explicação baseada num raciocínio;

– um desenvolvimento que aprofunde uma idéia, pormenorizando-a.

4) Relacione as vantagens e as desvantagens, ressaltando as que o próprio autor indicou como as mais importantes e identificando os termos que as valorizam.

AS FEIRAS LIVRES ESTÃO CONDENADAS À MORTE?

Em relação aos consumidores, além da competitividade dos preços, que não deixa de ter efeito moderador sobre o comércio sedentário próximo, a feira oferece garantia de produtos frescos; segundo enquete realizada pela câmara de comércio e indústria de Bordeaux com 180 comerciantes, os prazos de escoamento dos estoques são rápidos: de um a dois dias para frutas, legumes e peixes, e de oito dias para laticínios...

A feira desempenha papel fundamental no movimento dos bairros das cidades, dos burgos e das aldeias. Para começar, é um espetáculo, com uma multidão reunida, pregões, cores, odores... Lá são urdidas e mantidas as relações sociais. Nas regiões rurais, travam-se contatos e fazem-se trocas com as urbanas. Na cidade, as feiras são as raras oportunidades para encontros entre grupos sociais diversos que, habitualmente, têm comportamentos aquisitivos diferentes. Todos, aliás, ficam propensos a adotar atitudes mais espontâneas, precisamente em razão do ambiente de recreação e festa.

No caso particular da periferia parisiense, as feiras desempenham um papel mais importante porque o comércio preexistente não soube bem administrar os espaços urbanos em expansão ou em mutação. Ali, o comércio feirante soube tecer uma rede de abastecimento de grande eficácia e notável adaptabilidade, sabendo ser complemento em alguns lugares e, em outros, um serviço de proximidade nada desprezível.

O elogio às feiras não pode encobrir suas dificuldades de funcionamento, decorrentes tanto da própria evolução da distribuição das feiras, quanto dos contextos móveis nos quais essa atividade é exercida. Primeiro fator de mutação: a estrutura orçamento-tempo das famílias. De fato, o tempo dedicado às compras é bem menor que antigamente e relegado às horas não comprometidas pelo trabalho. Embora essa realidade atinja o conjunto da distribuição, as feiras são mais sensíveis a ela, uma vez que seu bom funcionamento se baseia na concentração temporária da clientela. Segundo fator de evolução: o estacionamento e o trânsito urbano nos dias de feira. É freqüente dizer-se que as feiras atrapalham, e que as cidades nem sempre conseguiram destinar um lugar a esses fenômenos periódicos. Por outro lado, o comportamento aquisitivo dos fregueses se transforma: o abastecimento é concentrado, usa-se carro e as pessoas não têm receio de procurar outros locais de compra, considerados mais interessantes ou em dias mais cômodos. Tudo contribui para aumentar os problemas de trânsito, estacionamento dos feirantes e dos fregueses.

Revista Diagonal, abril de 1981.

Aplicação nº 6*: Plano enumerativo

Para cada um dos problemas abaixo, adote quatro pontos de vista diferentes e desenvolva cada um em um parágrafo:

— *O consumo de carne (vermelha, especialmente) diminui de maneira constante.*

— *Em nossa sociedade desenvolve-se o sentimento de solidariedade.*

— *Existe um risco real de agitação em bairros periféricos carentes.*

— *Observa-se o desenvolvimento do "hooliganismo" no futebol.*

— *O turismo constitui uma atividade econômica importante em nosso país.*

Aplicação nº 7*: Plano enumerativo

Inspirando-se nas técnicas mencionadas quando tratamos da procura de idéias no capítulo "Em busca das idéias", procure as categorias que considerar útil desenvolver a respeito dos temas abaixo (utilize, em especial, as perguntas: o quê? em que lugar? quando? desde quando? por quê? com quais conseqüências?):

— *A França é mesmo um Estado-providência, a tal ponto que procura garantir a segurança de seus cidadãos.*

— *Desenvolvimento do nacionalismo e do regionalismo: um fenômeno mundial.*

— *Importância do consumo de tranqüilizantes na França.*

— *A informática revolucionou totalmente a nossa sociedade.*

— *A formação por aprendizagem é a melhor medida para o combate ao desemprego dos jovens.*

Trabalhos dirigidos

Aplicação n.º 8*: Plano enumerativo

Para diminuir a monotonia inerente a todo plano enumerativo, agrupe as idéias propostas sobre cada tema abaixo em três ou quatro categorias, depois redija um texto correspondente ao plano enumerativo, prevendo sínteses parciais ou destacando os pontos comuns entre as idéias:

- Desenvolvimento das seitas:

Elas são o último recurso das pessoas que estão sem referenciais / Seu líder freqüentemente é megalômano / Nelas, as pessoas são submetidas a doutrinação psicológica e a sevícias físicas / Seus objetivos, muitas vezes político-religiosos, são ambíguos / É difícil estabelecer critérios que possibilitem distingui-las das religiões / Seus adversários consideram que o único critério é sua nocividade / A legislação atual deveria bastar para combatê-las, desde que fosse corretamente aplicada / Seus membros são vítimas voluntárias? / Em caso de processo, elas sabem usar as leis a seu favor / O Estado é laico: não tem de aceitar certas crenças e recusar outras / As leis protegem os menores das pressões / Freqüentemente, elas se organizam em associações de acordo com a lei de 1901 / Seus membros estão a caminho da marginalização / O Estado pode controlar suas finanças / O Estado deve garantir a liberdade de pensamento de cada um / A sociedade liberal moderna deixa o indivíduo sozinho em face das angústias do futuro / Caberá criar um delito de manipulação? / Assim como as seitas, a Igreja tem um dirigente, uma estrutura, uma ideologia, e alguns de seus membros vivem em claustros / O Estado garante os direitos humanos / É necessário informar melhor os grupos de risco / Muitos de seus membros têm bom nível intelectual / A diminuição da influência das religiões tradicionais cria em alguns a necessidade de ter referenciais e o gosto pelo irracional / A vida em comunidade dá segurança a seus membros.

- Diminuição da prática religiosa:

O declínio das práticas religiosas começou no século XVIII, em certas camadas da população / A redução da prática corresponderá a uma redução da crença? / A tendência européia à diminuição das práticas está associada à modernização de nossas sociedades / Assiste-se a uma queda no número de membros do clero / Muitos referenciais religiosos desapareceram / O fortalecimento do papel do indivíduo corresponde à perda de influência moral das estruturas religiosas / O papel social da Igreja (estado civil, saúde, instrução...) diminuiu

113

ou mesmo desapareceu / O aumento do lazer provocou a redução da prática religiosa / A confissão quase desapareceu / O fenômeno da perda de influência acelerou-se a partir dos anos 60 / O indivíduo adquire o costume de selecionar as crenças que lhe convêm entre numerosas religiões de origens variadas / A perda da influência da moral religiosa é perceptível especialmente no campo sexual / A maioria dos franceses declara que crê em Deus / A freqüência dos ritos (batismo, casamento...) diminui lentamente / O divórcio entre Igreja e Estado data do início do século XX / A diminuição da fé é concomitante ao êxodo rural e à urbanização / A presença de estruturas de ordem religiosa em nossa sociedade (escolas...) continua importante / Assiste-se ao retorno do sentimento religioso desde os anos 70 / Existem numerosas correntes de pensamento divergentes entre os católicos praticantes / A ascensão do fundamentalismo data dos anos 70 / Por falta de padres, numerosas cerimônias são assumidas por leigos, o que modifica os ritos.

- Solidariedade familiar na vida cotidiana:

  Caberá substituir desse modo a solidariedade social deficiente? Pode ser o cuidado de idosos em casa / Em todo esse estudo, está envolvida a família ampliada, não a família nuclear / Ele procura proteger seus membros dos perigos da vida social / Permite que alguns de seus membros assim se integrem na sociedade / Muitas vezes se trata de auxílios domésticos (compras, refeições, cuidar de crianças...) / A ajuda intensifica-se quando nasce uma criança / Para encontrar moradia ou trabalho, mobiliza-se toda a rede de conhecimentos da família / Às vezes, pode tratar-se de empréstimos em dinheiro ou doações de objetos / Essas ajudas são flexíveis (regulares ou irregulares) e variadas / A razão alegada pelos beneficiários que recorrem à família, e não ao circuito comercial, é a confiança / A ajuda é facilitada pela freqüente proximidade entre os membros (50% dos avós moram na mesma região em que moram os netos) / As ajudas são freqüentemente gratuitas / As ajudas são mais freqüentes em meio social elevado; assim, os que teriam mais necessidade são os menos beneficiados / As relações de ajuda são complexas, pois o serviço é prestado respeitando-se a autonomia de gestão do beneficiário.

- Progressos técnicos e redução da oferta de emprego:

  A curto prazo, o progresso técnico destrói empregos / A longo prazo, o progresso técnico pode favorecer a criação de empregos / Surgem novos empregos para projetar e fabricar máquinas / Podem ser criados empregos para atender à

*forte demanda de bens de consumo, possibilitada pela produção mecânica /
O ritmo de surgimento dos avanços técnicos é irregular / O operário está em
luta contra a sua máquina / A produção de máquinas é limitada pelos recursos dos eventuais clientes / A mecanização pode provocar superprodução /
A evolução da oferta de empregos depois do surgimento dos avanços técnicos
ocorre em três etapas: 1) aumento da produção e diminuição da oferta de empregos, 2) reorganização das regras de trabalho pelo corpo social, 3) retorno do
crescimento, associado a uma transformação do consumo, com a criação de
novos mercados / A superprodução provoca redução dos salários / Se a jornada
de trabalho diminuir, surgirão novas formas de consumo, fatores de crescimento, portanto de criação de empregos / O salário correspondente ao trabalho em tempo reduzido deve continuar compatível com as exigências da competitividade e com as necessidades do consumo.*

Aplicação nº 9*: Plano enumerativo

É útil aplicá-lo apenas numa parte do raciocínio. Detecte, hierarquize e
redija cinco causas ou cinco conseqüências, ou cinco aspectos diferentes
dos assuntos abaixo:

– *A vida contemporânea caracteriza-se pelo reino da transformação e do
efêmero.*

– *Espectadores e leitores têm cada vez menos confiança na mídia.*

– *Os laços na família francesa se fortalecem, ao contrário do que muitos
pensam.*

– *A delinqüência juvenil envolve crianças cada vez mais novas.*

– *A expectativa de vida dos homens é bem menor do que a das mulheres, e a
diferença está aumentando.*

– *A União Européia já não parece constituir um objetivo para a maioria dos
franceses.*

– *As seitas se tornam mais numerosas e mais influentes.*

– *Cerca de um terço das crianças atualmente nasce fora do casamento.*

– *Nas periferias, especialmente, os jovens se agrupam cada vez mais em
bandos.*

– *A moral de nossa época evolui nitidamente para a valorização do individualismo e da esperteza.*

A arte de argumentar

Aplicação nº 10*: Planos binários

Para cada um dos assuntos abaixo, imagine duas estruturas escolhendo a orientação argumentativa:

1) Tese / objeções possíveis / refutações / reforço da tese;

2) Antítese / refutação total ou concessão parcial / tese.

– *A beneficência é necessária / ou não / à resolução dos grandes problemas econômicos e sociais de nossa época.*

– *Como instituição, a família fragmentou-se / ou continua sendo o núcleo estável de nossa sociedade.*

– *É necessária uma identidade de cultura, língua e história / ou não / à existência de uma nação como entidade autônoma.*

– *Ideologias religiosas: fatores de paz / ou vetores de divisões e conflitos?*

– *Papel da universidade: desenvolver a cultura geral / ou preparar para a vida ativa?*

Aplicação nº 11: Planos binários

Aplique o plano dialético aos assuntos abaixo:

– *Cultura: popularização ou vulgarização? As técnicas modernas de difusão contribuem para difundir a cultura ou para criar uma ilusão?* (baccalauréat *1992, América do Sul*).

– *A única sociedade suportável é aquela em que cada um pode continuar "outro" no meio de seus "semelhantes"* (baccalauréat *1985, Nice-Córsega*).

– *O amor que dedicamos aos filhos é mais sufocante que libertador?* (baccalauréat *1984, Aix-Marselha*).

– *"Nada é mais perigoso do que a certeza de ter razão"* (François Jacob, baccalauréat *1984, Rouen*).

– *Ser jovem, continuar jovem, parecer jovem: palavra de ordem fundamental de nossa cultura. É sadio?*

– *Coco Chanel, célebre estilista dos anos 1920-1930, teria declarado: "É melhor seguir a moda, mesmo que seja feia. Não a seguir é tornar-se cômico." O que você pensa disso?* (baccalauréat *1993, Grenoble*).

– *"O homem moderno se tornou um inútil que espera todos os prazeres dos bens e serviços fornecidos pela comunidade"* (François de Closets). *O que você acha disso?*

Trabalhos dirigidos

– *"A arte de aprender, portanto, limita-se a imitar durante muito tempo e a copiar durante muito tempo" (Alain). O que você acha disso?* (baccalauréat *1983, Aix-Marselha*).

– *A relação de poder, entre superior e subordinado, é inerente à natureza humana?*

– *O capitalismo é moral?*

Aplicação nº 12*: Planos analíticos

Evidentemente, é raro que um autor aplique com rigor, quase de maneira escolar, um dos planos analíticos sugeridos. Por isso, é preciso utilizá-los com muita flexibilidade, como o autor do trecho abaixo, de um texto dedicado à explosão demográfica.

1) O parágrafo 1 apresenta os termos de dois desafios: indique seus dados, identificando, de passagem, os conectores que os apresentam ou valorizam.

2) Os parágrafos abaixo servem de transição para a solução; para melhor explicitar sua progressividade e lógica, identifique:

– as conseqüências negativas às quais já não podemos escapar;

– as injunções que agravam os dados do problema e soluções propostas, mas apresentadas como inaplicáveis;

– as fórmulas que insistem na necessidade imperiosa de agir.

3) Os parágrafos 5-6-7 apresentam a solução:

– Identifique as hipóteses atribuídas a outros analistas, destacando as fórmulas que as apresentam antes de indicar a solução do autor do artigo;

– Indique os argumentos que justificam essa posição e as conseqüências concretas que devem daí decorrer, segundo o autor;

– Identifique as fórmulas destinadas a chamar a atenção para a gravidade da situação.

4) Para resumir, faça o plano rápido desse texto, identificando:

– situação;

– conseqüências, já graves;

– problemática que deve ser resolvida;

– soluções ilusórias;

– soluções possíveis;

A arte de argumentar

– solução provável;
– medidas cabíveis.

EXPLOSÃO DEMOGRÁFICA, PARA ONDE VAMOS?

(continuação)

Mas o que estará em jogo nas próximas décadas não se limita a esse face-a-face entre Norte e Sul. Estamos de fato diante de dois desafios planetários. Por um lado, será preciso acolher 5 a 6 bilhões de seres humanos adicionais, todos oriundos dos países pobres (pois, ao contrário do que ocorreu na duplicação anterior, os países pobres terão de suportar sozinhos o peso da próxima duplicação da população mundial). Não só será preciso alimentar esses bilhões de seres humanos adicionais, mas também será preciso alimentá-los melhor do que estão sendo alimentadas hoje as populações do Terceiro Mundo. A necessidade de forte crescimento econômico mundial, portanto, é imperiosa. Em face desse desafio demográfico, a ideologia do "crescimento econômico zero", preconizada pelo Clube de Roma nos anos 60, tornou-se totalmente inaceitável. Mas, por outro lado, como se sabe, a atividade econômica já está pondo em perigo os grandes equilíbrios naturais do planeta.

Não só poluímos gravemente a água que bebemos e o ar que respiramos, não só desertificamos regiões inteiras, não só exploramos nossos recursos naturais para além de sua capacidade de renovação (florestas, pesca, águas fósseis, matérias-primas, energia...) etc., mas também – o que é pior do que tudo isso – a recente evidenciação de fenômenos como o efeito estufa ou a deterioração da camada de ozônio mostra que, se não mudarmos muito depressa nossos modos de produção, corremos o risco de perceber amanhã, tarde demais, que estávamos serrando o galho sobre o qual vivíamos.

Será possível, ao mesmo tempo, garantir o desenvolvimento econômico do Terceiro Mundo, enfrentar a duplicação rápida da população mundial e salvaguardar os grandes equilíbrios naturais? Assim resumida, a questão ecológica é, evidentemente, a mais fundamental questão na aurora do terceiro milênio. Ela exige solução urgente.

Evidentemente, não se pode escapar às regras da natureza. Impossível acreditar que podemos continuar a superaquecer a nossa atmosfera sem temer o desgelo da Antártica (o que não só reduziria enormemente as superfícies habitáveis e cultiváveis, como também inundaria a maior parte das aglomerações urbanas, cuja maioria se encontra nas costas litorâneas). Tampouco não se pode esperar evitar a duplicação demográfica (a menos que se deseje que

Trabalhos dirigidos

uma epidemia de fome generalizada nos países pobres alivie a minoria privilegiada dos países ricos). As projeções que indicam essa próxima duplicação tão temível incluem já a hipótese do completo sucesso das políticas de controle da natalidade no Terceiro Mundo (o que permite o anúncio, por parte de certos autores, não de 10 ou 12, mas de 14 bilhões para o fim do próximo século). É preciso fazer de tudo para o sucesso das políticas populacionais, que, como se sabe, aliás, passa pelo sucesso das políticas sociais (instrução, emancipação da mulher, melhoria das condições de vida). Mas, com sucesso ou não, a diferença só se fará sentir a longo prazo (depois de 2050). Até lá, aconteça o que acontecer, é preciso assumir uma próxima duplicação rápida.

Portanto, só se pode raciocinar com base em dois quadros: o modo de produção e as regras de distribuição. Alguns acreditam que não se encontrará nenhum modo de produção que possibilite garantir a 10 ou 11 bilhões de seres humanos a manutenção do nível de vida dos 5 bilhões atuais, muito menos o dos países ricos, sem matar o planeta. Seria então preciso que os ricos concordassem em ficar menos ricos, a menos que obriguem os pobres a ficar duas vezes mais pobres do que são hoje. Outros acreditam que o progresso técnico ensejará abundante produção, o que possibilitará em grande parte sustentar 10 ou 11 bilhões de seres humanos, mesmo preservando o equilíbrio ecológico. Estou mais ou menos convencido de que a realidade se situa em algum lugar entre esses dois extremos: será preciso, ao mesmo tempo, produzir de modo diferente e dividir de modo diferente. Essas duas necessidades exigem tomada de consciência e ação política em nível mundial.

Nenhuma política econômica nacional, por mais bem-intencionada que seja, pode encarregar-se, isoladamente, da ajuda ao desenvolvimento do Terceiro Mundo nem das decisões capazes de preservar os grandes equilíbrios ecológicos. É preciso, urgentemente, organizar em nível planetário a gestão coletiva das riquezas comuns. É preciso, urgentemente, instalar uma autoridade político-econômica mundial capaz de dobrar os interesses particulares (sejam eles dos países ricos ou de multinacionais) diante do interesse fundamental que representam, para todos, a redução das desigualdades e a sobrevivência do planeta.

A derrocada do comunismo no Leste europeu é, evidentemente, uma coisa excelente para a democracia. No entanto, ele seria uma catástrofe se anunciasse o reinado exclusivo e sem freios da economia capitalista. Esta, de fato, demonstrou cabalmente a sua total incapacidade de dar conta dos dois aspectos do desafio que devemos identificar (injustiça social e ameaça ecológica). A social-

A arte de argumentar

democracia (seja qual for sua forma) bastou mais ou menos nos países ocidentais, enquanto esses problemas se apresentavam apenas em nível local. Hoje, o desafio é planetário; a resposta também deve ser planetária. E urgente.

Revista *Sciences humaines*, nº 15, março de 1992.

Aplicação nº 13*: Plano jornalístico

São apresentadas a situação de partida e a solução para cada um dos assuntos abaixo. Imagine:

1) As causas e as conseqüências negativas para as quais a solução dá resposta.

2) Uma conclusão estruturada de acordo com o esquema seguinte: a) crítica, efeitos nocivos e pontos fracos da solução b) à escolha: refutação das críticas e confirmação da solução / questionamento da solução e escolha de outra solução / integração das críticas à solução inicial para obter uma solução modificada.

– *Franceses e imigrantes: a França se tornará um país multicultural e multiétnico.*

– *Luta contra a máfia italiana: continuamos a utilizar denúncias anônimas e delação premiada.*

– *Um quarto dos franceses não participa das eleições: é preciso tornar o voto obrigatório.*

– *Avanços técnicos e oferta de empregos: é preciso criar um imposto sobre robôs e computadores.*

– *Bairros carentes: cabe às associações devolver a vida e a esperança aos seus habitantes, criando vínculos sociais entre eles.*

Aplicação nº 14*: Plano jornalístico

Permitirá propor uma solução argumentada a uma situação problemática. Aplique-o aos seguintes temas:

– *25% dos jovens estão desempregados, ao passo que o índice médio francês é de 18%.*

– *Os índices de audiência ditam a lei na televisão.*

– *Na França, os diplomados em universidades são numerosos demais e não estão adaptados ao mercado de trabalho.*

Trabalhos dirigidos

– *Produção, comércio, empresa: a economia se globaliza.*

– *O recurso à jornada de 32 horas de trabalho semanais possibilitará / não possibilitará combater o desemprego.*

– *A carga horária diária do estudante francês não se adapta à sua idade.*

– *As cidades vão morrer asfixiadas.*

– *Daqui a vinte anos, o índice de aposentadorias pagas aos aposentados diminuirá inevitavelmente.*

– *Os franceses poupam muito e gastam pouco.*

– *A África está afundada numa crise econômica e demográfica sem precedentes.*

Aplicação nº 15*: Planos decisionais

Os três textos abaixo são, na verdade, cartas endereçadas por firmas a seus clientes; elas utilizam, com maior ou menor profundidade, o método SPRI.

Identifique as quatro etapas de cada texto, quando presentes, depois aprofunde seu estudo respondendo às seguintes perguntas:

1) Para que servem exatamente as informações apresentadas nessas circunstâncias? Verifique se atendem aos conselhos dados sobre o assunto.

2) Identifique a fórmula que apresenta o problema ou sua(s) justificação(ões), indicando os conectores.

3) Distinga bem as etapas, a resolução de princípio e a informação; para tanto, identifique, por um lado, as fórmulas indicativas de que o locutor apresenta a idéia geral que presidiu a sua reforma e, por outro, alguns detalhes técnicos.

CRÉDIT MUTUEL DE BRETAGNE

Prezado(a) Cliente.

Não é por acaso que um estabelecimento bancário como o Crédit Mutuel de Bretagne administra mais de oitocentas mil contas correntes.

V. Sa. conhece a qualidade do serviço prestado por sua Caisse de Crédit Mutuel na administração de área de suas operações, e nós nos empenhamos em manter e melhorar incessantemente o nosso desempenho.

A principal dificuldade que enfrentamos no cumprimento de nossa tarefa decorre, essencialmente, do tempo dedicado ao constrangedor acompanhamento das contas a descoberto, pois somos obrigados a analisar cada situação individual quando são apresentados cheques ou saques contra uma conta que não tenha provisões suficientes.

Pareceu-nos legítimo que o custo desse trabalho recaia diretamente sobre as pessoas envolvidas, e não sejam repartidos de maneira global pelo conjunto dos clientes, para que possamos manter as melhores condições para o conjunto de nossos produtos e serviços.

A partir de 15/04/94 passaremos a cobrar taxas de 15,50 F TTC por movimentos irregulares para todas as operações em que as contas correntes particulares:

– estejam a descoberto, sem limite de crédito,

– ou ultrapassem o limite de crédito autorizado que teria sido concedido.

Para maior transparência, fazemos questão de informá-lo(a) dessa disposição, ainda que ela não afete a grande maioria de nossos associados.

Sem mais para o momento, subscrevemo-nos

Atenciosamente.

France Télécom

A France Télécom oferece hoje, em todo o território, redes de serviços eficientes, graças às quais nosso país ocupa um dos primeiros lugares do mundo em termos de qualidade das telecomunicações, com tarifas que estão entre as mais baixas da Europa.

A tarifação atual gera desequilíbrios: por um lado, a divisão das regiões tarifárias cria grandes disparidades no número de assinantes que têm acesso à tarifa mais baixa (tarifa local) e, por outro lado, a distância influencia muito o preço das ligações, enquanto os custos dependem cada vez mais da duração das chamadas.

A nova tarifação telefônica será mais justa, por corrigir essas desigualdades. Baseia-se em dois princípios: maior harmonização, com a criação de zonas locais ampliadas, e reequilíbrio dos preços entre comunicações locais e nacionais.

Essas medidas representarão uma redução média de 2,4% no preço do telefone. Com as zonas locais ampliadas, o assinante será beneficiado por tarifa local para espaço maior: essa tarifa será aplicada não só nas ligações feitas dentro da região tarifária, como também nas chamadas feitas para regiões vizinhas. Para conhecer a zona ampliada na qual V. Sa. poderá fazer ligações com tarifa local, examine o folheto anexo.

Trabalhos dirigidos

Société Générale

Prezada Senhora, Prezado Senhor,

Há algumas semanas, enviamos a edição de 1995 do catálogo da Société Générale.

Nele, expusemos uma seleção de investimentos e serviços oferecidos pelo banco. No intuito de darmos as informações mais completas possíveis, indicamos os principais pontos relativos à tributação de cada um deles para o ano de 1995.

Como todos sabem, o governo está para apresentar ao parlamento, para votação, uma reforma da tributação da poupança. Assim, para melhor utilização do catálogo de 1995 por parte de nossa clientela, fazemos questão de pôr à sua disposição, o mais cedo possível, as informações sobre os eventuais reajustes tributários contidos no projeto de lei de finanças para 1996, alguns dos quais poderiam ser aplicáveis já em 1995. As duas páginas anexas descrevem o efeito que tais medidas poderiam ter sobre os investimentos indicados no catálogo.

Ressaltamos, porém, que o projeto de lei de finanças para 1996 só será definitivo depois de sua votação pelo Parlamento. Se o texto final for diferente daquilo que apresentamos hoje, não deixaremos de informá-lo(a) na próxima edição do catálogo, que será publicado no início de 1996.

Conte sempre com o gerente de sua conta, que continua à sua disposição para explicar essas novas medidas fiscais e seu eventual impacto sobre os produtos utilizados por V. Sa.

Sem mais para o momento, subscrevemo-nos

Atenciosamente.

Outubro de 1995.

Aplicação nº 16*: Planos decisionais

Familiarize-se com o plano SPRI, executando, sucessivamente, as quatro tarefas solicitadas para cada uma das resoluções de princípio abaixo:

1) Descubra o problema ao qual atende cada resolução de princípio;

2) Imagine soluções ineficazes que poderiam ser inseridas na parte "problema";

3) Procure duas situações diferentes nas quais o problema poderia integrar-se;

4) Redija seu texto depois de selecionar uma das duas situações.

A arte de argumentar

– *Certas gratificações pagas pela caixa de alocações familiares aos casais que têm filho dependerão a partir de agora de um teto de recursos.*

– *O teletrabalho, que consiste em trabalhar em casa, ligado ao empregador por telefone, fax e computador, está em pleno desenvolvimento.*

– *Emprego: no futuro, a França terá menos assalariados, menos funcionários públicos e mais trabalhadores independentes.*

– *O aumento das doações gratuitas de órgãos atualmente é uma necessidade médica imperiosa.*

– *O salário dos animadores de televisão deve ficar abaixo de certo teto.*

Aplicação nº 17*: Planos decisionais

O plano SOSRA e, principalmente, o plano SPRI, que são muito flexíveis, adaptam-se a várias situações; podem propiciar a apresentação de um objeto novo, mesmo imaginário, um projeto revolucionário, uma nova decisão, até provocadora; por isso, podem ser aplicados tanto a temas abstratos quanto concretos. Apresente assim, usando um ou outro, as invenções ou as concepções seguintes:

– *A escrita, como se você fosse seu(sua) inventor(a).*

– *A máquina a vapor, como se você fosse Denis Papin.*

– *O radar, como se você fosse um engenheiro eletrônico durante a Segunda Guerra mundial.*

– *O CD-ROM, como se você fosse engenheiro da computação.*

– *O pára-brisa para automóvel sem limpador de pára-brisa, como se você fosse engenheiro mecânico.*

– *O anúncio de seu casamento com uma mulher muito mais jovem do que você a seus filhos de 14, 10 e 8 anos.*

– *A legalização da eutanásia, como se você fosse ministro da Saúde.*

– *A proibição das calculadoras no colegial, como se você fosse ministro da Educação.*

– *A abolição do direito de greve, como se você fosse ministro do Trabalho.*

– *A abolição do vestibular, como se você fosse ministro da Educação.*

Aplicação nº 18*: Síntese

O texto seguinte sobre as relações entre esporte e dinheiro, texto do qual eliminamos a maioria dos exemplos mas conservamos sua estrutura

Trabalhos dirigidos

geral, constitui uma boa síntese das qualidades que devem ser dominadas na elaboração de uma estrutura. Para aprofundá-lo:

1) Resuma a introdução e a conclusão, cada uma em uma frase, de tal modo que reconstitua os pontos de partida e de chegada da argumentação.

2) Nesse texto são apresentados três tipos de plano, dois embutidos no terceiro: quais são eles e em que parágrafos estão?

3) Identifique as fórmulas que estruturam o plano dos parágrafos 2 a 4.

4) Identifique cuidadosamente os conectores dos capítulos 6 e 7, a fim de reconstituir o seu itinerário argumentativo.

5) Analise o parágrafo 9 (último parágrafo) e indique sua função na reflexão geral.

ESPORTE, MÍDIA, DINHEIRO (excertos)

Quem pode escapar, neste final de século, ao incessante turbilhão de imagens, recordes e comentários esportivos? Espetáculos populares e universais, os jogos em estádios prestam-se muitíssimo bem à dramaturgia da telinha.

O esporte nem sempre existiu. Os historiadores mostraram que ele não é herdeiro da Antiguidade, mas provém de uma ruptura datada (a revolução industrial). Claro, suas raízes mergulham em passado distante. Os chineses de antes de Confúcio e os egípcios da época faraônica jogavam bola. Os gregos da Antiguidade apreciavam as alegrias do *episciro* (jogo de bola entre dois campos), a *feninda* (jogo de passes e fintas), o *aporráxis* (jogo de rebote) e a *urania* (jogo de arremesso). Os romanos praticavam a *pila* (jogo de pelota), o *harpastum* (odre de couro cheio de areia) e o *follis* (bola cheia de ar).

Adotados pela França medieval, esses diversos jogos foram praticados até meados do século XIX sem codificação precisa, sem adaptações especiais, sem equipamento e material bem definidos. Os costumes locais determinaram suas regras. As áreas de jogo, de dimensões variáveis, são constituídas pelas ruas das cidades ou pelos prados nos campos.

Foi na Inglaterra vitoriana em plena expansão econômica e transformação social que apareceu o esporte moderno. A título de exemplo, o mundo dos negócios interessou-se pelo futebol a partir do fim do século XIX. Algumas das primeiras firmas multinacionais européias criaram ou mantiveram equipes: montadoras de automóveis Fiat (Juventus de Turim – 1897) e Peugeot (F. C. Sochaux – 1925), o grupo químico alemão Bayer (Leverkusen – 1904), a Philips (PSV Eindhoven – 1913). Mas foi só a partir de meados dos

A arte de argumentar

anos 1980 que passou a existir uma verdadeira lógica industrial por trás desse fenômeno.

Três fatores concomitantes explicam essa nova era do esporte: em primeiro lugar, o esporte passa a representar o único modo de comunhão planetária acessível, pois propicia investimentos afetivos, veículo de símbolos, e engendra mitos. Em segundo lugar, a erosão do paradigma tayloriano (concepção militar de mobilização da força de trabalho) obriga o patronato a encontrar novos métodos de gestão. Os valores esportivos (senso de responsabilidade, lealdade, espírito de competição e de equipe) respaldam a tese da auto-realização por meio do bom desempenho. Finalmente, o esgotamento da força de crescimento dos "trinta gloriosos" anos, no início da década de 70, leva as empresas a buscar novos mercados. O surgimento do "tempo livre" e do mito do corpo suscita novas necessidades (equipamento, materiais, produtos dietéticos etc.). Por outro lado, diante da pressão da concorrência, as empresas passam a associar imagem e produtos ao esporte para se tornarem conhecidas. O esporte torna-se assim, como a empresa, uma imagem do desempenho, uma forma de relações pensadas e estruturadas em vista da eficiência. A partir de então, os valores fundamentais do esporte e da empresa coincidem, como demonstram as pesquisas de notoriedade das personalidades, que reservam os primeiros postos a craques, aventureiros e empresários.

Há uma década (data da ruptura com a ordem antiga), instaurou-se uma relação de força no seio de um complexo econômico-esportivo (rede de relações diretas e indiretas entre firmas, meios de comunicação e instituições esportivas) que está ganhando autonomia e escapando cada vez mais ao controle do poder oficial. O papel do Comitê Olímpico Internacional (COI) e das federações internacionais, como instância mundial de regulamentação, perde força em relação a um pequeno grupo de firmas que equipam (Adidas), comercializam (International Management Group, International Spon and Leisure, Proserv), patrocinam (Coca-Cola, Marlboro etc.) ou divulgam o esporte (cadeias americanas e a rede européia UER). Como conciliar a busca de desempenho com uma ética dos meios?

Em primeiro lugar, transpondo três obstáculos: a ingenuidade da concepção de esporte puro, a ilusão socrática, segundo a qual basta "pregar" a virtude para que ela seja praticada, e a edificação de barreiras sob as vistas da ética: transparência total de cada relação esporte-economia, nascimento de um direito esportivo e de instituições específicas. Enfim, é preciso indagar se o produtivismo, como modo de regulação da esfera esportiva, não deve ser superado.

Trabalhos dirigidos

Se isso não for feito, o esporte continuará a debater-se numa contradição inextricável. Enquanto é visto como algo que traduz um espírito lúdico e representa uma alternativa para os males que afligem a sociedade, ele afunda nos vícios do tempo (trapaça, *doping*, especulação).

Revista *Sciences humaines*, nº 20, agosto-setembro de 1992.

Aplicação nº 19: Carta

Redija uma carta sobre um ou vários dos temas seguintes, à escolha, de maior ou menor seriedade, segundo seu temperamento:

– *Ao(À) namorado(a), para romper, pois duvida de sua fidelidade.*

– *Aos filhos, de 8 e 12 anos, para fazê-los aceitar um novo casamento com outra mulher.*

– *A seu pai, de 70 anos, para pedir-lhe que lhe deixe a sucessão à frente de sua empresa.*

– *A um veranista, para convencê-lo a aderir ao princípio do "tempo compartilhado" (que consiste na aquisição de uma semana anual de gozo de um apartamento, e não sua compra em propriedade plena, com a possibilidade de troca com apartamentos situados em outros locais).*

– *A seus funcionários, pois, na qualidade de dirigente da empresa, está pensando em instalar circuito de tevê nos corredores.*

4. Apresentação e encerramento do assunto

Aplicação nº 1*: Introdução

A introdução desse artigo de jornal sobre a terceira idade está construída sobre a afirmação e o desenvolvimento de um paradoxo; essa palavra, aliás, está presente já na segunda frase.

Identifique então:

1) As noções que se opõem;

2) Os conectores que materializam essa oposição (ver a lista no capítulo "Integração da idéia na frase");

3) Os conectores que apresentam as razões dessa situação;

4) As fórmulas que valorizam os dados paradoxais, seja reformulando-os, portanto confirmando-os, seja chamando a atenção para um ponto que parece essencial ao redator.

A arte de argumentar

Terceira idade

Nossos velhos remoçam, mas a população da Terra envelhece. O paradoxo é só aparente: enquanto em quase todos os lugares os índices de natalidade diminuem em razão das injunções sociais e do sucesso crescente das práticas contraceptivas, a "expectativa de vida" aumenta – nas duas pontas – sob efeito dos progressos científicos, especialmente da medicina e, sobretudo, da cirurgia. Por isso, a proporção de idosos na população do globo cresce consideravelmente.

Em 1950, havia no mundo 214 milhões de idosos com mais de 60 anos. Serão 600 milhões em 2000 e 1 bilhão e 121 milhões em 2025, ou seja, um em cada sete habitantes, segundo previsões dos demógrafos, ao passo que a população do mundo será três vezes maior que a de hoje. É nos países em desenvolvimento que esse fenômeno promete ser mais espetacular: em 2025, eles terão 800 milhões de idosos. Ao mesmo tempo, em vista da rápida evolução sociopolítica desses países, haverá uma desintegração das tradicionais estruturas de apoio da família ou do clã, que até agora favoreciam os idosos.

Dossiers et documents, Le Monde, nº 95, outubro de 1982.

Aplicação nº 2*: A introdução

O início da reflexão abaixo sobre a prisão é construído com base em dois elementos: análise das origens e uma idéia falsa que deve ser corrigida. Indique:

1) O objetivo da prisão, apresentado pela menção às suas condições de criação;

2) A punição atualmente sentida como essencial por aquele a quem ela foi imposta;

3) A idéia apresentada como falsa e cuja inexatidão o artigo se empenha em demonstrar;

4) Os conectores e as expressões que valorizam a falsidade da noção apresentada.

Prisão

Nascida com os tempos novos, depois da Revolução de 1789, a prisão começa como um símbolo adicional de universalidade. Deixava de ser, na maioria das vezes, reservada a uma casta que, em contrapartida, era poupada dos estigmas reservados à ralé: ferrete, roda, amputações diversas. Com o código

Trabalhos dirigidos

penal de 1804, que não fala de outra coisa, surge a prisão com o desaparecimento da punição física brutal imposta ao corpo do delinqüente. A prisão continua sendo uma punição física, mas mediada e teoricamente prometida a todos, sem distinções.

Os sofrimentos que ela deve impor, hoje como em 1804, são da alçada das proibições: de ir e vir livremente, claro, mas também de escolher leituras, correspondências, divertimentos e amores. Contrariando a opinião generosa e quase visionária do estadista, a prisão é coisa bem diferente da detenção: é aquilo que nenhum código prevê nem poderia confessar.

Pois a importância numérica dos ex-detentos na sociedade francesa não põe fim à ignorância a respeito da prisão. O fato de cem mil a cento e vinte mil indivíduos nela ingressarem por ano – o que em uma geração representa (mesmo contando as reincidências) vários milhões de pessoas – não impediu as mentiras que correm sobre a prisão: que ali se vive com luxo ("4 estrelas"), que os presos são pagos pelo contribuinte para não fazer nada, que dela se pode sair à vontade, por meio de interessantes e legítimas permissões. Como dizia um ministro da Justiça a seu colega do Interior, que gostava de passar adiante esses disparates: que ele fosse lá para ver!

Dossiers et documents, Le Monde, outubro de 1978.

Aplicação nº 3*: A introdução

Mais complexa que a anterior, a introdução abaixo também quer rechaçar uma idéia falsa.

1) Identifique todos os conectores e as fórmulas que objetivam indicar quem são os partidários dessa idéia falsa e explicitar o fato de não se tratar de concepção do redator.

2) Indique as diferentes formulações dessa idéia, presentes no parágrafo.

3) Exponha todas as justificações costumeiramente aceitas e desenvolvidas nesse parágrafo.

4) Em que lugares do texto e de que forma o redator explicita sua posição sobre essa idéia?

ECONOMIA DE MERCADO PROCURA MORAL DESESPERADAMENTE

Segundo análise que já teve seus momentos de glória, a economia "é determinante em última instância"; em outras palavras, tudo seria explicável pela economia. Quer se trate da Guerra do Golfo, quer de nossos comportamentos cotidianos, nada escaparia ao "dinheiro que movimenta o mundo". Mas é assim mesmo? A economia não funcionará antes de tudo graças a uma moral que a precede e fundamenta? As duas expressões que acabamos de mencionar não são análogas. A primeira frase devemos a Marx. Este baseava seu determinismo na necessidade de uma revolução social: o homem novo só pode nascer de uma economia nova, ou seja, de uma organização econômica respaldada em outras relações sociais. O ditado popular, por sua vez, significa que os homens só agem por interesse e que, de fato, são os mais ricos que têm o poder. No entanto, determinismo e fatalismo redundam na mesma constatação: o enorme peso da economia no funcionamento das sociedades humanas. De certo modo, a derrocada das economias do Leste europeu reforça essa visão das coisas: não só porque elimina uma possível alternativa (que, havia vários anos, funcionava mais como modelo para evitar, e não para imitar), mas também porque justifica a idéia de que ninguém zomba impunemente das "regras econômicas". A realidade, porém, é bem diferente. As regras econômicas não podem ser o único fundamento de uma sociedade. Isso por três razões.

Revista Sciences humaines, nº 6, maio de 1991.

Aplicação nº 4*: A introdução

O início do texto abaixo, que trata das relações entre ciência e mídia, é elaborado com base no modelo do "funil".

1) Observe a precisão progressiva dos termos que, a partir de dados gerais (que devem ser identificados), vai chegando, passo a passo, ao campo da pesquisa.

2) Antes de apresentar sua própria problemática, o autor se apóia em constatações que afirma serem universalmente admitidas: indique as palavras ou as expressões que as apresentam.

3) Com que formas é apresentado o assunto preciso do artigo? Em que elementos se adivinha a posição do autor a esse respeito?

A CIÊNCIA EXPOSTA À MÍDIA

Nossa época assiste à ampliação do campo de aptidões da mídia em detrimento das instituições (escola, Igreja, partidos políticos...) que tradicionalmente eram divulgadoras de sentidos ou da verdade. Periodicamente são denunciadas as cumplicidades entre política e mídia, mas a arte de governar não

Trabalhos dirigidos

é a única dominada ou permeada pela mídia: diplomacia, justiça, religião, artes e até pesquisa científica também ocorrem por entrevistas à imprensa e para as câmeras. "Vi na tevê" tornou-se argumento de peso, tão sério quanto antigamente *Aristoteles dixit*.

O que acontece com os pesquisadores científicos quando deparam com a mídia? É tentador opor a boa e pura pesquisa de avental branco à poluição da mídia, dois setores de atividade aparentemente antagônicos, associados a culturas e preocupações diferentes.

Le Monde diplomatique, nº 22, setembro de 1995.

Aplicação nº 5*: A introdução

Compare a primeira frase desses dois textos; ambas são interrogativas. No entanto, seu objetivo é diferente: mostre isso analisando com precisão as frases seguintes de cada texto.

O ALCOOLISMO NA FRANÇA

Por que os médicos são os principais interessados pelo alcoolismo? A pergunta, em si mesma, revela um dos aspectos mais perniciosos do problema; porque o alcoolismo não é doença, e o médico só se acha envolvido (infelizmente) em suas manifestações mais tardias, contra as quais freqüentemente nada pode fazer. Existe até um verdadeiro perigo em "medicalizar" o alcoolismo, pois torná-lo equivalente a um vírus ou a um micróbio é aceitar sua fatalidade; e, implicitamente, é esperar que os técnicos da saúde encontrem um antídoto ou um tratamento quando ele se tornar preocupante.

A atitude geral dos franceses em relação ao alcoolismo foi por muito tempo ambígua: mesmo reconhecendo que se trata de um "flagelo" nacional, costuma-se admitir que a "maneira de beber" (e de comer) em nosso país é mais qualidade que defeito.

Dossiers et documents, Le Monde, nº 55, novembro de 1978.

(Ver o texto completo na aplicação nº 3 do capítulo "Concepção de uma unidade de reflexão".)

ESPORTE, MÍDIA, DINHEIRO

Quem pode escapar, neste final de século, ao incessante turbilhão de imagens, recordes e comentários esportivos? Espetáculos populares e universais, os jogos em estádios prestam-se muitíssimo bem à dramaturgia da telinha.

A arte de argumentar

O esporte nem sempre existiu. Os historiadores mostraram que ele não é herdeiro da Antiguidade, mas provém de uma ruptura datada (a revolução industrial). Claro, suas raízes mergulham em passado distante. Os chineses de antes de Confúcio [...]

Três fatores concomitantes explicam essa nova era do esporte. [...]

Como conciliar a busca de desempenho com uma ética dos meios?

(Ver texto completo na aplicação nº 18 do capítulo "Concepção de uma estrutura".)

Aplicação nº 6*: A introdução

O início desse texto sobre o trabalho informal parte de pontos bem precisos, correspondentes a situações vividas, como ressalta o autor ao dizer *"pesquisei"*.

1) Identifique a expressão que possibilita a transição entre a enumeração do início e o tema central do texto.

2) Mostre como o autor também passa daquilo que considera serem as características concretas do trabalho informal para as primeiras idéias gerais de sua análise. Identifique essas idéias.

TRABALHO E ECONOMIA INFORMAIS

Ganhar uns trocados com independência, controlando o próprio ritmo de trabalho, numa relação pessoal amigável, na busca de consideração social, esse é o caminho estreito trilhado pelo trabalho operário informal, em torno do pequeno artesanato, que pesquisei em Seine-Maritime (cf. *Travailler au noir*, ed. Métailié, 1989). Ganhar uns trocados procurando alguma atividade na construção civil, na funilaria de automóveis, na construção de maquetes ou na montagem de estandes em feiras anuais significa buscar com um empregador um acordo que comporte uma aceitação mínima: uma mão lava a outra. O que se tem é exatamente a lógica da "lavagem mútua das mãos", pois o empregador não paga encargos sociais e o trabalhador informal não paga impostos.

Revista *Sciences humaines*, nº 6, maio de 1991.

(Ver texto completo na aplicação nº 3 do capítulo "Uso da retórica".)

Aplicação nº 7*: A introdução

Imagine três ganchos diferentes para cada assunto abaixo, inspirando-se em técnicas sugeridas:

Trabalhos dirigidos

– *As condições de vida dos deficientes devem ser melhoradas.*

– *Os referendos locais, ou seja, propostos pelas comunas, devem desenvolver-se.*

– *É preciso frear a concepção e a venda de produtos descartáveis (canetas, barbeadores, máquinas fotográficas...).*

– *É necessário proteger mais certas crianças contra a violência familiar.*

– *A França deve tirar o atraso no campo do atendimento paliativo, que consiste em aliviar a dor causada por doenças graves, quando a cura é impossível.*

Aplicação nº 8*: A introdução

Redija de modo elegante a parte da introdução destinada a apresentar o plano do desenvolvimento, inspirando-se em temas e sugestões de organização abaixo:

– *Objetivos da escola: 1) Transmissão de conhecimentos. 2) Socialização da criança ou do adolescente. 3) Principalmente: desenvolver aptidões pessoais.*

– Fast-foods *na França: 1) São a negação do valor culinário das refeições. 2) Provocam obesidade. 3) Finalmente, como seu alvo são as crianças, destroem o bom gosto francês na atualidade e, principalmente, no futuro.*

– *Luta contra as drogas: 1) Descriminalizar as drogas leves para proibir com mais eficácia as drogas pesadas? 2) Reforçar os laços sociais para limitar sua demanda. 3) Ajudar os países pobres produtores de drogas a reconverter sua agricultura.*

– *Decadência da moral: 1) Menor participação das famílias, mais preocupadas com os aspectos materiais da vida na educação dos filhos. 2) Papel da mídia e dos filmes, que veiculam exemplos de comportamento. 3) Mais recentemente: falta de decoro dos responsáveis econômicos e políticos, que constituem modelos.*

– *Telefone celular: 1) Disponibilidade total (vida privada / profissional). 2) Rompimento do elo social do encontro. 3) A longo prazo: modificação dos valores humanos.*

Aplicação nº 9: A introdução

Elabore pelo menos duas introduções de dois tipos diferentes para cada um dos temas abaixo (os primeiros são principalmente relativos à sociedade; os segundos são temas de reflexão abstrata):

A arte de argumentar

– *É preciso desenvolver a prevenção a vírus desconhecidos, como o HIV, que provoca a AIDS.*

– *A pesquisa espacial constitui um tremendo desperdício de dinheiro.*

– *Os hábitos alimentares dos franceses estão evoluindo visivelmente: se não se puser cobro a esse estado de coisas, o que vai morrer é o patrimônio nacional.*

– *O boicote é um meio de pressão política dos mais eficazes: devemos desenvolvê-lo como princípio.*

– *A seleção dos genes para a fecundação artificial é um progresso médico indubitável / uma agressão aos direitos do homem.*

– *Nossa vida atual está orientada demais para a segurança; é preciso voltar a sentir gosto pelo perigo.*

– *É preciso defender nosso patrimônio cultural para gerir melhor o futuro.*

– *O hábito de pular de um canal para o outro tornou-se nosso modo de comportamento cotidiano.*

– *Na origem, o homem era nômade; deve procurar voltar a ser nômade.*

– *Desenhos animados, romances policiais ou água-com-açúcar: já não existe subliteratura.*

Aplicação nº 10*: A conclusão

O texto "Sobre os vínculos afetivos" estabelece um vínculo entre o comportamento amoroso do adulto e as afeições que ele teve durante a infância. Seus dois últimos parágrafos podem ser considerados como conclusão. Observe como os autores destacam:

1) O essencial do conteúdo de sua conclusão.

2) O que é indubitável e o que não é.

3) As condições de sucesso desse tipo de estudo.

4) O vínculo entre seu estudo e uma problemática mais geral.

SOBRE OS VÍNCULOS AFETIVOS

Durante o desenvolvimento, a criança aprende a controlar as expressões de seus vínculos, tomando como referência as normas culturais que orientam sua educação. Mas, na adolescência, essa autocensura evidentemente não desaparece; são as normas de referência que mudam. Conforme a esfera da vida afetiva, elas possibilitam que as coisas aprendidas no passado se manifestem em maior ou menor grau. No que se refere à maneira de viver uma relação amorosa, não se sabe, atualmente, qual é o peso do estilo dos vínculos passados. Não se sabe muito mais sobre as outras categorias de relações.

Para entender melhor os nexos entre os vínculos afetivos e o amor explicitamente erotizado do adulto, é necessário acompanhar a evolução dos vínculos da infância até a idade adulta. E quem quiser esclarecer realmente as relações entre vínculos afetivos e amor entre adultos precisará imaginar outras abordagens, além do questionário sobre a "paixão". Freud, a respeito do conhecimento da sexualidade da criança, nota que "a observação direta tem o inconveniente de prestar-se facilmente a mal-entendidos". Será por isso necessário limitar-se a elaborar teorias que reforcem nossos sistemas de crenças?

Revista Sciences humaines, n? 20, agosto-setembro de 1992.

(Ver texto completo na aplicação n? 4 do capítulo "Concepção de uma unidade de reflexão".)

Aplicação n? 11*: A conclusão

No texto "Esporte, mídia, dinheiro" (ver a versão completa na aplicação n? 18 do capítulo "Concepção de uma estrutura"), os autores procuraram demonstrar que existe um vínculo objetivo entre desenvolvimento do esporte, interesses das coletividades e espírito empresarial, o que explica as relações estreitas entre esporte, mídia e patrocínio.

Sua conclusão, elaborada como sinal de alarme, comporta dois grandes momentos, que deverão ser identificados:

1) Riscos ou condições de sucesso da situação atual.

2) Riscos a longo prazo em caso de fracasso dessas condições.

Observe principalmente a última frase, que ressalta um ponto importante: o paradoxo entre o esporte e a nossa sociedade.

ESPORTE, MÍDIA, DINHEIRO

Como conciliar a busca de desempenho com uma ética dos meios?

Em primeiro lugar, transpondo três obstáculos: a ingenuidade da concepção de esporte puro, a ilusão socrática, segundo a qual basta "pregar" a virtude para que ela seja praticada, e a edificação de barreiras sob as vistas da ética: transparência total de cada relação esporte-economia, nascimento de um direito esportivo e de instituições específicas. Enfim, é preciso indagar se o pro-

A arte de argumentar

dutivismo, como modo de regulação da esfera esportiva, não deve ser supera-do. Se isso não for feito, o esporte continuará a debater-se numa contradição inextricável. Enquanto é visto como algo que traduz um espírito lúdico e re-presenta uma alternativa para os males que afligem a sociedade, ele afunda nos vícios do tempo (trapaça, *doping*, especulação).

Aplicação nº 12*: A conclusão

Na conclusão abaixo sobre as relações entre moral e economia, existe certo número de técnicas estilísticas ou de raciocínio. Identifique, espe-cialmente:

1) A idéia central;
2) A valorização da idéia-chave por meio de sua reformulação;
3) As conseqüências concretas previsíveis;
4) A função das últimas palavras.

ECONOMIA DE MERCADO PROCURA MORAL DESESPERADAMENTE

De tudo isso, caberá tirar uma lição? A vitória da economia de mercado pode muito bem ser efêmera, se não for aceita uma moralização da economia, ou seja, a edição de um código do permitido e do proibido, e se não se conse-guir criar instituições dotadas de regras. Em suma, se o papel do mercado não for limitado àquilo que ele é: um regulador de ordem local. Pode-se dar a essa mistura de regras coletivas e de mercado o nome de "economia mista" ou "planificação descentralizada", ou "autogestão social", segundo o lugar em que seja exercido: isso tem pouca importância. O que conta é tomar consciência de que uma sociedade não pode deixar que o mercado ocupe todo o espaço: assim, ela se destruiria.

Revista *Sciences humaines*, nº 6, maio de 1991.

Aplicação nº 13*: A conclusão

Sobre cada tema abaixo, redija três conclusões abertas, cada uma de um tipo diferente:

– *Desenvolvimento da exclusão.*
– *Fechamento da família em si mesma.*
– *Expansão da extrema-direita na Europa.*

Trabalhos dirigidos

– *Início da vida ativa e autonomia cada vez mais tardios nos jovens.*

– *Qualidades pessoais mais importantes do que os diplomas para encontrar emprego.*

Aplicação nº 14: A conclusão

Imagine uma conclusão para cada tema abaixo, cuja orientação argumentativa é explicitada:

– *Formação: é preciso reduzir os estudos dos jovens e possibilitar que o adulto receba alguns anos de formação durante toda a sua carreira profissional.*

– *Justiça: é preciso substituir as penas de prisão relativamente leves por prisão domiciliar e trabalhos para a comunidade.*

– *Demografia: é preciso tornar obrigatória a regra de dois filhos (naturais ou adotivos) por casal!*

– *Turismo: os 3 S (Sun, sea, sand) viveram. Dê asas à imaginação!*

– *Lazer: filmes americanos vão destruir a criatividade artística na Europa.*

– *Violência: a violência mais temível de nossa época é traduzida pelas 10.000 vítimas fatais por ano nas estradas, sem que os culpados sejam punidos por assassinato doloso.*

– *Mídia: a grande influência da mídia na nossa sociedade faz que esta seja dominada por astros e ídolos, às vezes efêmeros.*

– *Ideologia: a tolerância às idéias alheias deve ter certos limites.*

– *Social: em relação aos excluídos e aos países do Terceiro Mundo, é preciso dar ajuda sem criar assistencialismo nem dependência.*

– *Política: a Europa não existirá enquanto não se manifestar uma vontade comum, especialmente em política exterior.*

Aplicação nº 15*: Síntese

Um único número de uma revista (em nosso caso, *Le Monde diplomatique*, nº 503, de fevereiro de 1996) muitas vezes apresenta uma ilustração de vários ganchos e conclusões possíveis, redigidas por profissionais da escrita.

Redija a introdução e a conclusão correspondentes aos artigos abaixo. Para facilitar a abordagem da conclusão, indicamos seu título e o conteúdo geral, bem como a última frase do desenvolvimento.

A arte de argumentar

Artigo nº 1: Título: *Mídia em perigo.*

Resumo: A informação se tornou uma mercadoria na mídia controlada pelo poder do dinheiro.

Última frase do desenvolvimento: *Ela (= a mídia) aparece como aquela que dá as cartas (hoje os governos não são responsáveis perante o povo ou os Congressos, mas perante a mídia e os institutos de pesquisa); nesse jogo, as regras são agora fixadas pelo poder do dinheiro.*

Artigo nº 2: Título: *Falsa melhora das condições na Argélia.*

Resumo: O círculo infernal da violência atinge tanto o poder quanto a oposição; o regime, assim, matou a vida política dentro do país.

Última frase do desenvolvimento: *A reestruturação da vida política só pode ocorrer em detrimento dos partidos do "contrato nacional", mas é pouco provável que seja útil às outras forças políticas, pois as atitudes hegemônicas dos partidários do presidente deixam pouco espaço para os concorrentes.*

Artigo nº 3: Título: *Febris periferias.*

Resumo: O Estado sempre tratou o problema das periferias de maneira ineficiente; a atenção constante do poder para os bairros carentes nada resolveu, especialmente porque não foi dada nenhuma resposta econômica aos habitantes e porque os órgãos de decisão não têm imaginação.

Última frase do desenvolvimento: *Enquanto o desemprego é o risco mais grave para as cidades e suas populações, uma quantidade enorme de recursos continua sem uso: o espaço rural, mas também o ambiente capaz de propiciar novas qualificações, a cooperação com os países em via de desenvolvimento.*

Artigo nº 4: Título: *Taxação das aplicações financeiras.*

Resumo: Os ricos sempre souberam tirar proveito das disposições fiscais previstas em lei; não é necessário inventar outras; basta eliminar os privilégios dos donos de capitais.

Última frase do desenvolvimento: *1% dos franceses possui 25% da riqueza nacional; 10% possuem 55%, bem como 32% da renda bruta e 29% da renda líquida.*

Artigo nº 5: Título: *Invenção de um novo sistema.*

Resumo: O livre-comércio destrói muitas economias; portanto, é preciso proteger e favorecer a economia de cada país e, em caso de desequilíbrio, estabelecer uma taxa compensatória nas trocas econômicas entre as nações.

Últimas frases do raciocínio: *Essas orientações evidenciam o imperativo de adotar vigorosas políticas industriais nacionais, a fim de neutralizar a lógica livre-cambista dos grupos multinacionais. Sem elas, não poderia haver desenvolvimento global e democraticamente controlado em nível nacional no Hemisfério Sul, nem restabelecimento duradouro dos equilíbrios internos (empregos, dívida, balança comercial) no Hemisfério Norte.*

Artigo nº 6: *Internet, uma oportunidade para o Hemisfério Sul.*

Resumo: Essa rede mundial pode permitir que os países do Hemisfério Sul se desenvolvam, mas as redes telefônicas locais são insuficientes; serão as multinacionais que ganharão primeiro com isso, e não os pesquisadores acadêmicos, ao contrário do que ocorreu cronologicamente em nossos países.

Últimas frases do desenvolvimento: *Nessas condições, é de temer que os resultados também sejam invertidos. Em vez de dar novo impulso às ciências e técnicas, o advento da internet provocaria uma nova dependência duradoura em relação aos países que dominam a tecnologia.*

Artigo nº 7: Título: *Terrorismo e República.*

Resumo: É preciso combater o terrorismo na França, mas sem o uso de medidas de exceção, que podem perenizar-se.

Última frase do desenvolvimento: *Apesar dos sucessos obtidos contra o terrorismo, o plano Vigipirate perdura.*

4. DESENVOLVIMENTO
DOS ARGUMENTOS

1. CONCEPÇÃO DE UMA UNIDADE
DE REFLEXÃO: O PARÁGRAFO

Uma argumentação completa supõe o domínio daquilo que se pode chamar macroestrutura, ou seja, o plano geral da apresentação, e de unidades de reflexão muito mais reduzidas: na argumentação escrita, é o parágrafo; na oral, é o conjunto coerente de frases que desenvolvem uma mesma idéia central.

Dita uma regra de clareza que cada unidade seja dedicada a apenas um argumento central. É verdade. Mas veremos que essa obrigação pode ser ramificada em vários subconjuntos. Convencer recorrendo à reflexão do interlocutor consistirá, de fato, em saber dominar dois atos intelectuais: apresentar a idéia e justificá-la. Veremos no capítulo "Enunciação de uma tese" até que ponto a exposição das concepções pode ensejar múltiplas sutilezas. Nós nos limitaremos a observar nesta primeira parte que a segunda função do parágrafo, ou seja, a justificação, pode ser cumprida de duas maneiras: raciocínio lógico e apresentação de exemplos.

1.1. PRINCIPAIS EIXOS DO RACIOCÍNIO LÓGICO

Evidentemente, cada um tem a liberdade de "raciocinar" como bem entender: no entanto, duas observações de ordem semântica e etimológica fundamentarão nossos conselhos:

- *"Refletir"* também significa *"devolver uma imagem"*. Tentemos então imaginar a reflexão em ação como um jogo de espelhos que enviassem idéias uns aos outros, sendo essas idéias vistas a cada vez de um ângulo diferente, portanto enriquecidas: é assim que a reflexão progride.

- *"Pensar"* vem do verbo latino *"pensare"*, que também deu outra palavra: *"pesar"*. Essa dupla derivação prova que a mente humana associa *"pensar"* e *"pesar o pró e o contra"*; logo, não existe pensamento sem oposição, tese sem antítese, mesmo que implícita.

Encontraremos essas duas noções de associação e de oposição de idéias nos principais meios de que o raciocínio humano dispõe.

Dedução

Deduzir é extrair uma idéia de outra, sendo a primeira freqüentemente mais geral; portanto, é dar destaque a um nexo de conseqüência. Além disso, é preciso ter certeza de que foram tomadas todas as precauções para que a lógica não seja prejudicada. O silogismo aristotélico é, de alguma maneira, o arquétipo do raciocínio dedutivo; composto de duas premissas e uma conclusão, ele se apresenta na forma: *"Se todo A é B e se todo B é C, então todo A é C"*, segundo o famoso exemplo: *"Todos os homens são mortais, Sócrates é homem, logo Sócrates é mortal."*

Os eventuais erros de lógica podem provir:

- das premissas, cuja exatidão não tenha sido verificada ou comprovada; mencionaremos, aliás, no capítulo "O implícito", os elementos que podem nelas figurar de maneira implícita;
- do raciocínio, que mistura duas premissas entre as quais haja nexo, mas insuficientemente estreito, o que conduz a uma conclusão falsa.

Indução

O sentido da palavra "indução" é o inverso do anterior: consiste em construir uma regra geral a partir de idéias ou, freqüentemente, de situações aparentemente diferentes: a indução realiza uma síntese. A armadilha (freqüente) é que, por uma questão de facilidade, a mente humana quer chegar rapidamente a uma idéia geral e não leva em conta um número suficiente de situações diferentes ou não confirma a total veracidade dos exemplos. Todos conhecem os es-

Desenvolvimento dos argumentos

forços de compilação de informações e o tempo exigido pela pesquisa médica, por exemplo, quando quer certificar-se do papel de um fator no desencadeamento de uma doença.

Bom exemplo de movimento indutivo pode ser encontrado naquele breve excerto (na verdade, a conclusão) de um artigo publicado no *Figaro magazine* do dia 11 de maio de 1996, a respeito da mudança de horário. Depois de lembrar, por um lado, que a passagem para o horário de verão provocava na França a hostilidade da direita e da esquerda e, por outro, que, apesar disso, a Europa não previa nenhuma modificação dessa política antes de 1997 e que, no passado, essa mudança sempre esteve ligada a conflitos (1916 e 1940), o jornalista conclui:

> A questão do horário de verão é, evidentemente, menor se comparada a muitas outras. Mas ilustra perfeitamente as dificuldades sentidas quanto ao desejo de mudanças, tanto por parte da opinião pública francesa quanto de seus representantes sempre que seja indispensável uma harmonização européia (que só pode ser decidida em Bruxelas).

Assim, uma questão qualificada de "menor" pode, apesar de tudo, dar origem a um sentimento antieuropeu generalizado.

Busca das causas

Já mencionamos esse assunto quando tratamos da busca de idéias (ver o capítulo "Como encontrar idéias"); voltaremos a falar dele para especificar os meios estilísticos de expressão dessas relações entre idéias no capítulo "Nexos entre as idéias".

Aqui nos limitaremos a lembrar algumas evidências às vezes esquecidas: analisar um problema consiste, antes de tudo, em fazer seu diagnóstico, o que consiste em refletir nas suas origens, em remontar às causas e às vezes às causas das causas, que são os princípios. Portanto, a criança de três anos que faz a pergunta "por quê?" sem parar é sábia!

A arte de argumentar

Finalidade

A noção de finalidade possibilita que o interlocutor compreenda aonde o locutor quer chegar com sua idéia ou com sua medida concreta. Ela, portanto, integra toda concepção num conjunto mais amplo, torna a reflexão mais compreensível e coerente, conforme já destacamos no capítulo "Como encontrar idéias". Se não perceber a finalidade, o interlocutor terá muita dificuldade para participar do raciocínio do outro, portanto para acompanhá-lo e aceitá-lo.

Oposição, contradição

Já destacamos no início deste capítulo: não existe pensamento sem contrapensamento, não há solução sem efeito nocivo, não há conceito que não possa ser contestado. Todo locutor, portanto, deve ter coragem de encarar as críticas que lhe possam ser feitas, para contestá-las melhor, ou as limitações de suas afirmações, o que só pode torná-las mais realistas e aceitáveis. Um raciocínio não só deve levar em conta as teses opostas como também pode procurar integrá-las, pelo menos parcialmente, às suas próprias concepções: essa atitude constitui o fundamento daquilo que se chama dialética. Ela apresenta a vantagem de captar a complexidade da realidade, em que nada é totalmente positivo nem totalmente negativo; possibilita, sobretudo, encontrar uma saída para situações conflituosas ou antagônicas, o que é, afinal, o objetivo de toda reflexão que tenha fins profissionais e se queira voltada para a ação eficaz.

Hipótese

Refletir não consiste apenas em tratar de afirmações ou realidades. Muitas vezes pode ser útil situar-se no campo da virtualidade, por exemplo para considerar aquilo que ocorreria se alguma idéia se generalizasse ou se alguma medida fosse eliminada. De fato, muitas descobertas científicas são, acima de tudo, confirmação de hipóteses aventadas: trata-se, portanto, de um procedimento essencial à reflexão humana. Pode constituir uma armadilha para o interlocutor, pois o locutor, único que domina a hipótese, pode levá-lo aonde quiser; de alguma maneira, ele escolhe o terreno (virtual) do raciocínio e o impõe ao outro. Nem sempre é fácil sair desse universo; a não ser que se aceite a hipótese e se trabalhe com ela, o interlocutor às vezes pode recorrer a uma fuga abrupta do tipo: *"Quem diz 'se' não diz fato"*, ou *"Volte à realidade"*.

Raciocínio por eliminação

Como age o investigador de polícia que conhecemos tão bem pelos filmes? Antes de encontrar A solução correta (no fim do episódio!), ele segue pistas que, quando se mostram errôneas, são abandonadas. Esse tipo de estratégia pode ser adotado numa argumentação que deseje atingir uma conclusão teórica ou uma solução prática. Evidentemente, trata-se de um meio mais operacional quando não conseguimos demonstrar diretamente a correção de nossos pontos de vista. O aspecto indireto dessa demonstração não apresentaria problemas especiais se não topasse com um obstáculo metodológico considerável: como ter certeza de que a lista de pistas descartadas é exaustiva? Trata-se, de fato, de uma condição de rigor que, como se pode adivinhar, raramente será atendida. Portanto, não na teoria, mas na prática, tem-se aí uma técnica um tanto manipulatória: pudemos sentir alguns de seus efeitos quando estudamos a etapa "problema" do plano SPRI no capítulo "Principais tipos de plano". Nele observamos que ela é reforçada pela presença de soluções que se mostram ineficazes. Intelectualmente, esta última observação só pode ser validada com a condição expressa de que tenha sido apresentado todo o conjunto de soluções possíveis. Como essa ocorrência é pouco freqüente e até raríssima, a argumentação deverá, mais uma vez, limitar-se a uma atitude aproximativa.

Alternativa

A alternativa é um tipo de raciocínio que propõe dois e apenas dois elementos de reflexão em termos de escolha: duas causas, duas soluções, dois objetivos etc. O exemplo histórico mais conhecido no domínio da argumentação são as famosas palavras do general De Gaulle antes de uma eleição: "*Sou eu ou o caos.*" A alternativa freqüentemente utilizará os conectores: "*seja..., seja...; ou..., ou...*". A aparência do raciocínio é sólida e caracterizada por grande firmeza; o destinatário, instado a escolher entre dois elementos, sem dúvida alguma se sente coagido, e a coação é, na realidade, o próprio fundamento desse procedimento, mas também constitui o seu tropeço.

Em geral, o locutor se abstém de demonstrar que somente dois pontos – e justamente aqueles dois – podem ser levados em conta para o avanço do raciocínio. Se não quiser ficar preso na armadilha constituída por essas duas mandíbulas, o destinatário deverá pôr em xeque não as idéias, mas o modo como o problema foi formulado, o que é sempre mais difícil do que limitar-se a refutar um conceito. Assim, ele poderá escolher entre três soluções:

- recusar-se a escolher (resposta: "*nenhum dos dois*");
- aceitar simultaneamente os dois dados, o que nos remete mais ou menos à saída acima (resposta: "*os dois*");
- demonstrar que essa alternativa é falsa, e que existem outros caminhos para serem explorados (resposta: "*eu formularia o problema de outra maneira*").

As operações intelectuais descritas acima, portanto, constituirão um dos dois pilares da arquitetura do parágrafo, sendo o segundo constituído pelas provas destinadas a reforçar a veracidade das concepções enunciadas.

1.2. GESTÃO DOS EXEMPLOS

O *status* do exemplo é ambíguo: para muitos de nós, os exemplos vivenciados constituem experiência e, por indução, fundamentam nossas convicções; portanto, estão, de alguma maneira, na origem de nossas idéias. Numa dissertação, aconselha-se a justificar a idéia com exemplos, que serviriam de prova; os exemplos aparecem assim não na origem, mas no termo das idéias. Esse paradoxo ex-

Desenvolvimento dos argumentos

plica em parte as inabilidades dos estudantes; as mais freqüentes parecem ser:

- exemplo pouco adaptado à idéia, portanto mal escolhido;
- exemplo particular demais, portanto pouco generalizável.

Para evitar o primeiro defeito, é preciso examinar com espírito crítico o fato proposto e a idéia em causa. O segundo defeito é, ao mesmo tempo, um problema de raciocínio e de comunicação; por isso, o locutor preocupado em evitá-lo deve fazer duas perguntas: primeiramente, o exemplo que escolhi é representativo de um conjunto válido; em segundo lugar, é compreensível pelo leitor, ou seja, pertence a seu âmbito cultural?

Contudo, o recurso ao exemplo não é isento de dificuldades de ordem lógica, que tornam seu princípio bastante contestável. De fato, citar um único exemplo, dramatizá-lo (portanto valorizá-lo excessivamente) ou só citar dos dados reais o aspecto que confirme a tese defendida são atitudes que constituem comportamentos intelectuais correntes que obrigam a reconhecer a falta de rigor desse procedimento que, porém, se destina teoricamente a fundamentar um conceito. No entanto, é difícil prescindir de exemplo, mesmo diante desse grave defeito, tais são as vantagens e comodidades de seu uso:

- Evidentemente, é impossível dispor de uma lista exaustiva de exemplos correspondentes a determinada noção; nem mesmo é possível citar certo número deles sem expor o leitor ou ouvinte ao risco de naufragar no mais profundo tédio. A seleção de alguns exemplos (desde que pertinente, ou seja, desde que eles sejam característicos do conjunto das situações) mostra-se, portanto, simplesmente econômica.
- Por definição, o caráter concreto e figurativo do exemplo torna-o muito eloqüente: não há dúvida alguma de que ele penetra facilmente na mente do interlocutor. Em outros termos, por ser fácil de compreender, ele é de uma eficácia temível.
- O lado real e vivenciado do exemplo permite-lhe veicular com grande facilidade noções afetivas, conteúdos passionais ou emo-

cionais; desse modo, cada pessoa pode encontrar em casos relatados retalhos de lembranças ou elementos concretos e conhecidos aos quais só pode ser sensível, mesmo inconscientemente, o que, aliás, pode ser ainda mais manipulatório.

Assim, o exemplo tem eficácia incontestável, embora sem proporção real com sua validade lógica. Ele pode ser bem mais temível que um raciocínio rigoroso, por definição mais difícil de acompanhar, ainda que no âmbito escolar o examinador sempre tenha tendência a ver no seu emprego regular uma falta de profundidade.

Em todo caso, é de notar que as características acima mencionadas são mais manifestas na argumentação oral: por falta de suporte, o raciocínio preciso e meticuloso será mais difícil de acompanhar do que um relato vivo, principalmente porque as entonações e a verbalização podem produzir dramatizações impressionantes e veicular emoções com facilidade.

Por outro lado, todo redator também encontra dificuldades na verbalização dos exemplos: quem nunca escreveu *"p. ex."* para justificar uma idéia? É que as técnicas de apresentação, pouco numerosas, em geral são pouco estudadas pelos professores, que consideram que o estudante deve saber por si mesmo escarafunchar o seu vocabulário para "arranjar-se". É possível distinguir três apresentações, que põem em ação estruturas específicas:

- O exemplo sucede à idéia: as fórmulas utilizáveis para apresentálo serão então: *"por exemplo, assim, em especial…"*. Para obter variedade, é possível sugerir fórmulas mais complexas: *"é o que ocorre com, o exemplo mais significativo é…"*.
- O exemplo precede a idéia: menos familiar, essa técnica, que se assemelha à indução, possibilita variar a apresentação. O mais fácil para o redator é citar seu exemplo, ou mesmo um caso, em uma frase ou várias e introduzir a idéia numa frase ulterior por meio de uma fórmula do tipo: *"esse exemplo, essa situação, essa constatação… mostra, demonstra, ilustra, prova que…"*.

Desenvolvimento dos argumentos

- O exemplo é intercalado na idéia: discreta, essa estrutura pode ser recomendada quando é preciso simplesmente mencionar, aflorar o exemplo, mas não aprofundá-lo; baseia-se em fórmulas variadas, muitas vezes construídas em aposição, como nesta frase de ilustração: *"A imprevidência do estado-maior francês antes da guerra,* **simbolizada pela construção da linha Maginot,** *explica em grande parte o desastre de junho de 1940."*

Pode-se estudar facilmente o funcionamento dos exemplos a partir de textos explicativos, especialmente excertos de livros de ciências naturais, de história-geografia ou economia.

De fato, só se tem prova se ela for válida e aceitável pelo interlocutor, ou seja, integrável em suas referências, em sua cultura, em seu sistema de pensamento.

Portanto, o exemplo desempenhará papéis diferentes, dos quais o redator deverá estar consciente para afirmar sua escolha:

- O exemplo é prova; portanto, ele deve ser real e válido, como vimos.
- O exemplo é concreto; com isso, adquire real valor pedagógico, pois permite que o leitor ou o ouvinte elucide ou compreenda uma noção que, não fosse o exemplo, seria abstrata demais, portanto obscura. Por isso, ele deve ser adaptado às referências do interlocutor para ser aceito e compreendido. Mais precisamente, ele deve possibilitar-lhe compreender uma noção teórica nova a partir de uma situação prática conhecida: portanto, constitui um elemento que propicia a clássica descoberta do novo, do desconhecido, a partir do conhecido.
- O exemplo é vivo, porque proveniente da realidade. Contribui com uma espécie de pausa para o raciocínio, que está sempre exposto ao risco de ser teórico demais e de não poder ser assimilado como tal. Essa qualidade é perceptível se o exemplo, um bocado desenvolvido, se transformar em caso, sobretudo na argumentação oral. Isto porque o oral, mais do que o escrito, é o âmbito do diálogo direto, portanto da vida: todo orador sabe não só refletir, mas também relatar.

Raciocínio, por um lado, e gestão de exemplos, por outro, são, portanto, os dois meios destinados a conferir peso à argumentação. Contudo, um argumento sempre pode ser contestado, o que pode levar a perguntar o que de fato constitui seu valor. Como a argumentação, conforme ressaltado já no primeiro capítulo, não passa de demonstração, não é possível responder a essa pergunta com simplicidade. Em contrapartida, ganha-se muito invertendo os dados do problema; é útil ao locutor conhecer os pontos fracos que anulariam o valor de um argumento; os mais comuns parecem ser:

- a falsidade do argumento, por ser contrário à realidade;
- a falta de apoio em provas fidedignas ou raciocínios, portanto afirmação pura e simples;
- a contradição com algum outro argumento que pretensamente respalde a mesma tese.

Cabe ao locutor ser rigoroso!

2. ENUNCIAÇÃO DE UMA TESE

O enunciado de uma tese, quer seja nossa, de outra pessoa ou ainda reflexo de um sentimento generalizado, supõe a compreensão e o domínio de um certo número de dados técnicos. Por isso, analisaremos, sucessivamente, as técnicas de enunciação, para depois refletirmos sobre os juízos que podem ser feitos sobre a aceitabilidade de uma idéia e sobre os diferentes meios de valorizar nossas próprias asserções e mencionar uma tese diferente.

2.1. ÍNDICES DE ENUNCIAÇÃO: QUEM FALA OU QUEM ESCREVE? QUEM PENSA?

Como o texto argumentativo destina-se a convencer, aquele que assume sua responsabilidade está, por essência, obrigatoriamente implicado na sua elaboração. No entanto, essa evidência às vezes (muitas vezes?) comporta uma dificuldade para o estudante médio que foi acostumado pelo liceu a construir um texto (uma discussão) com base no plano "tese-antítese". Em que momento aquele que

Desenvolvimento dos argumentos

escreve se reconhece nas idéias que está desenvolvendo? Na primeira ou na segunda parte (que são contraditórias) ou em nenhuma das duas? De qualquer maneira, ele foi enfaticamente desaconselhado a escrever "eu". É verdade que nesse caso não estamos num âmbito puramente argumentativo, mas sim deliberativo; no entanto, essa dificuldade é tão real, que, em contexto escolar, alguns estudantes "se esquecem" de concluir o desenvolvimento com firmeza, como se a própria noção de uma opinião bem definida se tivesse tornado estranha à sua reflexão. Ao contrário, os trabalhos argumentativos, apesar de dialógicos (conforme ressaltamos já no início desta obra), exigem que a linha seguida seja claramente indicada, coisa que desenvolvemos no capítulo "Como orientar a argumentação".

Assim, o domínio da enunciação possibilitará que o redator ou o orador se posicione claramente em relação às idéias emitidas, para que o leitor ou o ouvinte saiba sem ambigüidades se ele as assume. A partir daí, ele afirmará ou trairá sua presença por meio de certos indícios:

- uso de certos pronomes: *"eu, me, mim"* ou o *"nós"* majestático; outras vezes, mesmo o uso do *"se"* (impessoal ou apassivador) pode indicar referência clara à sua própria opinião;
- uso dos modos verbais: o indicativo é indício do pensamento do autor, ao passo que o futuro do pretérito (condicional) permitirá apresentar com ressalvas uma noção exterior (ver o capítulo "Locutor, vetor do pensamento alheio");
- recurso a advérbios ou pronomes que só podem ser entendidos como referência ao autor: *"aqui, lá, este, aquele, agora..."*;
- presença de advérbios e adjetivos, mas também de substantivos e verbos que, por terem conotações positivas, indicam adesão do autor às noções apresentadas.

Como é possível depreender de trabalhos lingüísticos recentes, especialmente os de Ducrot (ver nossa bibliografia), quem escreve ou fala assume dois papéis, o que pode criar muitas ambigüidades:

- por um lado, ele gera a totalidade da apresentação e da formulação das idéias da argumentação, quer tais idéias representem suas próprias concepções, quer as alheias (ver, a esse respeito, o capítulo "Locutor, vetor do pensamento alheio");

A arte de argumentar

- por outro lado, ele afirma seu ponto de vista como defensor de uma tese.

Evidentemente, não é desejável que essa complexidade de tarefas seja fonte de confusão por parte do leitor ou do ouvinte, embora haja risco de ocorrer isso em certas argumentações. Citemos e comparemos, entre outras, as situações abaixo, para dimensionarmos melhor os riscos de ambigüidade:

- o locutor lança mão da opinião de um terceiro para apoiar sua própria tese;
- o locutor apresenta o pensamento alheio de modo negativo, para indicar seu desacordo;
- o locutor aceita fazer uma concessão à idéia contrária, mas refuta totalmente outra.

A partir daí, é fácil perceber que, se o locutor não der mostras de grande clareza quanto a seu posicionamento ideológico, em outros termos, se sua enunciação não for clara, é grande o risco de o receptor ficar perdido.

2.2. LOCUTOR, VETOR DO PENSAMENTO ALHEIO

O desenvolvimento de uma argumentação leva, inevitavelmente, seu autor a mencionar ou citar com precisão conceitos dos quais discorda total ou parcialmente; pode também aduzir lugares-comuns, estereótipos em relação aos quais deverá posicionar-se. Em nome do rigor, é difícil conceber a possibilidade de justificar um ponto de vista sem o dissociar de seu contrário, que será preciso gerir, algo que aprofundaremos em "Refutação de uma tese". Apresenta-se, pois, o problema da integração desses dados na argumentação. É possível propor vários procedimentos, que, aliás, são cumulativos.

Citação

O discurso direto, o indireto e o indireto livre possibilitam reproduzir uma idéia alheia ou contrária. O problema dos dois primeiros é o uso do verbo introdutor e a escolha de seu sujeito (ver, a esse respeito, o parágrafo seguinte). O último, mais hábil, mas também mais vago, apresenta o risco de diluir as fronteiras entre as concepções do locutor e as concepções opostas, pelo menos para um leitor/ouvinte pouco atento.

O verbo de apresentação

Esse verbo, por seu sentido, possibilita apresentar uma tese, indicando-se claramente que o locutor não a assume. Pode ser colocado antes da enunciação dos dados, é o caso de: *"alega, afirma, considera, acredita…"*, ou intercalado: *"afirma fulano, acredita-se…"*.

Sujeito pensante

Nem sempre é possível atribuir uma noção a um indivíduo ou a um grupo ideologicamente identificado; por isso, o locutor pode recorrer a métodos de indefinição, como o uso da impessoalização do sujeito (terceira pessoa do plural ou partícula *se*) ou da apassivação (voz passiva analítica ou sintética, com partícula *se*), bem como de pronomes ou locuções do tipo: *"alguns, certos autores, há quem considere que…"*.

No entanto, temos o direito de enunciar certas ressalvas quanto a esse procedimento tão fácil: quem se esconde por trás do *"se"* ou do *"alguns"* que *"acredita(m) que"*…? Para obter maior rigor, é melhor que a fonte seja identificada, no mínimo para compreender as razões que levam aquele *"se"* a defender uma idéia.

Distanciamento

Mesmo sem verbo de introdução, portanto sem sujeito, uma tese pode ser apresentada com distanciamento se forem utilizados certos advérbios (*"talvez, pretensamente"*), ou se o verbo principal estiver no futuro do pretérito (*A verdade sairia da boca das crianças*): esses procedimentos bastam para indicar que a tese está sujeita a cautela e não faz parte da argumentação do locutor.

Atribuição

Finalmente, o fato de indicar que é possível atribuir uma tese a uma pessoa ou a um conjunto de pessoas basta para esclarecer essa atribuição com fórmulas como: *"segundo X..."*, ou também por meio de substantivos destinados a apresentar citações, como: *"a afirmação, a concepção de X..."*.

Note-se, de passagem, que o uso de verbos e, ainda mais, de substantivos que introduzam ou mencionem conceitos pode comportar um juízo, eventualmente depreciativo, sobre seu conteúdo; basta pensar em alguns exemplos, como estes: *"interpretação, má-fé, preconceito, prejulgamento, erro, inverdade, alegação..."*.

Terminaremos com uma observação de ordem prática: o locutor deverá prestar-se a ser porta-voz do pensamento alheio em duas situações, especialmente:

- no desenvolvimento de uma estrutura tese-antítese (ver capítulo sobre planos binários em "Principais tipos de plano");
- quando fizer concessão às concepções contrárias, situação mencionada no capítulo "Concessão".

2.3. O IMPLÍCITO: UMA NOÇÃO SUTIL, EMBORA ONIPRESENTE

Assim como o raciocínio matemático se baseia em postulados, ou seja, em dados indemonstráveis mas considerados como aceitos por todos, emissor e receptor, também ocorre com freqüência que certas noções básicas da argumentação não sejam enunciadas. Além disso, certas etapas de um raciocínio que pretenda ser rigoroso às vezes são omitidas pelo locutor, que deixa então ao destinatário a tarefa de reconstituir o elo ausente. Em cada um desses casos, um elemento, apesar de não dito, desempenha papel importante, embora discreto por definição. Tais elementos são agrupados com o termo genérico de "implícito", noção que agora precisamos aprofundar.

Dois exemplos esclarecerão o leitor. O primeiro é extraído de um livro de popularização sociológica intitulado *Petit Traité de mani-*

pulation à l'usage des honnêtes gens [Pequeno tratado de manipulação para uso das pessoas honestas] de R.-V. Joule e J.-L. Beauvois (ver nossa bibliografia). No capítulo intitulado "Dinheiro não traz felicidade", pp. 195 ss., os autores refletem sobre as relações de poder entre os seres humanos, por exemplo nos âmbitos político, militar e profissional, e assim escrevem:

> Nessas relações, há portanto um dominante e um dominado, e, se quer obter algo do segundo, o primeiro pode fazê-lo com toda a legitimidade apenas com o exercício do poder.

Ora, essa frase, cujo conteúdo parece passível de aceitação por todos, contém na verdade um elemento implícito que os próprios autores destacam algumas linhas adiante:

> Mas, sem dúvida, antes de prosseguirmos, é necessário enunciar os pressupostos que aqui adotamos, pressupostos que deverão ser aceitos pelo menos provisoriamente. Nosso pressuposto básico equivale a considerar que toda organização implica o exercício do poder, pois não se inventou outra coisa para fixar os objetivos que se coadunem com as finalidades da organização (as pessoas não podem fazer o que querem) e, sobretudo, para gerir o movimento do pessoal.

Os autores escolheram a palavra *"pressuposto"* para designar o que o emissor supõe já aceito pelo receptor, sem demonstração, portanto, aquilo que é conhecido ou inferível das palavras do locutor. Catherine Kerbrat-Orecchioni, cujo livro *L'Implicite* [O implícito] (ver nossa bibliografia) constitui referência nesse campo, dá a seguinte definição desse fenômeno:

> Consideramos como pressupostas todas as informações que, não sendo abertamente formuladas, ou seja, sem constituírem em princípio o verdadeiro objeto da mensagem por transmitir, são automaticamente carreadas pela formulação do enunciado, no qual elas se encontram intrinsecamente inscritas, seja qual for a especificidade do contexto enunciativo.

A arte de argumentar

É imprescindível fazer duas observações depois dessa definição, pois elas dizem respeito diretamente à argumentação:

- O pressuposto é, de certo modo, a negação da argumentação, pois apresenta uma noção sem a demonstrar, pretextando ser ela evidente ou conhecida. Ora, os pressupostos são forçosamente numerosos em todos os discursos, e o que se tem são razões de economia: se fosse preciso redefinir e demonstrar todas as noções utilizadas durante uma reflexão, a tarefa seria infinita. Seu efeito, portanto, é mais sub-reptício e eficaz porque o destinatário, tendo dificuldades para detectá-los, não terá a idéia de contestá-los.
- Para ser eficaz, o pressuposto precisa ser compartilhado pelo emissor e pelo receptor; voltamos aqui à necessidade de o locutor conhecer bem o público e seus valores, para poder utilizar (com muita discrição!) técnicas que lhe serão mais úteis quanto mais impercebidas passarem.

O segundo exemplo pode ser facilmente extraído da vida cotidiana. Uma parte de nossos raciocínios é implícita, no mínimo (aí também), por razões de economia. Assim, um silogismo pode ser truncado por ser possível reconstituir o elo intelectual faltante, que figura nas linhas abaixo entre parênteses:

1) Quero continuar jovem e sedutor.
2) (Em nossa sociedade, essa qualidade pressupõe esbeltez)
3) Logo, preciso emagrecer.

ou

1) (ingressar numa grande escola superior é o sinal mais importante de sucesso social)
2) Quero que meus filhos tenham sucesso na vida profissional.
3) Logo, eles ingressarão numa grande escola superior.

Pode-se dizer, em cada caso, que a utilização de um elemento implícito reforça os elos entre emissor e receptor, pois a argumentação é apresentada com base num elemento não dito, mas tacitamente

Desenvolvimento dos argumentos

aceito pelas duas partes; apesar disso, deve-se lembrar que, por razões de economia, no caso de uma noção ou de um raciocínio elementar, o implícito muitas vezes "passa" a reflexão e até a trapaceia.

A informação implícita ou pressuposta nunca é, por definição, apresentada como conteúdo essencial da reflexão. Uma vez que não se tem uma tese claramente expressa, o destinatário terá dificuldades para contestá-la, pois essas objeções não poderão incidir sobre algum ponto nitidamente exposto, mas sobre dados bastante vagos que se encontram muitas vezes na base do raciocínio, obrigando-o, assim, a questionar todo sistema de valores do locutor. Trata-se de uma tarefa muito mais difícil do que a de refutar um ponto preciso, principalmente do ponto de vista relacional em casos de debates orais.

Portanto, não deve ser ignorada a existência de elementos não ditos numa argumentação, considerando-se que se trata de técnicas temíveis, porque discretas, e não lógicas, porque não recorrem à demonstração, mas humanamente ambíguas: elas reforçam os pontos de concordância entre as duas partes. Ao fazerem isso, tornam a argumentação mais eficaz, pois convencer totalmente a outra pessoa consiste em obter semelhança de pontos de vista; mas podem demolir a totalidade do raciocínio caso sejam contestadas pelo destinatário, pois são freqüentemente o seu alicerce. Trata-se, portanto, de uma técnica arriscada.

2.4. MODALIZAÇÃO: DA CERTEZA À IMPOSSIBILIDADE

Afirmar uma idéia é, em primeiro lugar, ser capaz de apreciar e comunicar o grau de credibilidade dessa idéia, logo o grau de aceitabilidade dela por outrem. Assim, é importante poder posicioná-la entre os dois pólos que são a certeza e a dúvida.

Certeza positiva ou negativa

Podemos estar certos daquilo que afirmamos ou, ao contrário, da inaceitabilidade de uma tese: a certeza pode ser positiva ou negativa.

Nos dois casos, é importante poder / saber marcar esse juízo com a maior segurança, tanto por uma questão de clareza na exposição quanto pelo intuito de convencer impondo uma idéia. Embora seja preciso estar consciente dos riscos a que uma exposição tão íntegra expõe o locutor, deve-se aprender a reconhecer a eficácia de tal apresentação, quando ela se justifica, é claro.

A certeza positiva poderá ser expressa com fórmulas como:

"é certo, inquestionável, indubitável, incontestável, irrefutável, evidente... que" ou *"estou seguro, certo, convencido... de que"* ou *"tenho a convicção, a certeza... de que"*, *"não há a menor dúvida de que"*.

A certeza negativa poderá usar como vetor:

"É impossível, está excluído, está fora de cogitação que..." ou *"Não se pode admitir, considerar, achar que..."*

Dúvida relativa

Querem a prudência e a honestidade que só se usem as estruturas acima em caso de total ausência de dúvida. Aliás, elas constituem uma forma de aberração argumentativa, pois afirmam sem provar, quando empregadas tais quais. Por isso, nunca seria demais recomendar a maior prudência em seu uso e aconselhamos a, pelo menos, procurar justificar a idéia que elas apresentem.

No caso inverso, pode ser útil saber fazer ressalvas a uma idéia. Não se trata, no caso – conforme vimos no capítulo "Locutor, vetor do pensamento alheio" –, de saber apresentar com todas as precauções de uso uma tese diferente da que se defende, mas de emitir um juízo preciso, ainda que nesse caso precisão seja sinônimo de dúvida, o que não quer dizer indefinição.

Tal como no caso anterior da certeza, é possível distinguir duas situações. A primeira é expressão de uma dúvida positiva, de algum tipo de probabilidade; isso é feito especialmente com as fórmulas:

"Parece, é provável, verossímil, há fortes indícios de que..." ou *"Decerto, por certo, provavelmente..."*

A segunda propiciará a expressão de uma dúvida negativa, enfim, de pequena ocorrência de aceitabilidade, se forem usadas, por exemplo, as estruturas: *"Parece pouco provável, improvável, pouco verossímil"* ou *"Há pouquíssimas probabilidades de que..., seria surpreendente se..., eu me surpreenderia se..."*

Dúvida absoluta

O "grau zero" da certeza pode ser ilustrado com situações nas quais não é possível fazer a balança pender para o lado positivo ou negativo, nem para o lado da probabilidade ou – com mais razão – da certeza. Cabe então saber, de alguma maneira, ficar neutro, indicando a eventual aceitabilidade de uma idéia, sem julgar, de modo algum, essa aceitabilidade.

Estamos então no campo daquilo que é possível admitir, e não mais, o que pode ser feito por meio das fórmulas: *"É possível, não é impossível, não se pode excluir, pode ser que..."*

Logo, pode-se perceber que é crucial ajudar o destinatário a captar a posição exata do locutor em relação à sua asserção. Essa necessidade é ainda mais imperiosa na argumentação oral, em que os índices são menos identificáveis pelo receptor do que na argumentação escrita; nesse contexto, sobretudo, é preciso encontrar meios de atrair a atenção para as próprias idéias.

2.5. VALORIZAÇÃO DAS IDÉIAS:
INCONTESTÁVEL FATOR DE MEMORIZAÇÃO

Valorizar as idéias consiste em atrair sobre elas a atenção do leitor ou do ouvinte, sempre tentado pela distração; isso significa também levar em conta as eventuais dificuldades do receptor para captar o trajeto desenvolvido, permitindo-lhe fazer melhor distinção entre as idéias-chave e os comentários menos importantes. Trata-se então de uma atitude essencial, pois se situa no cerne da comunicação, que é acima de tudo desejo de ser entendido, o que é feito muitas vezes por meio de duas técnicas diferentes.

Demarcação

Em geral, é possível ressaltar uma idéia com o uso de advérbios ou locuções adverbiais do tipo: *"Sobretudo, essencialmente, principalmente, prioritariamente..."* Mas certas estruturas verbais, impessoais ou não, permitem valorizar uma noção de modo menos discreto, mais enérgico, pois nesse caso a própria frase, por meio de seu núcleo, é posta a serviço da idéia; pensemos nas expressões: *"É importante, essencial, crucial... notar que..."* Acresce que o emprego de um substantivo ou de um adjetivo permite construir uma frase que atenda ao mesmo objetivo: *"O importante, o primordial, o essencial é que..."*

Resumo / reformulação

Jornalistas e políticos, cujo ofício é comunicar da maneira mais eficaz possível as suas convicções, apreciam essas duas técnicas, que se assemelham mas não são idênticas. Trata-se de repetir a idéia para ter certeza de que ela foi lida, ouvida e entendida; essa reiteração pode ser feita com duas variantes.

O resumo consiste em sintetizar uma noção desenvolvida, para torná-la mais identificável, compreensível, memorizável, vantagem esta não desprezível nas argumentações orais. Uma frase resumidora terá assim uma posição crucial num desenvolvimento um tanto longo, ou no fim por uma seção ou subseção de um raciocínio, logo antes da tradicional, mas lógica, transição que anuncia uma nova etapa. Ela poderá ser introduzida por fórmulas como: *"Em suma, para resumir, em resumo..."* Se o documento em questão for apresentado com um cunho jornalístico, como ocorre com os relatórios, esse resumo poderá antecipar o desenvolvimento e figurar na forma de título (ver nosso capítulo "Concepção dos títulos").

A reformulação, por sua vez, é a reiteração com outra forma, com outras palavras, de uma idéia já expressa. Movida pelo intuito de elucidar, a língua desenvolveu expressões como: *"Em outros termos, em outras palavras, para mais clareza, isto é, ou seja..."*

Desenvolvimento dos argumentos

Cabe ressaltar, porém, que a reformulação raramente se limita a reproduzir pura e simplesmente uma asserção anterior. No intuito de variar e obter eficácia, ela pode resumir ou, às vezes, introduzir um matiz suplementar. Freqüentemente, expressará a idéia-chave de um modo mais geral, mais abstrato, o que contribuirá para conferir aspecto intelectual ao texto. Essa característica aparece na frase seguinte, extraída de *Les Stars* [Os astros], de Edgard Morin, que analisa a evolução do cinema antes de reformular a idéia principal de modo teórico (em negrito):

> No início dos anos 60, percebe-se claramente que o cinema não passa de mais um meio de comunicação de massas, um divertimento entre outros. A queda quantitativa na verdade corresponde a uma decadência qualitativa. **O cinema já não é a pedra angular da cultura de massas.**

O estudante, mesmo já tendo deparado com essas técnicas de valorização das idéias em textos alheios (por exemplo, em provas escolares nas quais se pede resumo), não costuma aplicá-las a suas próprias convicções. Mas nesse campo o essencial acaso não é ter a capacidade de "passar" as idéias fundamentais às quais mais se dá valor?

3. REFUTAÇÃO DE UMA TESE

A refutação de uma idéia apresenta, de saída, um problema teórico: será hábil mencionar uma tese contrária, ainda que seja para refutá-la? Não se correrá o risco de assim contribuir para divulgar noções opostas àquelas em que se crê? Aliás, os políticos acaso não pensarão assim, visto que passam mais tempo a desenvolver suas próprias concepções do que a destruir as dos adversários? A resposta se resume a dois termos: lógica e clareza.

Em nome da lógica, para a qual – conforme lembramos nas primeiras páginas – pensar consiste em pesar o pró e o contra, é necessário mencionar as teses contrárias. Não adianta fingir ignorância; de qualquer modo, ignorância corresponde a lacuna, carência, logo deficiência. Em contrapartida, demonstrar que se sabe dar conta de noções opostas para vencê-las constitui um aprofundamento da reflexão.

Em nome da eficácia, também é recomendável tomar essa medida; porque seria fácil o leitor e, sobretudo, o ouvinte transformar-se em procurador capaz de levantar inúmeras objeções contra a argumentação. O fato de o próprio locutor abordar teses contrárias só pode servir para deixar os eventuais detratores sem ação, impedindo que eles tomem a iniciativa intelectual do debate, pois é negado qualquer valor aos argumentos que o próprio locutor menciona.

Refutar um argumento contrário constitui, pois, uma atividade essencial da argumentação. No entanto, trata-se de uma atividade proteiforme, pois são muito numerosas as suas ocorrências e suas modalidades de aplicação. Assim, pode-se enunciar uma tese (ver o capítulo "Enunciação de uma tese") e refutá-la em seguida ou, ao contrário, prevenir um eventual contra-argumento já tratando de demonstrar sua invalidade. Ademais, a refutação pode concretizar-se tanto por meio da rejeição total da tese contrária quanto por uma crítica parcial, o que, evidentemente, significa aceitação de parte da tese contrária (concessão) para destruí-la melhor ou – o que é bem diferente – pelo simples intuito de corrigir certos argumentos ou de atenuar seu alcance.

Seja lá como for, o locutor deverá ser capaz de realizar, sucessivamente, as seguintes operações:

- Compreender profundamente, ou seja, assimilar a tese contrária. Essa qualidade supõe domínio da enunciação escrita (ver os capítulos "Índices de enunciação" e seguinte), fator de clareza nos debates. A situação é muito mais delicada na argumentação oral, pois os interlocutores trabalham em tempo real: por isso, apresentaremos em "Apresentação e defesa oral das idéias" um método simples que possibilita considerar as idéias contrárias.
- Julgar a validade de exemplos ou opiniões expostas, para elaborar uma estratégia argumentativa: rejeição total, concessão, atenuação.

Desenvolvimento dos argumentos

- Verbalizar (por escrito ou oralmente) a refutação e transformar (por que não?) uma posição de defesa em situação de superioridade. Aprofundemos estes últimos pontos.

3.1. OBJETAR-REJEITAR: UMA ATITUDE INTEGRAL

Nesse caso, é preciso negar qualquer valor à idéia contrária: o caráter absoluto dessa atitude exige que o locutor tenha certeza daquilo que afirma, caso contrário seu raciocínio poderia ser desqualificado por exagero. Tomada essa precaução, será possível utilizar fórmulas do tipo: *"não é verdade que, é (absolutamente) falso acreditar que, não se pode aceitar que..., não é de crer, razoável pensar que...".*

Uma variante dessa atitude consiste em apresentar a idéia contrária e invalidá-la, apresentando sua própria tese como retificação da concepção oposta, com o uso das fórmulas: *"na realidade, de fato, na verdade...".*

Contudo, é raro que duas teses possam excluir-se mutuamente, visto que nada é totalmente branco nem totalmente preto. Por outro lado, essa visão maniqueísta pode prejudicar aquele que a veicula, pois este seria percebido como alguém cuja inteligência funcionasse em termos grosseiros, em bloco, e não em termos de matizes sutis. Prejudica, enfim, o próprio fio do raciocínio; a reflexão filosófica e a resolução de um problema totalmente prático quase sempre passam pelo crivo de diferentes argumentos.

3.2. CONCESSÃO: ESTRATÉGIA OU NECESSIDADE?

Todo locutor pode ter dúvidas sobre a validade estratégica da concessão: o fato de rejeitar uma tese no todo não seria sinal de firmeza? Ao contrário, na concessão não há fraqueza, mas sim preocupação com a objetividade, o realismo e o espírito construtivo, pois então são utilizadas as idéias alheias para validá-las parcialmente.

Além do mais, a concessão pode apresentar vantagens psicológicas indubitáveis em relação ao adversário, que é fictício nas argumentações escritas, mas bem real nas orais: ela constitui, em primeiro lugar, uma marca de respeito indicativa de que, no campo da argumentação, nenhum elemento deve ser rejeitado na totalidade, inclusive a pessoa que o veicula; além disso, esse reconhecimento das idéias alheias pode ser legitimamente interpretado, nas argumentações orais, como reconhecimento do outro, o que, em certos casos, pode lisonjear o interlocutor e levá-lo a baixar o nível de vigilância intelectual ou obrigá-lo a tratar o adversário com igual respeito.

Fazer concessões é induzir a outra pessoa a tomar a mesma atitude. Os psicólogos sociais já evidenciaram regras de comportamento cuja validade muitos já pudemos perceber; entre elas, está a que nos interessa aqui: a regra de reciprocidade. Como "obrigar" um vizinho a prestar-lhe um servicinho qualquer, senão prestando-lhe serviço? Esse hábito da vida corrente demonstra que nossas relações sociais freqüentemente se baseiam em regras de similitude (*"não faças a outrem o que não queres que te façam"*): um comportamento adotado incentiva o outro a adotá-lo também.

Adaptada a nosso assunto, que é a concessão, essa atitude revela que o que poderia ser interpretado como um recuo (aceitar, mesmo que parcialmente, uma concepção contrária) na verdade pode ser considerado como forma de manipulação, pois incentiva o outro a comportar-se como nós desejamos.

As estratégias da comunicação em política, diplomacia ou negócios dão um passo à frente quando propõem a aceitação de concessões em certos assuntos, para poder manter uma intransigência maior em outros, como se aquelas pudessem levar à aceitação desta. Na prática, durante um conflito social, por exemplo, pode-se até chegar a fazer concessões sobre modalidades técnicas (pagamento dos dias de greve, só para citar um caso) sem nada ceder nos princípios: interlocutores pouco desconfiados acreditarão ter vencido, ainda que se trate de uma vitória parcial ou até de ilusão.

Percebe-se então que, em termos de estratégia, a concessão apresenta vantagens objetivas claras e benefícios humanos mais contestáveis. Ela poderá ser expressa com:

• advérbios ou locuções adverbiais: *"de fato, que seja…"*;

- locuções verbais que introduzam fatos irrefutáveis (*"deve-se admitir, é inegável, não se pode negar que, é verdade que..."*) ou fatos simplesmente aceitáveis (*"é possível que, pode ser que, não é falso dizer que, cabe reconhecer que..."*).

3.3. MODULAÇÃO: SINÔNIMO DE PONDERAÇÃO

Sem rejeitar nem aceitar parcial ou totalmente uma tese, às vezes é oportuno destacar até que ponto ela pode ser exagerada. A refutação consiste então em fazer concessão à validade de certos pontos, desde que se aceite a redução de sua virulência. Não se trata, pois, de propor uma idéia oposta, mas de seguir no mesmo sentido do oponente, porém sem ir tão longe. Pode-se pressentir aqui o desejo de chegar a um terreno de acordo ou, mais exatamente, a um ponto de equilíbrio aceitável pelos defensores de duas opiniões. Assim como a concessão, essa atitude decorre do intuito de chegar a uma conciliação, o que a torna muito útil nas reflexões teóricas ou em qualquer debate que procure atingir uma solução prática satisfatória para as partes em oposição. É possível utilizar fórmulas do tipo: *"Não se pode chegar a ponto de afirmar, seria exagero dizer, a situação não é assim tão definida como se pode crer, é difícil ser tão categórico, essa concepção simplifica demais a realidade..."*

Essa atitude pode ter em vista tranqüilizar o leitor ou – mais freqüentemente, aliás – o ouvinte um tanto impressionado com o exagero de um número, com um exemplo ou uma tese. As fórmulas poderão inspirar-se nos seguintes modelos: *"Não se trata propriamente de; não se trata de, de fato, é simplesmente uma questão de..."*

3.4. MINIMIZAR: PROCEDIMENTO
FÁCIL DEMAIS SE SISTEMÁTICO

A forma extrema de atenuação consiste em minimizar o alcance de números, acontecimentos ou idéias que a parte contrária tenha apresentado. É fácil reconhecer nesse comportamento o reflexo de todos os agentes de decisão (política ou econômica) diante de uma contestação. O jogo, que é perigoso, valerá a pena? Para ser eficaz, ou seja, para não ser apenas uma cortina de fumaça, a minimização deve ser impreterivelmente justificada com provas ou com um raciocínio irrepreensível. É preciso ser prudente no emprego de expressões como: *"Essa observação/concepção é totalmente desproporcional à situação real, esses exemplos são pouco significativos, esses números não são representativos de toda a realidade, os inconvenientes são muito menos numerosos do que pensam alguns..."*

Em suma, minimizar consiste em abaixar a bola de alguém, em demonstrar que um fato ou uma noção corresponde a um caso particular, que é preciso reconhecê-lo como tal, que sua importância numa demonstração deve ser limitada, o que exclui qualquer generalização. Minimizar, portanto, é recusar *status* de grande importância a um exemplo ou a uma idéia.

Na prática, as atitudes de rejeição, concessão, atenuação e minimização constituem apenas a primeira etapa da refutação. Elas põem o locutor em situação defensiva: ele se restringe a reagir aos argumentos contrários, limita-se a posicionar-se em relação a outra pessoa. Para usar uma metáfora esportiva, entende-se que o adversário está sempre na ofensiva: em termos de eficácia, será preciso não se limitar a essa atitude, mas passar ao contra-ataque.

3.5. RESPONDER A OBJEÇÕES: UMA NECESSIDADE

Responder, portanto, consistirá em encontrar uma contra-argumentação e em afirmar do modo mais eficaz possível, ou seja, demonstrando clareza e firmeza (ver o capítulo "Enunciação de uma tese") e justificando o ponto de vista (ver o capítulo "Concepção de uma unidade de reflexão"), o que remete a técnicas mencionadas acima. No entanto, é possível definir algumas atitudes intelectuais próprias à nossa situação de resposta.

Revidar a argumentação como bumerangue

Embora essa situação seja rara, pois pode corresponder apenas à inabilidade intelectual, à falta de julgamento ou de atenção do defensor da tese contrária, pode ser fácil demonstrar que, na realidade, um raciocínio ou um exemplo se voltam contra seu autor, a ponto até de constituir um golpe de sorte para o debatedor, que vê seu adversário afundar-se em sua própria argumentação. Nesse caso, serão usadas fórmulas como: *"Esse exemplo, ao contrário, não provará justamente que; enunciar essa idéia não será (implicitamente) reconhecer que; esse raciocínio constitui a prova cabal de que..."*

Um bom exemplo desse efeito pode ser dado por um elemento de uma polêmica ocorrida pouco depois do falecimento do ex-presidente da República, François Mitterrand. O memorial redigido por seu médico pessoal, intitulado *O grande segredo*, foi proibido pela justiça alguns dias depois da publicação, por motivo de violação de segredo médico. O principal argumento desenvolvido pela defesa e pelo editor perante os tribunais e na mídia foi o da liberdade de expressão. Ora, essa tese logo se voltou contra o autor quando o livro foi publicado na internet, mais ou menos clandestinamente: quem utiliza o argumento da livre expressão do pensamento poderá notificar a proibição ao autor dessa manobra? No entanto, nem todas as situações são assim tão simples, e então será possível recorrer a outros procedimentos.

Uso da pergunta retórica

Mesmo quando se trata de um trabalho escrito, demonstramos que o diálogo está no cerne de toda argumentação. Essa observação permite legitimar o uso da pergunta retórica para que o argumentador apresente sua própria argumentação-resposta. Cabe lembrar que uma pergunta retórica é uma estrutura interrogativa à qual o próprio locutor dá resposta. Trata-se, pois, de introduzir um interlocutor fictício, que, aliás, pode ser o leitor do trabalho, ou seja, alguém não implicado, *a priori*, em qualquer sentido do termo. Essa técnica – por sinal, simples – dá vida à demonstração, pois interpela alguém diretamente, convida-o a indagar-se, permitindo-lhe entrar diretamente no raciocínio e dando-lhe a impressão de que desempenha papel ativo.

Como toda persuasão – conforme já ressaltamos – é autopersuasão, pode-se mesmo chegar a dizer que o leitor tem a impressão de ter, ele mesmo, encontrado a resposta tão lógica a uma pergunta que ele já achava tão pertinente! Percebe-se então que a chamada pergunta retórica é bem mais que uma técnica puramente retórica, em outras palavras, formal, e que pode ter implicações psicológicas profundas. Quanto às estruturas utilizáveis, constrói-se uma frase interrogativa à qual se dá uma resposta que poderá ser (é facultativo) introduzida por expressões do tipo: *"realmente; a resposta que se pode dar; a realidade é que; é importante/justo observar que..."*.

Síntese das convicções: toque final que afirma o ponto de vista

Podemos ser tentados a achar que os objetivos foram atingidos assim que terminam os trabalhos de "refutação (ou concessão, ou atenuação) + resposta", pois avançamos mais um peão. Isso significa esquecer depressa que a menção à tese contrária, sua refutação e o contra-ataque constituem uma entidade, e que, como tal, exigem conclusão. Portanto, é muito aconselhável encerrar esse trabalho resumindo e reformulando sua idéia básica (ver o capítulo "Valorização das idéias"): além de reforçar a coerência interna do trecho, pondo-lhe um ponto final, essa atitude permite aumentar a eficácia da comunicação, reiterando a idéia de modo claro e sintético.

Essa reformulação desempenhará papel ainda mais importante se considerarmos um debate oral, cujas dificuldades mais freqüentes são a divagação e a pequena pertinência lógica da engrenagem argumentativa. Essa é uma observação que nos convida a dar algumas elucidações específicas para as argumentações orais no próximo capítulo.

Desenvolvimento dos argumentos

4. APRESENTAÇÃO E DEFESA ORAL DAS IDÉIAS

O debate oral, apesar de considerado mais fácil, por exigir menos preparação que o escrito, consiste de fato numa atividade que demanda qualidades diferentes das necessárias à escrita, porém não menos rigor, ao contrário da idéia que se difunde e até se desenvolve nos debates televisionados. Na verdade, as verdadeiras trocas argumentativas são raras na mídia; em vez de se ter um diálogo construtivo, o que nos apresentam oscila freqüentemente entre dois pólos:

– o falso debate, ou seja, não o diálogo, mas a sucessão de monólogos, em que cada um dos participantes está mais preocupado em apresentar suas próprias idéias, em vez de levar em conta as idéias do outro;

– o espetáculo circense, ou seja, não o diálogo, mas a luta verbal (quando não física!), graças à qual o apresentador põe em cena uma briga animada, que muito contribui para o aumento dos índices de audiência.

No primeiro caso, são os participantes que bloqueiam o sistema; no segundo, são os animadores ou os responsáveis pelo programa: em nenhum dos casos se tem argumentação. Acresce que o peso cada vez maior da televisão como sistema de referência leva ao seguinte paradoxo: muitas pessoas, sobretudo jovens, para as quais ela é a fonte cultural fundamental, fazem uma idéia falsa da argumentação oral, que, na verdade, tem suas próprias exigências.

Quem quiser que um debate seja intelectualmente honesto e eficaz, em outras palavras, que chegue a uma conclusão clara – o que é preferível no âmbito do confronto profissional –, deverá procurar atingir dois objetivos básicos.

Por um lado, não deverá bloquear o interlocutor, que, caso contrário, poderá recorrer à fuga. Essa atitude de fuga em geral ocorre de dois modos diferentes: ou ele, pura e simplesmente, se retira (saindo do local ou – o que dá na mesma – se entrincheirando no silêncio absoluto), ou ele resvala para a agressividade, verbal ou física. Em qualquer desses casos, o verdadeiro debate não ocorrerá, e a pessoa em questão afirmará que *"é sempre a mesma coisa"*, *"ninguém escuta*", podendo até negar totalmente o princípio do debate ou da negociação.

Por outro lado, deve-se evitar qualquer divagação lógica: os interlocutores estão trabalhando em tempo real, improvisando. É freqüente notar que os interlocutores se esquecem de refutar, às vezes não dizem coisa com coisa e demonstram outros comportamentos que refletem a falta total de rigor, sobretudo na ausência de "árbitros".

4.1. UM OBJETIVO + UM PRINCÍPIO = DOIS PROCEDIMENTOS FUNDAMENTAIS

Para contrapor-se às tendências negativas mencionadas acima, é preciso ser capaz de adotar um comportamento que propicie o estabelecimento de um verdadeiro intercâmbio. Essa atitude intelectual poderia ser resumida em uma lei: ouvir para ser ouvido. A simplicidade dessa lei não deve iludir: a vida cotidiana mostra como é rara a sua observância. No entanto, ela constitui o fundamento de todo debate. Na verdade, ouvir o outro é a condição mínima para levar em conta os seus argumentos, base do diálogo; por outro lado, essa atitude positiva não é totalmente inocente, pois ela só pode incentivar o outro a adotar o mesmo comportamento, portanto a ficar atento ao emissor, segundo uma regra de reciprocidade já mencionada no capítulo "Concessão".

A atenção exigida por todo confronto oral e a improvisação desse tipo de debate levam a propor (quiçá impor) duas técnicas orientadas para o rigor, a honestidade e a eficácia.

Reformulação

Vimos no capítulo "Valorização das idéias" até que ponto esse hábito pode ser intelectualmente interessante. De fato, nos debates orais, a reformulação mostra-se simplesmente indispensável: constitui o meio mais claro de provar ao interlocutor que ele foi ouvido e mesmo entendido. Enunciar com suas próprias palavras, muitas vezes de modo resumido, a tese contrária não só induz a ficar atento às palavras alheias, mas também a penetrar seu sentido profundo, em suma, a assimilar o pensamento alheio. Nisso se percebem os múltiplos interesses da reformulação:

- do ponto de vista humano, ela constitui um reconhecimento da pessoa do adversário; pode, assim, contribuir muitíssimo para desarmar qualquer intuito de agressividade. O locutor situa-se então em oposição às idéias do interlocutor, mas não em conflito com sua pessoa. Principalmente quando o debate é de ordem prática ou profissional, os defensores de opiniões opostas muitas vezes são obrigados a trabalhar juntos, depois de uma discussão; então é essencial que a dignidade de cada um, como pessoa humana, tenha sido respeitada;

- do ponto de vista intelectual, ela garante consideração real e profunda das idéias contrárias, que terá sido necessário assimilar previamente para poder reformular. Portanto, ela é um fator de clareza no debate, deve contribuir para evitar digressões e qüiproquós. Isso porque é fácil a quem ouve suas próprias idéias mal reformuladas intervir dizendo: *"Desculpe, não foi isso o que eu quis dizer."* Por outro lado, deve-se admitir que o fato de ouvirmos nossas próprias idéias, como se elas emanassem de outra pessoa, pode contribuir para enxergá-las de um ângulo novo, ângulo no qual o próprio locutor talvez não tivesse pensado;

- do ponto de vista do desenrolar dos debates, ela torna consideravelmente mais vagarosa a cadência da troca de idéias, o que representa pelo menos duas conseqüências práticas. Essa diminuição do ritmo reduz o risco de agressividade; e sabe-se que, como muitos comportamentos, a violência interpessoal funciona de modo simétrico, ou seja, a agressividade do orador nº 1 tem grande probabilidade de desencadear a agressividade do orador nº 2, o que levará o primeiro a acentuá-la, e assim por diante. Por isso, o único meio de não entrar nesse círculo vicioso, que explica muitos conflitos, é evitar qualquer atitude agressiva, coisa que é possibilitada pela reformulação. Ademais, não podemos negar

A arte de argumentar

uma vantagem moralmente mais contestável: ela dá mais tempo a quem precisa refutar uma idéia contrária. A reformulação demanda um esforço de verbalização, mas não exige nenhuma criatividade por parte da pessoa que a realiza, pois esta se limita a reproduzir conceitos ouvidos; ora, o cérebro funciona quatro a cinco vezes mais depressa que a fala; quem reformula ganha um tempo que sua reflexão pode aproveitar para elaborar uma estratégia de resposta.

Na prática, podem apresentar-se dois casos:

- ou se deseja reformular o mais objetivamente possível a tese contrária, e nesse caso são utilizadas as fórmulas citadas nos parágrafos abaixo (*"Se bem entendi..."*);
- ou se é levado a reconhecer uma parte da veracidade na argumentação contrária: sugerimos em "Concessão" fórmulas que atendem a essa situação.

Em todos os casos, é preciso evitar dois obstáculos, que poderiam anular o próprio princípio de reformulação:

- a repetição pura e simples das próprias palavras do interlocutor, o que não significaria que elas foram assimiladas;
- a formulação pura e simples de expressões como *"concordo... mas..."*, o que não dá ao outro a oportunidade de ouvir suas próprias idéias expressas por outra pessoa.

Estruturação

Ao contrário da argumentação escrita, a oral se desenrola de modo linear, contínuo e sem possibilidade de retrocesso, diferentemente daquilo que é possível com a releitura. Desse modo, exige muito da memória de médio prazo, destinada a acompanhar passo a passo o raciocínio contrário. Cada orador, portanto, deve fazer um esforço de estruturação para ajudar o outro a compreendê-lo. O uso dos conectores, já muito útil à escrita, torna-se elemento indispensável a toda comunicação oral. Insistiremos especialmente:

- nas palavras que valorizam uma idéia: *"a **principal** razão, a conseqüência **fundamental**, **sobretudo**, é **importante** notar que..."*;

Desenvolvimento dos argumentos

- nos termos que organizam o pensamento: *"em primeiro lugar, em segundo lugar, finalmente..."*;
- sobretudo, nas fórmulas que anunciam uma organização: *"duas soluções possíveis, três obstáculos, por duas razões..."*.

Muitas vezes vistas como formais pelo estudante, essas técnicas na realidade auxiliam a compreensão; portanto, estão a serviço do receptor.

4.2. ALGUNS PROCEDIMENTOS
MORALMENTE MAIS CONTESTÁVEIS

Inegavelmente, uma das principais dificuldades da argumentação oral é a capacidade de encontrar rapidamente a objeção certeira. A não ser que se tenha recebido um treinamento sistemático e prolongado, os procedimentos apresentados no capítulo "Como encontrar idéias", destinados a buscar idéias, dificilmente podem ser aplicados com a rapidez exigida nas argumentações orais. Evidentemente, todo aquele que participa de um debate sério levará a peito a preparação prévia, mas ficará à mercê do argumento contrário no qual não havia pensado. Portanto, é compreensível que os especialistas em comunicação tenham procurado desenvolver técnicas destinadas a resolver esse tipo de problema, ou seja, não responder direta nem imediatamente ao argumento. Criticáveis do ponto de vista moral e intelectual, esses procedimentos existem, e seria hipócrita e inútil fingir ignorá-los. Deixaremos para aqueles que desejem empregá-los o encargo de resolver seus eventuais problemas de consciência e nos limitaremos a ressaltar aqueles que são, ao mesmo tempo, de utilização mais fácil e... menos contestável.

Reformulação tendenciosa

Encontrar uma resposta para um argumento, portanto solução para um problema, pode consistir em mudar os dados do problema. Para isso, basta reformular de modo não objetivo a idéia contrária, o que pode ser feito de três maneiras diferentes:

A arte de argumentar

Reformular atenuando seu alcance

Essa técnica permite responder a idéias cujo poder foi diminuído, tornando-as, portanto, mais fáceis de neutralizar; é freqüentemente utilizada pelos políticos em suas respostas às perguntas dos jornalistas ou às acusações de seus adversários. Por exemplo, a acusação de *"reações negativas, violentas e hostis a uma decisão"* tornar-se-á *"alguns organismos houveram por bem fazer ressalvas"*.

Reformular ampliando o alcance

Esse procedimento permite caricaturar as concepções contrárias, portanto refutá-las demonstrando seu aspecto exagerado e, por isso, inválido. Assim agindo, porém, o locutor pode ter outro objetivo: é evidente que o autor da idéia pode não querer reconhecer-se nessa reformulação e desejar, então, elucidar melhor a sua posição, melhorar a sua análise para evitar deformações. Essa preocupação com a precisão pode justamente ser buscada pelo locutor, se ele considerar que o adversário não foi suficientemente claro. Assim, *"o grande número de filmes americanos divulgados na França"* será hipertrofiado como *"desejo de destruir a cultura nacional"*.

Reformular selecionando apenas um dos aspectos mencionados pelo outro

Esse método permite "esquecer" idéias de difícil refutação e só tratar da que pareça mais fácil de contestar.

Realmente, podemos muito bem treinar a prática desses tipos de reformulação, como se se tratasse de um jogo. Além da desonestidade, jogar com o pensamento alheio pode acabar desencavando noções implícitas, conseqüências imprevistas, aspectos ocultos numa ideologia, e pode obrigar seu autor a abalar-se, explicar-se, elucidar suas concepções: logo, nem tudo é negativo nessas atitudes.

TRABALHOS DIRIGIDOS[8]

CAPÍTULO 4. DESENVOLVIMENTO DOS ARGUMENTOS

1. CONCEPÇÃO DE UMA UNIDADE DE REFLEXÃO: O PARÁGRAFO

Aplicação nº 1*: O raciocínio

O início do texto abaixo, sobre as relações entre jornalistas e cientistas, permite compreender melhor o papel da oposição e o de seu contrário, a identidade, ao mesmo tempo no texto e no parágrafo.

1) Com exceção do primeiro parágrafo, que representa a sua introdução, esse texto é constituído por duas grandes partes: indique a tese principal de cada uma e isole o conector responsável por sua articulação.

2) Nos parágrafos 3 e 4, identifique todos os conectores que exprimem oposição (quer numa frase, quer em duas) e crie duas listas que oponham termo a termo as características do jornalista e as do pesquisador.

3) O parágrafo 5 apresenta uma lista de exemplos de apoio à tese: que procedimento de raciocínio estudado em "Principais eixos do raciocínio lógico" está em ação?

4) O parágrafo 6 insiste nos pontos comuns entre os protagonistas: enumere-os, identificando as fórmulas e os conectores que valorizam essa semelhança.

5) Se considerarmos que as duas principais partes desse texto constituem uma tese e uma antítese, que papel desempenham os dois últimos parágrafos?

A CIÊNCIA EXPOSTA À MÍDIA

Nossa época assiste à ampliação do campo de aptidões da mídia em detrimento das instituições (escola, Igreja, partidos políticos...) que tradicionalmente eram divulgadoras de sentidos ou da verdade. Periodicamente são de-

---

8 Somente as aplicações seguidas de asterisco serão corrigidas, as outras necessitam de uma reflexão de caráter mais pessoal.

A arte de argumentar

nunciadas as cumplicidades entre política e mídia, mas a arte de governar não é a única dominada ou permeada pela mídia: diplomacia, justiça, religião, artes e até pesquisa científica também ocorrem por entrevistas à imprensa e para as câmeras. "Vi na tevê" tornou-se argumento de peso, tão sério quanto antigamente *Aristoteles dixit*.

O que acontece com os pesquisadores científicos quando deparam com a mídia? É tentador opor a boa e pura pesquisa de avental branco à poluição da mídia, dois setores de atividade aparentemente antagônicos, associados a culturas e preocupações diferentes.

O tempo da mídia é o tempo da urgência e das exclusividades, ao passo que a pesquisa exige paciência e demora. A mídia tende a isolar o indivíduo a quem dá destaque, enquanto a pesquisa é cada vez mais coletiva. A mídia está fadada à simplificação e à exemplificação; precisa contar um caso, criar um roteiro, dramatizar a ação com peripécias ou imagens fortes, adjuvantes que o laboratório dificilmente fornece. Ao mesmo tempo que a linguagem e as questões científicas continuam sendo em grande parte incompreensíveis para o leigo, o saber, nesses domínios, depois de tantas manipulações e reformulações sucessivas, adquiriu uma espessura que mal se deixa visualizar ou resumir em pequenas frases.

A mídia consome sentido e, para tanto, pretende fornecer ao público uma visão panorâmica, uma chave dos fenômenos ou, na falta disso, algum detalhe sensacional; ora, a informação científica, ao contrário, é de organização lenta, sempre desesperadamente fragmentária, resistente aos olhares de relance e às sínteses apressadas. Enquanto a imprensa e a televisão tendem à afirmação peremptória, a enunciação do pesquisador precisa lidar com a dúvida mais do que com a estrepitosa certeza, deixar a porta aberta para a contestação e retardar o momento das grandes definições...

Seria fácil alinhar os exemplos de uma provável incompatibilidade entre as duas culturas, de que deram testemunho alguns casos dolorosos. Os jornais freqüentemente dão destaque a resultados parciais ou amplamente contestados pela comunidade científica (a memória da água, a fusão fria). Transformaram em teses estabelecidas hipóteses frágeis (*big-bang*, origens do homem), deixaram-se ludibriar por impostores e deram divulgação a "descobertas" que não teriam resistido ao exame de um pesquisador competente (caso do Katalavox, lançado por Martine Kempf[9] nos meios de comunicação nacionais,

---

9 Na década de 80 vários artigos gabaram a invenção, por Martine Kempf, de um dispositivo de reconhecimento de voz, para uso em instruções judiciárias. A seguir, ficou provado que tal dispositivo já existia fazia quarenta anos. [N. da T.]

Trabalhos dirigidos

graças à complacência inicial da Agência France Presse, de Les Dernières Nouvelles d'Alsace e de alguns deputados locais), trombetearam precipitadamente a descoberta de remédios contra a AIDS e o mal de Alzheimer, dando ao público esperanças prematuras e aos cientistas envolvidos, a impressão de que seus trabalhos foram traídos ou desviados para fins comerciais; enfim, tiraram proveito de temores (efeito estufa) e sonhos, como a pílula da juventude do professor Beaulieu... Seria essa a melhor maneira de tocar as massas?

Contudo, essas duas famílias intelectuais não são totalmente estranhas uma à outra: os jornalistas batalham para obter exclusividade; os cientistas também vivem na urgência da prioridade intelectual, e a guerra entre eles não é menos áspera (pensemos na polêmica franco-americana entre os professores Montagnier e Gallo pela paternidade da descoberta do vírus HIV). Uns e outros, além disso, compartilham necessariamente uma ética comparável da objetividade na pesquisa. O jornalista é, em primeiro lugar, um pesquisador que verifica suas fontes e confronta fatos; o pesquisador científico não pode ignorar o tempo todo o imperativo de divulgar e popularizar seu trabalho.

Um encontro na Cidade das Ciências e da Indústria, organizado em 24 de março de 1995 pela Associação dos jornalistas científicos da imprensa informativa, possibilitou dimensionar os progressos e os perigos da nova convivência entre mídia e cientistas. A situação mudou muito desde que, em 1969, reunidos num colóquio em Nice, os jornalistas reivindicavam que os institutos de pesquisa criassem serviços de imprensa e viviam topando com a falta de informações, com a reserva dos pesquisadores, pouco preocupados em cooperar com os órgãos de informação ou em popularizar seus trabalhos, com a desconfiança e com a divisão estritamente estanque dos gêneros.

A situação atual se caracterizaria mais pela imbricação entre a pesquisa científica, a indústria e o mercado no qual é preciso colocar e vender; daí a necessidade de cada laboratório ganhar notoriedade.

Le Monde diplomatique, nº 498, setembro de 1995.

Aplicação nº 2*: O raciocínio

O texto breve, abaixo, sobre o alcoolismo feminino mostra, em funcionamento, as noções de oposição e concessão, que parecem revelar o funcionamento intelectual de seu autor.

1*) Identifique todos os conectores e fórmulas que introduzem oposições e concessões (ver a lista de conectores no capítulo "A frase: quatro estruturas fundamentais e seus conectores").

2*) Especifique as idéias assim introduzidas, analisando sua relação com a idéia anterior ou seguinte: trata-se de oposição franca, concessão ou atenuação?

3) Reconstitua a totalidade do circuito argumentativo, sendo sensível aos conectores de causa e conseqüência, além dos já estudados na questão acima.

4) Em função do estudo da estrutura do texto assim feito, comente a última palavra do texto.

ATÉ AS MULHERES

O alcoolismo, mal do nosso tempo, agora atinge cada vez mais as mulheres. É verdade que as mulheres alcoólatras são três a quatro vezes menos numerosas que os homens, e que elas são menos "perigosas": é muito raro uma mulher matar sob efeito do álcool. No entanto, as mulheres se suicidam duas vezes mais que os homens no mesmo estado. Mais importante, porém, é que o alcoolismo da mulher é, ao mesmo tempo, menos visível e menos aceito que o do homem. Por isso, esse problema foi durante tanto tempo coberto com um véu.

Contudo, o alcoolismo feminino progride ininterruptamente; médicos e assistentes sociais concordam nesse ponto. Embora as estatísticas de óbito por alcoolismo e de cirrose hepática (nos últimos dez anos) apresentem números mais ou menos estáveis para homens e mulheres, o número de internações de mulheres em hospitais psiquiátricos (por psicose alcoólica ou alcoolismo crônico) teve um aumento importante. Em dez anos, subiu 101% (contra 81% para os homens).

Por que as mulheres estão bebendo mais que antes? "De tanto quererem igualdade com os homens, elas acabam assumindo até mesmo os defeitos deles" – lia-se recentemente num artigo sobre o alcoolismo. A emancipação feminina tem costas largas. Evidentemente, seria falso negar que o hábito de beber se desenvolve nas mulheres que evoluem num mundo de trabalho masculino ou nas jovens que se embriagam para "imitar os rapazes". Mas, depois de certas estimativas, o alcoolismo decorrente da profissão, do código de polidez e do conformismo só explicaria 5% dos casos femininos, ao passo que esse tipo de alcoolismo estaria na origem de 60% dos casos de alcoolismo masculino. E agora?

Le Monde, 8-9 de dezembro de 1974.

Trabalhos dirigidos

Aplicação nº 3*: O raciocínio

Espécie de síntese rápida sobre o alcoolismo na França, o texto abaixo utiliza o essencial do conjunto de diferentes nexos que podem existir entre idéias.

1) Identifique as idéias seguintes e os conectores que as introduzem:
– causas;
– conseqüências;
– concessão, ressalvas;
– oposição;
– exemplos.

2) Divida as causas do alcoolismo em duas categorias e as justifique, não perdendo de vista a utilização dos conectores que as apresentam.

3) As eventuais soluções (eficazes ou não) são introduzidas por fórmulas que expressam conseqüência: identifique ambas as coisas.

4) A atitude dos franceses perante o álcool é caracterizada pela ambigüidade e pelo paradoxo: identifique os conectores de oposição que ressaltam essas contradições.

5) Analise também a conclusão, ou seja, os dois últimos parágrafos; verifique então que um problema é freqüentemente constituído pela existência de dois pontos de vista contraditórios, mas simultâneos.

O ALCOOLISMO NA FRANÇA

Por que os médicos são os principais interessados pelo alcoolismo? A pergunta, em si mesma, revela um dos aspectos mais perniciosos do problema; porque o alcoolismo não é doença, e o médico só se acha envolvido (infelizmente) em suas manifestações mais tardias, contra as quais freqüentemente nada pode fazer. Existe até um verdadeiro perigo em "medicalizar" o alcoolismo, pois torná-lo equivalente a um vírus ou a um micróbio é aceitar sua fatalidade; e, implicitamente, é esperar que os técnicos da saúde encontrem um antídoto ou um tratamento quando ele se tornar preocupante.

A atitude geral dos franceses em relação ao alcoolismo foi por muito tempo ambígua: mesmo reconhecendo que se trata de um "flagelo" nacional, costuma-se admitir que a "maneira de beber" (e de comer) em nosso país é mais qualidade que defeito. O beberrão notório é desprezado, mas quem sabe "agüentar" o álcool é admirado (e há quem se gabe disso). Todos deploram os

A arte de argumentar

acidentes de trânsito e de trabalho diretamente causados pela bebida, mas todos se opõem às proibições e aos controles.

De fato, existem explicações lógicas para esses comportamentos aparentemente contraditórios. Por exemplo, muitas vezes se confundem embriaguez e alcoolismo, de tal modo que simplesmente se ignoram os malefícios provocados pela absorção regular de álcool em quantidades que nunca provocam mal-estar nem alteração da consciência. Acima de tudo, o fenômeno do consumo de bebidas alcoólicas em casa, no trabalho ou em bares recebe tantas justificações culturais e sociais (maior facilidade nos encontros, simbolismo da comunhão, da comunicação), que é difícil atacar o alcoolismo com simples argumentos morais ou médicos.

Apesar do freqüente sentimento de impotência dos educadores e das autoridades sanitárias, em seus esforços para reduzir a gravidade desse problema, parece que o estado de espírito dos franceses apresentou recentemente certa mudança. Assunto tabu, nunca mencionado pelos grandes políticos, o alcoolismo foi há pouco tempo denunciado publicamente, e algumas novas medidas, extremamente severas, possibilitarão a partir de agora lutar contra a embriaguez no volante que, sozinha, é responsável por mais de cinco mil mortes ao ano.

Mas, ao lado do alcoolismo evidentemente nefasto, aquele cuja redução todos desejam, há o alcoolismo do francês médio, que constitui uma das características de seu modo de vida, como a alimentação, o ritmo, as condições de trabalho, as viagens e o consumo de outro tóxico, o fumo. Para cada um desses hábitos de vida, a verdadeira escolha pessoal, assumida com todo conhecimento de causa, costuma estar presente? A rotina, a identificação com a família ou com o ambiente profissional ou social são as causas mais freqüentes do começo do vício e, depois, da persistência de um comportamento prejudicial à saúde.

Deveremos então aceitar o "fato consumado" e respeitar os maus hábitos de vida, em nome do respeito às liberdades individuais?

Será possível então convencer sem forçar e informar sem intenções dogmáticas, quando o problema em causa resulta tão profundamente de escolhas culturais e sociais? Nisso residem toda a dificuldade de uma estratégia nos programas de educação para a saúde e também todo o perigo de uma resposta categórica, simplificadora ou partidária demais.

Dossiers et documents, Le Monde, nº 55, novembro de 1978.

Trabalhos dirigidos

Aplicação nº 4*: O raciocínio

O texto abaixo, bastante técnico, procura penetrar os segredos das relações afetivas entre adultos e constitui um bom resumo das exigências de toda reflexão, argumentativa ou não.

1) Identifique os conectores ou fórmulas (quando houver) que demarcam cada parágrafo; extraia então a sua idéia central, para compreender o plano do texto.

2) Os parágrafos 2 e 3 constituem a apresentação da teoria de um autor, Sternberg. Que diferentes meios foram utilizados para tornar essa apresentação bem clara?

3) Como a primeira parte do texto que apresenta os resultados da pesquisa sobre as relações amorosas é de difícil compreensão, identifique os termos que servem para:

– ordenar claramente as noções umas após as outras;

– indicar o objetivo dos procedimentos para maior clareza;

– apresentar exemplos;

– reformular o pensamento, para torná-lo mais compreensível.

4) Os parágrafos 4 a 8 apresentam modos correntes de raciocínio; identifique:

– conseqüências (mostre que elas possibilitam o desenrolar lógico do pensamento);

– oposições e concessões (elas reforçam a complexidade dos dados do problema);

– causas;

– reformulações (elas esclarecem os conceitos);

– acréscimos (elas ordenam as diferentes observações).

5) Faça o plano preciso da conclusão (parágrafo 10) e analise o nexo lógico que une cada frase à anterior.

SOBRE OS VÍNCULOS AFETIVOS

Desde o fim da década de 80, procura-se saber se os vínculos afetivos do adulto estão ligados à sua maneira de agir numa relação amorosa. Por meio de uma entrevista, para cada indivíduo (estudantes) obtém-se um ciclo afetivo geral. O adulto cujos vínculos afetivos sejam seguros considerará que as afirmações seguintes o descrevem bem: "Não tenho dificuldades para estabelecer relações estreitas com adultos"; "Gosto de depender dos outros e que os outros dependam de mim"; "Não tenho medo de ficar sozinho ou de não ser apreciado pelos outros" etc.

De modo análogo, cada estudante descreve sua maneira de ser numa relação amorosa em curso. O(a) parceiro(a) também é interrogado(a), para ter certeza de que ele(a) vê as coisas do mesmo modo. O autor que serve de referência em psicologia, na questão do amor entre adultos, é Sternberg. Ele distingue nesse amor três dimensões. A "intimidade", principalmente emocional, reporta aos sentimentos que favorecem a abertura para o outro e o calor da relação. Exemplo: "Procuro a confiança de minha companheira (meu companheiro)"; "Gosto de compartilhar meus sentimentos com ela (ele)"; "Gosto de compartilhar meus negócios com ela (ele)"; "Ajo de tal modo que um apóia o outro"; "Faço o máximo para que a gente se entenda bem". A segunda dimensão é a "paixão". Ela remete à idealização e à excitação pulsional, que determina a atração e o desejo de unir-se ao outro. Por exemplo: "Fico muito excitado(a) só de ver minha companheira (meu companheiro)"; "Penso muitas vezes nela (nele) durante o dia".

O "compromisso", terceira dimensão, é sobretudo de ordem cognitiva e visa preservar a relação contra o surgimento de outra relação amorosa. Por exemplo: "Eu me comprometi a manter nossa relação"; "Acho que ela é feita para durar".

Os estudantes cujo tipo de vínculo afetivo é seguro procuram, mais que os outros, "intimidade" na relação amorosa. Além disso, quem tem um tipo de vínculo afetivo ambivalente se "compromete" menos que os outros em sua relação amorosa. Em outras palavras, os vínculos "esquivos" dão ensejo à esquiva da intimidade na relação amorosa, mas não reduzem suas perspectivas de continuidade. Por outro lado, o estilo ambivalente não só reduz a procura de intimidade, mas também põe em risco a continuidade da relação amorosa.

Os vínculos afetivos gerais aqui considerados parecem, pois, intervir em duas das três dimensões de Sternberg, a "intimidade" e o "compromisso", mas não na "paixão". Essa ausência de conexão entre o estilo de vínculo afetivo e a força da paixão não implica que esta escape às características do estilo de vínculo afetivo. Avaliar a intensidade de uma paixão amorosa numa entrevista padronizada não é fácil, a menos que o psicólogo seja seu objeto, o que apresenta outros problemas metodológicos.

Dessas pesquisas, os autores deduzem que os vínculos afetivos elaborados na infância determinam a maneira de ser do adulto em suas relações amoro-

Trabalhos dirigidos

sas. No entanto, os vínculos dos estudantes interrogados não foram avaliados na sua infância, ou o foram indiretamente. De fato, em certas pesquisas, pede-se ao entrevistado que faça a enquete com seus pais, a fim de identificar os indícios desses vínculos passados. Mas esse método retrospectivo, evidentemente, não é confiável, devido ao espaço que deixa para as reconstruções fantasistas.

É verdade que o tipo de vínculo afetivo da criança tende a ser estável: a repetição de observações análogas com as mesmas crianças em diferentes idades mostra isso, no período que vai de 1 a 7 anos. Mas, entre 7 anos e a idade do amor sexualizado, o estilo do vínculo afetivo de uma pessoa pode mudar. Isso, especialmente, decorre da importância do "sistema de vínculos entre indivíduos da mesma idade", ressaltado já nos anos 60 por Harry F. Harlow. Graças a essas relações, jovens símios reduzem o déficit socioadaptativo de que sofrem em conseqüência da carência da afeição materna.

Além disso, essas pesquisas sobre as relações entre vínculos afetivos e amor só examinam um estilo de vínculo geral, que supostamente se apresenta, seja qual for o parceiro. Ora, sabe-se que na adolescência a segurança sentida junto aos pais não está relacionada com a segurança sentida junto a amigos da mesma idade. Do mesmo modo, na criança pequena, o vínculo afetivo com o pai ou a mãe não permite predizer que tipo de vínculo essa mesma criança terá com a pessoa que cuidará dela na creche. Esses fatos, evidentemente, contradizem a idéia de um modelo mental geral caracterizador do estilo de vínculo afetivo, seja qual for o parceiro. Os modelos mentais em jogo são certamente mais complexos. O estilo do vínculo afetivo com um parceiro traduz a história das interações com esse parceiro. Ademais, a despeito da extrema precocidade das habituações na relação com a mãe, o vínculo afetivo não é modelado de uma vez por todas.

Durante o desenvolvimento, a criança aprende a controlar as expressões de seus vínculos, tomando como referência as normas culturais que orientam sua educação. Mas, na adolescência, essa autocensura evidentemente não desaparece; são as normas de referência que mudam. Conforme a esfera da vida afetiva, elas possibilitam que as coisas aprendidas no passado se manifestem em maior ou menor grau. No que se refere à maneira de viver uma relação amorosa, não se sabe, atualmente, qual é o peso do estilo dos vínculos passados. Não se sabe muito mais sobre as outras categorias de relações.

Para entender melhor os nexos entre os vínculos afetivos e o amor explicitamente erotizado do adulto, é necessário acompanhar a evolução dos vínculos da infância até a idade adulta. E quem quiser esclarecer realmente as relações entre vínculos afetivos e amor entre adultos precisará imaginar outras abordagens, além do questionário sobre a "paixão". Realmente, Freud, tratando do conhecimento da sexualidade da criança, nota que "a observação direta tem o inconveniente de prestar-se facilmente a mal-entendidos". Será por isso necessário limitar-se a elaborar teorias que reforcem nossos sistemas de crenças?

Revista *Sciences humaines*, nº 20, agosto-setembro de 1992.

Aplicação nº 5*: A dedução

Restabeleça os elos que faltam em cada um dos silogismos abaixo:

1.a) *Cada vez mais veranistas fogem das zonas turísticas em que há concreto demais;*

b) *Ora,...* c) *Logo,...*

2.a) *?* b) *Ora?*

c) *Logo, o número de candidatos a bombeiro voluntário aumenta nitidamente.*

3.a) *?*

b) *Ora, alguns países da Ásia empregam crianças para realizar tarefas de adultos.* c) *Logo,...*

4.a) *?* b) *Ora?*

c) *Logo, o número de doadores de órgãos diminui na França.*

5.a) *?*

b) *Ora, a estabilidade monetária de um país está ligada ao controle das despesas públicas.* c) *Logo,...*

Aplicação nº 6: O raciocínio

Para cada tema abaixo, expresse em um parágrafo coerente pelo menos um objetivo, uma oposição e uma hipótese:

– *O sucesso da imagem em detrimento da escrita em nossa sociedade.*

– *Imigração: integrar-se ou preservar a própria cultura?*

– *O papel da empresa na formação dos jovens.*

– *Moral: triunfo do individualismo.*

– *Limitação do direito de greve no funcionalismo público.*

Trabalhos dirigidos

Aplicação nº 7*: A gestão dos exemplos

Escrito com muita vivacidade, o artigo abaixo sobre esporte e dinheiro revela várias características do funcionamento do exemplo:

1) Demarcação: ela está presente, mas reduzida ao mínimo; por quê?

2) Indução: a palavra *"logo"*, que encerra cada parágrafo, revela a que ponto alguns exemplos (na verdade, um único para o caso nº 1) bastam para extrair uma conseqüência, portanto para extrair uma noção geral: estará por isso suficientemente justificada ou se estará contando com as referências do leitor para que ele encontre outros exemplos ou aceite com grande facilidade uma noção que já é mais ou menos sua?

3) Por que o exemplo é apresentado antes da idéia, e não depois?

4) A própria narrativa anedótica que compõe cada exemplo é argumentativa, pois procura influenciar o leitor: identifique os detalhes tendenciosos que orientam negativamente esses exemplos.

OURO NOS ESTÁDIOS: REGENERA OU DEGENERA O ESPORTE?

No princípio era *L'Auto*: diário esportivo de antes da guerra, bíblia de um mundo difícil sem tevê... No jornal *L'Auto*, havia dois tipos de esportistas: os profissionais, que ganhavam dinheiro transpirando, e, do outro lado: os "puros". Puros: assim eram batizados os amadores nos anos 30... Todos entendiam. Naquele tempo, era evidente, o "puro" era o verdadeiro esportista sem grana. Em nenhuma atividade, os clichês sobre o poder corruptor do dinheiro tiveram tanto sucesso como no esporte, nem tantas razões aparentes. Tomemos o esporte contemporâneo, esse grande circo pela mídia. Exemplo nº 1: o super-homem mercantilista Serguei Bubka, saltador com vara soviético, vai batendo recordes em doses homeopáticas, uma mixaria de centímetros a cada vez, frustrando o público, que espera um vôo eterno, de que ele é capaz. A cada recorde cai um bônus, e o ucraniano esperto não mata sua galinha dos ovos de ouro. Portanto, a grana mata a garra. Exemplo 2: bolas murchas. O Bordeaux cai para a segunda divisão por falência. Na Argentina e no Brasil, onde o futebol era arte e fonte de vida, as partidas se tornam chochas, os campeonatos cansam. Por quê? Porque, como o dinheiro está na Europa, todo bom jogador latino-americano é surrupiado pelos empresários do Velho Mundo. Brasil acabado, Bordeaux morto, e um time como o Estrela Vermelha de Belgrado sendo saqueado pelo Oeste. Portanto, a grana mata os

A arte de argumentar

mitos. Exemplo 3: o futebol americano passou de dois meios-tempos para quatro quartos de tempo, a fim de abrir espaço para os comerciais. A bola foi rachada, como um hambúrguer. Nosso futebol sofre a mesma ameaça... Inimaginável? Já foi inventada a "morte súbita", para calibrar os encontros. Até a Copa da Europa, instituição que se acreditava intocável, muda de fórmula. Portanto, a grana mata até as regras do jogo.

L'Événement du jeudi, 11 a 17 de julho de 1991.

Aplicação nº 8*: A gestão dos exemplos

Os diferentes modos de funcionamento familiar, estudados no artigo abaixo, são reveladores do papel cientificamente exato que o exemplo pode desempenhar. Já ressaltamos que é tecnicamente impossível justificar por inteiro uma tese a partir de exemplos, simplesmente porque é impossível estabelecer uma lista exaustiva. Donde a utilidade, mas também a fragilidade, da indução, cujo papel é estabelecer uma tese geral a partir de alguns exemplos particulares. Mas esse texto revela perfeitamente a utilidade objetiva do exemplo: não o de justificar, mas o de invalidar uma teoria.

1) Mostre que o papel profundo do exemplo é exatamente o mencionado acima.

2) Identifique as concepções apresentadas como admitidas por todos, mas na realidade errôneas, bem como os conectores e as fórmulas que as introduzem.

3) Indique as expressões destinadas a apresentar os exemplos.

4) Identifique os conectores presentes no quarto e último parágrafo e denomine os tipos de raciocínio que assim se encadeiam.

CASAMENTO: USOS DIFERENTES

A crença popular na universalidade (fundamentada na natureza) da família não concerne a uma entidade abstrata passível de assumir formas variáveis, mas sim, de modo bem preciso, ao modo de organização que nos é familiar, cujas características mais marcantes são a família conjugal, o reconhecimento da prole, a transmissão do sobrenome pelos homens, a monogamia, a residência virilocal ("Deixarás pai e mãe" – diz a Bíblia; "A mulher deve seguir o marido" – diz o código).

Trabalhos dirigidos

Apesar de já sabermos da existência de usos diferentes dos nossos em outros locais, estes são considerados sinais de selvageria, vestígios arcaicos ou, na melhor das hipóteses, aberrações. No entanto, são praticados por milhões de homens e mulheres.

Embora a família, entendida precipuamente como "união mais ou menos durável e socialmente aprovada entre um homem, uma mulher e respectivos filhos" (Lévi-Strauss), pareça ser, de fato, um fenômeno praticamente universal (mas com variantes), existem exemplos de sociedades extremamente elaboradas em que não existem essas associações quase permanentes. É o caso famoso dos niyars, da costa de Malabar (Índia): a vida guerreira dos homens impossibilitava-lhes antigamente constituir família. As mulheres, nominalmente casadas, tomavam os amantes que quisessem; os filhos pertenciam à linhagem materna, enquanto a autoridade e a administração das terras não ficavam nas mãos de um páter-famílias, de um marido, mas dos homens da linhagem, irmãos das mulheres, homens que, por sua vez, eram amantes ocasionais de mulheres de outras linhagens. No entanto, esse tipo de grupamento não conjugal é uma família que chamamos de matricentrada.

Não existindo em todos os lugares, a união conjugal estável não pode ser considerada exigência natural. Mas, a bem da verdade, afora a relação física que une a mãe aos filhos (gestação, parição e amamentação), nada é natural, necessário e biologicamente fundamentado na instituição familiar, quando a observamos de perto. Os próprios laços biológicos mãe-filho não têm a mesma pregnância em todo lugar. Entre os índios brasileiros, o homem pode casar-se com irmãs entre si, ou com uma mulher e as filhas que ela teve de outro homem; os filhos são criados pelo conjunto das esposas, sem que cada uma procure cuidar mais especificamente dos seus; entre os mossis do Alto Volta, em grandes famílias polígamas, depois do desmame é feita uma repartição das crianças entre as diferentes esposas; mesmo as estéreis ou as que perderam filhos têm de criar filhos que não são seus, mas dos quais gostam como se o fossem; estes, chegando à idade adulta, não reconhecem outra mãe além daquela que os criou. A "voz do sangue", nesse caso, não fala tão alto.

Le Monde, 24 de dezembro de 1975.

Aplicação nº 9*: A gestão dos exemplos e a indução

Formule de modo abstrato a(s) idéia(s) detectável(eis) nos exemplos seguintes; trata-se de medidas totalmente concretas, tomadas por associações ou municipalidades com referência aos assuntos indicados:

A arte de argumentar

– Eliminação do lixo (Comuna Les Lilas):

> É na bolsa de pequenos cangurus de cartolina, colocados em escolas e estabelecimentos comerciais (relojoarias, fotógrafos, tabacarias…), que os lilasianos vão depositar suas pilhas usadas. Simultaneamente […], foi lançada a campanha "Pilhas de pilhas" em 1992 entre os alunos de primeiro e segundo ciclo do ensino fundamental. Objetivo da brincadeira: juntar o maior peso em pilhas, havendo no final uma pesagem pública do material recolhido em cada escola. Os resultados são eloqüentes: foram recolhidos mais de 400 quilos de pilhas em dois meses.
>
> Revista *Communes modernes*, setembro de 1994.

– A luta contra a exclusão:

> *La Rue* (O jornal) também é beneficiário do *status* de empresa de inclusão, e seu estatuto prevê que todos os benefícios eventualmente realizados serão reinvestidos em iniciativas de inclusão. Uma dezena de jornalistas constitui a equipe básica de redação. Os vendedores, por sua vez, são recrutados pela rede associativa e, sobretudo, boca a boca. A maioria é de homens com idades que variam de 18 a mais de 60 anos. Todos passam por entrevista com o responsável pela distribuição e são contratados com a promessa de respeitar uma carta de venda: usar distintivo, não bloquear a passagem nem ofender os transeuntes, não fazer vendas em estado de embriaguez ou sob efeito de drogas, devolver troco, respeitar os pontos já ocupados e não subcontratar a venda dos jornais. Além disso, é terminantemente proibida a divulgação dentro das instalações do metrô ou da estrada de ferro. Uma equipe de rua, composta por quatro ex-vendedores, é encarregada de fiscalizar a aplicação dessas disposições *in loco*.
>
> Revista *Actualités sociales hebdomadaires*, nº 1857, de 10 de dezembro de 1993.

– Revitalização de moradias por famílias carentes (Saint-Just-en-Chausée):

> Primeiro tempo: os assistentes sociais da circunscrição indicam os beneficiários do RMI[10] que moram em locais desconfortáveis, sem acabamento ou

---

10 *Revenu minimum d'insertion*, Auxílio pecuniário a famílias carentes. [N. da T.]

Trabalhos dirigidos

insalubres. Se estiverem dispostos a realizar obras em sua habitação, mediante ajuda financeira e material, [...] num segundo momento, são avaliadas as obras possíveis, levando-se em conta os recursos da família, enquanto o assistente social sensibiliza para o projeto. Aí começa o percurso do lutador: montagem da documentação de financiamento, que é complexa, pois os empréstimos e as subvenções [...] freqüentemente são regidos por lógicas contraditórias. Exemplo: para dar início às obras, é preciso contribuir com valores próprios para a compra do material. Graças ao fundo de revitalização [...], esse inconveniente pode ser superado com a realização das obras em pequenas etapas. Na preparação da documentação, é freqüente pôr em ação a alocação-moradia, ou APL, mas a família sempre participa financeiramente, mesmo que com o valor de 100 francos por mês. Se isso não for suficiente, tentar-se-á completar a documentação com a ajuda de associações filantrópicas.

Revista *Actualités sociales hebdomadaires*, nº 1858, de 17 de dezembro de 1993.

– Luta contra a toxicomania (La Roche-sur-Yon):

A campanha exemplar realizada na Vendéia com os farmacêuticos deu certo porque em La Roche-sur-Yon muitos jovens compravam xaropes à base de codeína. Os farmacêuticos alertam o CCPD[11]. Por iniciativa da ordem dos farmacêuticos da Vendéia, é iniciada uma campanha de divulgação por cartazes em lugares públicos e farmácias, para incentivar os fregueses "a não confundir farmácia com ponto de tráfico". Lançada em janeiro de 1990, a campanha, elaborada com uma agência de comunicação, foi custeada pela prefeitura, pelo Estado e pela DIV (Délégation interministérielle à la ville).

Hoje, os farmacêuticos da Vendéia estão satisfeitos: a venda de xaropes com codeína diminuiu sensivelmente.

Guia das políticas locais – DGLDT e DIV 1992.

– Moradia para os mais carentes (Lille)

A cidade de Lille criou, em 1987, a associação Oslo (Organisme social de logement). [...] O método é simples: a pessoa que não pode mais pagar alu-

---

11 *Conseil Communal de Prévention de la Délinquance* (Conselho Comunal de Prevenção à Delinqüência). [N. da T.]

guel pode negociar um plano de revisão. A Oslo fornece-lhe um empréstimo sem juros para cobrir o aluguel em atraso e, sobretudo, propõe um acompanhamento social, para evitar empréstimos a fundo perdido. "Nosso trabalho começa com a explicação à família em dificuldade da melhor maneira de gerir seu orçamento – explica (um) adjunto do prefeito de Lille e presidente da Oslo. É preciso que o proprietário e o locatário cumpram seus compromissos. Em caso de reincidência do locatário, a Oslo pode retirar a subvenção, pois o direito à moradia é acompanhado por um mínimo de deveres." Se a família cumprir as regras estabelecidas, a Oslo recorre ao fundo local de ajuda aos devedores de aluguéis. Cada família envolvida assina um contrato personalizado e individual.

Revista Vie publique, março de 1995.

2. ENUNCIAÇÃO DE UMA TESE

Aplicação nº 1*: Locutor e enunciação

A respeito de cada tema abaixo, expresse duas idéias: a primeira será apresentada como parte integrante de sua tese; a segunda, como tese pertencente a outra pessoa; varie as apresentações:

– *Redução do desemprego.*

– *Solidariedade.*

– *Confiança dos franceses na política.*

– *Privatização do conjunto de atividades.*

– *Regionalismo e movimentos separatistas.*

Aplicação nº 2*: A modalização

A propósito de cada tema abaixo, expresse pelo menos duas idéias diferentes por meio de duas modalidades diferentes:

– *Multiplicação daquilo que se chama de "jornais de rua".*

– *Sucesso crescente dos jogos de azar.*

– *Desigualdade das mulheres na sociedade francesa.*

– *Excesso de consumo de medicamentos na França.*

– *A sociedade francesa perante o islã e o islamismo.*

Trabalhos dirigidos

Aplicação nº 3*: Reformulação

Reformule resumidamente, introduzindo sua frase pessoal com *"em suma"*, cada parágrafo introduzido por um travessão no texto abaixo:

Vários argumentos depõem a favor do controle muito mais severo dos excessos de certas seitas:

– Elas às vezes atentam gravemente contra os direitos individuais fundamentais ou contra a dignidade da pessoa humana, conforme demonstraram certos episódios espetaculares, tal como, na primavera de 1993, a invasão sangrenta do santuário dos davidianos de Wako no Texas, mas também os dramas cotidianos, vividos na França por numerosas famílias;

– Existe uma legislação, mas esta só permite denúncia e processo das seitas responsáveis por tais ações quando elas violam abertamente os direitos humanos e os direitos da criança;

– Essa legislação é dificilmente aplicável e aplicada porque as seitas muitas vezes sabem usar perfeitamente, por meio de manobras dilatórias, o arsenal jurídico que pode ser interposto;

– Não seria conveniente, nessas condições, definir (a exemplo de certos países estrangeiros) um delito de "manipulação" que permitisse estabelecer e processar as manobras que possam privar um indivíduo de sua faculdade de livre exame e livre debate?

Uma medida como essa, porém, choca-se contra várias objeções:

– A própria definição do termo "seita" é muito difícil. Caberá usar esse nome para lançar dúvidas e suspeitas de ignomínia sobre toda uma série de grupos religiosos ou espirituais, apenas com o pretexto de que eles são minoritários? Será possível esquecer que a maioria das "grandes" religiões atuais, afinal, não passa de seitas que deram certo?

– Nenhum dos critérios imagináveis – pequeno número de adeptos, novidade, excentricidade das doutrinas e das práticas... – pode justificar uma discriminação contrária aos princípios de tolerância e de laicidade que são os fundamentos de nosso direito;

– Não será cabível, ao contrário – utilizando, em caso de desvio caracterizado, toda a legislação existente –, procurar acolher e integrar, sem preconceitos, todos esses fenômenos de crença que, afinal, são criadores de sentido social? O debate está aberto, mas, seja qual for a conclusão a que se chegue, é preciso tomar três medidas com urgência:

A arte de argumentar

– Refletir sobre as causas profundas da proliferação das seitas. Estas pretendem responder a duas necessidades prementes hoje em dia, necessidades às quais as instituições e as religiões tradicionais já não respondem ou respondem mal: a necessidade de certeza e absoluto, a busca de "valores", mas também (e talvez mais) a necessidade de solidariedade material e moral.

– Desenvolver a informação sobre a natureza, as justificativas, os métodos e os perigos de certo número de seitas.

– Estudar uma adaptação da legislação sobre a religião. O sistema cesaripapista imaginado na França há noventa anos (lei de 1905) interessou-se essencialmente pelas igrejas históricas, mas dificilmente se aplica às religiões e seitas que surgiram depois. Exemplo extremo: o islamismo não é uma seita, mas houve quem dissesse, com razão, que na França ele não é "legal nem legítimo", uma vez que o Estado é obrigado a imiscuir-se na organização de um culto incapaz de se auto-regular, por falta de uma hierarquia representativa.

Le Monde des Débats, fevereiro de 1993.

Aplicação nº 4*: O implícito

Indique que princípios ou conceitos estão implicitamente contidos nas afirmações abaixo:

– *Motor possante, mas econômico (Publicidade Opel).*

– *Reforçando sua unidade, a família não deve ocupar o lugar do Estado para evitar a exclusão de certas pessoas.*

– *Alguns palestinos extremistas acreditam que Israel não tem fundamentos para ocupar os territórios que atualmente são seus.*

– *Um professor deve ser obedecido pelos alunos.*

– *Depois de assumir o poder, o partido majoritário não é obrigado a pôr em prática o programa que expôs aos eleitores.*

Aplicação nº 5*: Valorização

Em relação a cada problema indicado abaixo, cite três causas, conseqüências ou soluções, valorizando aquela que lhe parecer mais importante:

– *Todo o comércio deveria abrir aos domingos.*

– *O hooliganismo está em pleno desenvolvimento, especialmente no futebol.*

– *Muitos filmes franceses são copiados pelos americanos, que fazem um remake e os exportam para a França, proibindo os originais nos Estados Unidos.*

Trabalhos dirigidos

– *As possibilidades de ascensão de uma classe social para outra parecem estar diminuindo; consideremos a evolução de um indivíduo durante a vida e a dos filhos em relação aos pais.*

– *A curiosidade por coisas do passado (história, objetos, tradições, costumes locais...) está crescendo nitidamente, talvez em detrimento de nosso domínio sobre o futuro.*

3. Refutação de uma tese

Aplicação nº 1*: Refutação

Refute cada tese abaixo, utilizando duas técnicas diferentes: objeção total e concessão:

– *Democratizando-se e vulgarizando-se (publicidade, automóveis, objetos...), a arte perdeu a alma.*

– *Os museus são lugares chatos.*

– *A mudança para o horário de verão perturba o funcionamento de todos os seres e de muitas organizações.*

– *Atravessar o Atlântico sozinho num barco a remo é demonstração de inconsciência.*

– *Quem estudou deve poder ter o benefício de um* status *e de um salário superiores a quem não estudou.*

Aplicação nº 2*: Modular, minimizar

Imagine-se ministro; reformule cada acusação abaixo, que lhe é dirigida, modulando ou minimizando seu alcance:

– *Defesa: o projeto de eliminação do recrutamento militar que favorece o exército profissional é perigoso, pois pode constituir uma porta aberta para a tomada do poder pela força.*

– *Cultura: impor certa porcentagem de canções francesas nas estações de rádio constitui uma censura.*

– *Finanças: aumentar a TVA[12], que incide sobre todos os produtos é injusto, pois tal medida penaliza principalmente os consumidores mais modestos.*

---

12 Taxa de valor agregado. [N. da T.]

A arte de argumentar

– *Esportes: construir um grande estádio de futebol em Paris é, mais uma vez, favorecer a capital em detrimento do restante do território.*

– *Saúde: diminuir o número de leitos hospitalares equivale a diminuir a capacidade de internação, portanto a qualidade do atendimento médico aos franceses.*

Aplicação nº 3*: Revidar um argumento, usar uma pergunta

Imagine-se ministro; replique a cada argumento seguinte, revidando o argumento contra seu autor ou formulando uma pergunta, eventualmente retórica:

– *Cidade: os habitantes não precisam de auxílios diversos e complexos, mas principalmente de empregos!*

– *Agricultura: multiplicar os subsídios, especialmente para os pequenos agricultores, é negar a competitividade e refrear a inventividade.*

– *Assuntos estrangeiros: é moralmente inaceitável manter relações diplomáticas e econômicas com países que não respeitam manifestamente os direitos humanos.*

– *Meio ambiente: cuidar melhor da qualidade do ar nas grandes cidades não é destruir a sua nocividade.*

– *Transportes: o desenvolvimento do transporte rodoviário foi visivelmente privilegiado em relação ao transporte ferroviário.*

Aplicação nº 4*: Síntese

O texto abaixo reúne um conjunto de qualidades e técnicas mencionadas nas páginas acima deste manual; para discerni-las melhor:

1) Divida-o em três grandes partes:
    a) dados (contraditórios) da situação;
    b) expressão do problema preciso das "zonas";
    c) soluções ineficazes/eficazes.

2) Identifique as fórmulas que:
    a) garantem a coerência do plano, ressaltando e apresentando as grandes idéias;
    b) valorizam as idéias importantes;
    c) reformulam os pontos delicados.

Trabalhos dirigidos

3) No movimento: apresentação da tese–refutação, o autor questiona a eficácia de certas medidas; nesse contexto, indique:

a) as idéias que ele expõe para negar qualquer valor a certas soluções;

b) as fórmulas utilizadas para introduzir sua refutação.

"ZONA" OU PROFICIÊNCIA

A questão da educação-formação dos jovens e a dos bairros "problemáticos" são duas questões importantes, aliás dois grandes desafios dos anos 90. O funcionamento e a ação da escola nas zonas urbanas "desfavorecidas" (ou periferia operária) estão na intersecção dessas duas grandes preocupações. No entanto, dez anos depois do lançamento da política das ZEPs (zonas prioritárias de educação) e do DSU (desenvolvimento social urbano), os discursos e os pronunciamentos muitas vezes ainda têm grande dificuldade para articular a renovação da escola com a renovação dos bairros, para pensar a posição da escola nos planos locais de desenvolvimento social.

Para escolher sua estratégia educacional, os agentes das ZEPs estão entre dois fogos.

A mistificação antipedagógica quer levar a crer que basta ao professor saber aquilo que ele tem de transmitir para que suas aulas sejam assimiladas pelos alunos. Rejeitando o princípio elementar: "Para ensinar inglês ao Joãozinho, é preciso conhecer inglês e o Joãozinho", recusando-se a levar em conta as características e as necessidades dos jovens de origem popular, ela chega à conclusão de que é impossível ensinar nas ZEPs, especialmente quando o professor é titular de segundo ou terceiro grau. A mistificação da desescolarização propõe um caminho inverso, mas também perigoso. Preconizando "a escola lugar de vida", propondo atividades socioeducativas amplas, abrindo a escola para o conjunto dos serviços locais (culturais, sociais, esportivos, policiais, sanitários, psicológicos e médicos), ela de fato relega a segundo plano os objetivos cognitivos e os conteúdos escolares, tende a fazer do estabelecimento escolar ZEP um equipamento polivalente do bairro. Nos dois casos, o que está em causa é a própria noção de "ensino do povo", reforçando-se a dualização espacial do sistema escolar: ali, estabelecimentos com desempenho cada vez melhor; aqui, escolas baratas ou ineficientes.

Os agentes das ZEPs também estão entre duas ideologias de exclusão social. Por um lado, deparam com a rejeição e o medo àqueles que vêem em todo agrupamento de casas de baixo custo um "gueto miserável" ou uma "cidade bárbara". Por outro lado, vêem-se diante de atitudes lenientes daqueles que não enxergam (ou não querem enxergar) que o *apartheid* escolar e as "escolas-gueto" já são uma realidade em dezenas e dezenas de bairros. Declarações e circulares ministeriais recentes expressam a dificuldade que os dirigentes políticos e os poderes públicos enfrentam para evitar essas diferentes armadilhas.

A maioria das operações de desenvolvimento social ou de "revitalização" dos setores urbanos frágeis não leva realmente em conta a questão escolar. Certos programas se limitam ao tratamento físico do bairro. Sem dúvida, é indispensável pintar fachadas, consertar elevadores e caixas de correio, cuidar do gramado, melhorar os transportes e as moradias. Mas o essencial está em outro lugar. E não basta oferecer migalhas de animação sociocultural para fazer uma política de desenvolvimento social. Deve-se organizar partidas de futebol, instalar campos de jogos, construir muros de escalada, obter a participação de educadores e policiais..., desde que se saiba que tudo isso se limita à superfície das coisas.

O problema número um dos bairros problemáticos é o do sucesso escolar e do emprego dos jovens. As principais molas do desenvolvimento são o "tutano" e os "recursos humanos". Em outras palavras, não pode haver desenvolvimento de um bairro sem desenvolvimento intelectual e cultural de seus habitantes. Não seria possível "revitalizar" e "requalificar" sem pôr em primeiro plano a revitalização e a qualificação daqueles que nele vivem. Por conseguinte, um sólido dispositivo local de ensino, formação e educação deveria ser uma das peças mestras do projeto de desenvolvimento social de um bairro.

No entanto, o que se faz às vezes é o contrário.

Em determinado lugar, foi restaurado um grande conjunto construído em meados dos anos 60, mas não foram tocadas as escolas que datam da mesma época: assim, deu-se destaque à tristeza e feiúra dos prédios escolares, provocando-se o descontentamento de seus usuários. Em outro lugar, passaram-se dez anos de planos ZEP e DSU e alguns dramas antes de reconstruir o colégio de tipo Pailleron, vetusto e superpovoado. Em outro lugar, cogitou-se mudar o nome do bairro, que tinha conotações negativas, mas deixou-se que o grupo escolar se esvaziasse de sua população branca e se tornasse a "escola dos árabes". Em outro lugar ainda, a municipalidade e a agência da HLM[13] favoreceram a reunião de minorias étnicas e famílias "problemáticas" numa

---

13 HLM = *Habitation à loyer modéré* [moradia de aluguel módico]. [N. da T.]

parte do bairro e em seguida foram tomadas certas medidas – coroadas de êxito – para que ele fosse incluído no programa nacional dos sessenta locais prioritários para a integração.

Nada disso impede, nesses quatro lugares, que haja iniciativas locais interessantes ou inovadoras. Mas o que podem elas significar e produzir em tal contexto? Seriam elas algo mais do que a tentativa de dar um pouco de alma ou um desencargo de consciência por operações fundamentalmente nocivas ou falseadas logo de saída?

Uma outra corrente, ao contrário, tenta organizar a parceria educacional nos bairros ZEP-DSU, em torno do par "inteligência-proficiência". Esforça-se por fazer da escola uma "fábrica de inteligência" e, do bairro, uma "zona de atividades intelectuais". Dá duplo sentido à fórmula (livre e ambígua) "Dar mais a quem tem menos": centrar as ações educativas ao mesmo tempo nos conhecimentos (leitura-escrita, atividades científicas, assistências metodológicas, assistência ao trabalho pessoal, estudos dirigidos...) e nos lugares onde se pode obter proficiência (salas de informática, bibliotecas-centros de documentação "de qualidade", centros de recursos intelectuais ou pedagógicos, laboratórios de línguas, disciplinas facultativas ou "nobres", escolas de aplicação...).

A idéia básica é injetar inteligência e proficiência na escola e fora dela: conveniar estabelecimentos escolares com museus, universidades, grandes empresas; organizar encontros com artistas, escritores, cientistas; criar oficinas de leitura ou escrita, clubes de astronomia, centros de assistência escolar, mediatecas... Em suma, trata-se de propor "o que se faz de melhor" no ensino e na ação cultural, de aplicar ao campo escolar "o elitismo para todos", do qual falava Antoine Vitez em relação ao teatro.

Por que essas ZEPs de proficiência são ainda tão raras em 1992? Porque custam muito caro? Não necessariamente: uma classe transplantada de biologia ou história, um PAE (projeto de ação educativa) científico, um estudo dirigido, a iniciação ao inglês ou ao alemão não demandam mais meios do que o ativismo ocupacional que às vezes ocupa o lugar da política educacional nos bairros ZEP-DSU. Quanto às seções valorizadas de ensino (classes bilíngües, estudos esportivos, cursos técnicos superiores, "cursinhos" para grandes escolas superiores...) e às estruturas culturais intelectuais de qualidade, basta às vezes transferir para os subúrbios populares algumas dessas seções existentes nos bairros residenciais e nos centros urbanos, onde estão concentradas.

A escola e a cidade estão sendo invadidas por vagas sísmicas: a revolução da inteligência e o crescimento das exclusões. As novas políticas – sobretudo as

A arte de argumentar

das ZEPs e do DSU – correm o risco de não passarem, de fato, de acompanhamento social do subdesenvolvimento dos bairros de exclusão, gestão adoçada da sociedade de segregação ou mesmo simples técnicas de manutenção da ordem. É urgente que a idéia de inovação-proficiência nos bairros populares seja compartilhada pelo conjunto das forças locais, que seja posta no centro de uma política educacional local. Mas isso supõe que ela também seja idéia fundamental de uma política nacional das ZEPs. Nos bairros desfavorecidos, a alternativa é simples: ou a proficiência pedagógica, seja a "zona" e o *apartheid*.

Le Monde, 17 de dezembro de 1992.

5. COMO SER CONVINCENTE

Encontrados e classificados os argumentos, a fase de escrita geralmente é deixada por conta do locutor, como se a verbalização não devesse constituir problema importante, como se a inspiração, tal e qual um sopro divino, devesse resolver tudo. Sabemos muito bem que, por trás dessa atitude, há duas noções implícitas:

- a do dom inato e intangível, que divide a humanidade em duas categorias: os que sabem escrever com facilidade e correção e... os outros;
- a idéia de que, no colegial, é tarde para resolver problemas que muitas vezes datam da escola primária.

Sem descartar com desprezo essas concepções, portanto sem as rejeitar integralmente, observaremos que é possível, por um lado, dar conselhos técnicos precisos para corrigir o modo de expressar-se e, por outro, melhorar o estilo em qualquer idade. No entanto, certos conselhos dados abaixo são pouco ou nada abordados no ensino secundário. Os conectores, por exemplo (ver nosso capítulo "Integração da idéia na frase"), são estudados no fim do segundo ciclo do ensino fundamental, nas aulas de gramática, o que é lógico, em vista dos currículos, mas isso apresenta vários inconvenientes: o aluno não só se esquece de aprofundar o seu emprego, quando eles não são revistos no colegial, como também não estabelece, obrigatoriamente, um nexo entre uma matéria sentida como desagradável e a necessária clareza do raciocínio. Exprimir-se melhor para refletir melhor e, sobretudo, fazer que os outros entendam melhor nossa própria reflexão representa, em contrapartida, um objetivo perceptível pelo estudante mais adiantado. Atingir esse objetivo passará por uma reflexão sobre as estruturas das frases, sobre seu encadeamento, seus nexos lógicos que precisam ser dominados e, finalmente, sobre as técnicas estilísticas destinadas a convencer.

1. INTEGRAÇÃO DA IDÉIA NA FRASE

O uso correto das palavras de ligação – ou conectores – é indispensável para garantir coerência ao raciocínio do locutor e "legibilidade" clara de suas intenções por parte daquele que lê ou ouve. De fato, a construção de todo raciocínio passará pela criação de elos entre as idéias, tais como de adição, causa, conseqüência, finalidade, oposição, concessão, condição, para só citar os mais comuns, nos quais nos deteremos. No entanto, é essencial lembrar não só a existência deles, mas sobretudo ressaltar, nestas alturas, que conectores diferentes vão integrar-se em estruturas de frases diferentes. A escolha deles não é, de modo nenhum, anódina, pois é possível obter um estilo mais pesado ou mais denso, mais claro ou mais intelectual. Sem rememorar conhecimentos de gramática às vezes esquecidos, freqüentemente penosos, é indispensável lembrar os principais tipos de estruturas existentes.

1.1. A FRASE: QUATRO ESTRUTURAS FUNDAMENTAIS E SEUS CONECTORES

Para resumirmos e tornarmos útil a todos um sistema muito complexo, tentemos entender, a partir de um exemplo, como unir duas idéias:

O jogador está cansado / ele participa do jogo.

Cabe observar que a noção de oposição-concessão presente entre as duas idéias pode ser expressa por meio de quatro construções diferentes:

O jogador está cansado, porém participa do jogo. (1)
Embora cansado, o jogador participa do jogo. (2)
Apesar do cansaço, o jogador participa do jogo. (3)
O cansaço do jogador não o impede de participar do jogo. (4)

Cada um desses exemplos corresponde de fato a estruturas diferentes, cada uma com características distintas. Apresentaremos com o máximo de simplicidade os resultados da análise de cada frase, fazendo algumas observações simples, mas essenciais.

Estrutura coordenada (estrutura nº 1)

O jogador está cansado, porém participa do jogo.

- a oposição é marcada por *"porém"*; também poderia ser por *mas*, *no entanto, entretanto*..., que são conjunções coordenativas;
- deve-se notar que a posição de algumas dessas conjunções é relativamente móvel; elas podem ser deslocadas:

O jogador está cansado; participa do jogo, porém.

ou

O jogador está cansado; participa, porém, do jogo.

- a conjunção, nestes dois exemplos, é valorizada por estar entre vírgulas;
- o ritmo freqüentemente se torna ternário:
  idéia nº 1 (*cansaço*), conector (*porém*), idéia nº 2 (*participação*);
- conclusão: essa estrutura é muito clara, pois valoriza enormemente o conector, mas é relativamente pesada, em razão mesmo dessa valorização; por outro lado, ela é freqüentemente usada nas comunicações orais por ser de construção simples.

Estrutura subordinada (estrutura nº 2)

Embora se sinta cansado, o jogador participa do jogo. (A)

- a oposição é marcada por *"embora"*, que é uma conjunção subordinativa;

A arte de argumentar

- a conjunção (aqui de concessão) é reconhecida pela sua união a um verbo conjugado ou a um adjetivo/particípio (freqüentemente, com o verbo flexionado subentendido). A estrutura então pode ter várias construções:

> Embora (esteja) cansado, o jogador participa do jogo. (B)
> O jogador participa do jogo, embora (esteja) cansado. (C)
> O jogador, embora (esteja) cansado, participa do jogo. (D)

- o ritmo obtido freqüentemente é binário:
  conector (*embora*) + idéia nº 1 (*cansaço*), idéia nº 2 (*participação*) (A) e (B)
  ou
  idéia nº 1 (*participação*), conector (*embora*) + idéia nº 2 (*cansaço*) (C)
  ou (binário interrompido)
  idéia nº 1 (*participação*) – interrompida por conector (*embora*) + idéia nº 2 (*cansaço*) – continuação da idéia nº 1.
- observar as mudanças de pontuação;
- conclusão: essa estrutura é das mais correntes em textos escritos, por ser ao mesmo tempo clara e equilibrada.

Estrutura com locução prepositiva/conjuntiva ou advérbio (estrutura nº 3)

> Apesar do cansaço, o jogador participa do jogo. (A)
> Apesar de (estar) cansado, o jogador participa do jogo. (B)
> Mesmo cansado, o jogador participa do jogo. (C)

- a oposição-concessão aí é marcada por *"apesar de"* (locução prepositiva [A], locução conjuntiva [B]) e *"mesmo"* (advérbio [C]);
- deve-se observar que essa estrutura é móvel, podendo ser modificada para:

> O jogador participa do jogo, apesar do cansaço. (A)

O jogador participa do jogo, apesar de (estar) cansado. (B)
O jogador participa do jogo, mesmo cansado. (C)

Ou para:

O jogador, apesar do cansaço, participa do jogo. (A)
O jogador, apesar de (estar) cansado, participa do jogo. (B)
O jogador, mesmo cansado, participa do jogo. (C)

- o ritmo obtido, como no caso anterior, é freqüentemente binário: conector (*apesar de/mesmo*) + idéia nº 1 (*cansaço*), idéia nº 2 (*participação*) (A)
  ou
  idéia nº 1 (*participação*), conector (*apesar de/mesmo*) + idéia nº 2 (*cansaço*) (B)
  ou binário interrompido:
  idéia nº 1 (*participação*) – interrompida por conector (*apesar de/mesmo*) + idéia nº 2 (*cansaço*) – continuação da idéia nº 1 (B)
- observem-se as mudanças de pontuação;
- conclusão: apesar de parecida com a anterior, essa estrutura tem uma conotação mais elaborada, pois é composta de um grupo não verbal, porém nominal.

A conexão é feita por um verbo (estrutura nº 4)

O cansaço do jogador não o impede de participar do jogo.

ou

O cansaço do jogador não impede que ele participe do jogo.

- a oposição-concessão é aqui marcada unicamente por um verbo (*impede*);
- em relação às duas primeiras estruturas, essa fórmula supõe a nominalização da idéia nº 1, para que ela possa ser usada como sujeito do verbo (ver os capítulos "Nominalização" e "Encadeamento das frases");

- o ritmo obtido é unitário:

    idéia nº 1 (*cansaço*) verbo (*impede*) idéia nº 2 (*participação*)
- conclusão: essa frase, nas duas versões, é densa e intelectual, pois se vale de um substantivo abstrato como sujeito para impor o conhecimento compartilhado. É a mais sintética e elegante de todas, a não ser que sua densidade excessiva dificulte a sua decodificação.

Portanto, tudo opõe a primeira e a última estrutura, só para citar dois extremos, e a escolha do locutor será ditada pelas circunstâncias e pelo público: a primeira será mais conveniente nas comunicações orais, perante um público pouco atento e de cultura mediana; a última será mais adequada às comunicações escritas, para leitores intelectualizados. Mas essa oposição não significa, obviamente, que a primeira deva ser reservada para o oral, e a quarta, para o escrito: o simples bom senso e a elegância ensejarão a variação das fórmulas. Por isso, é tudo uma questão de dosagem e adaptação às circunstâncias.

O "conector" é um substantivo

Essa técnica geralmente possibilitará a construção de outra frase depois que uma idéia tenha sido desenvolvida; por isso, estudaremos seu funcionamento no capítulo "Integração da frase no texto". Contudo, por razões de comodidade de apresentação, daremos na exposição seguinte os substantivos e os sinônimos aproximados das diferentes noções.

Devemos, porém, aplicar essas estruturas básicas à criação de nexos entre as idéias.

1.2. Nexos entre as idéias: explicitação
da estrutura do raciocínio

Os nexos possíveis entre as idéias são apresentados abaixo fazendo-se referência às estruturas enunciadas acima e respeitando uma lógica que vai do mais elementar e corrente ao mais complexo do ponto de vista da construção.

Como ser convincente

Por outro lado, é de notar que, com exceção da justaposição, esses nexos têm relação mais ou menos estreita com a noção de causa: a conseqüência, evidentemente, é resultado de uma causa; a finalidade é uma conseqüência em vista; a concessão é uma causa que não impede a realização de uma conseqüência ilógica; e a hipótese é uma causa suposta.

Expressão da adição / justaposição

Adicionar noções, ou seja, colocá-las umas após outras, não representa um nexo muito forte; no entanto, é um procedimento muito comum ou, em todo caso, o primeiro que deve ser dominado para se conseguir organizar claramente as idéias, o que supõe algumas elaborações técnicas.

Do ponto de vista lógico, deve-se ter certeza de que não há incompatibilidade nem absurdo na aproximação entre os conceitos. No que se refere à elegância, chamaremos a atenção para a variedade desejável do lugar ocupado pelo advérbio. Em início de frase, isolado da seqüência por um sinal de pontuação, tem a vantagem da visibilidade e da valorização. Mas a repetição desse procedimento em várias frases ou vários parágrafos sucessivos logo daria a impressão de monotonia. Devemos observar, portanto, que se pode colocar um advérbio de modo discreto, dentro da frase, freqüentemente depois do verbo principal[14]. Comparemos:

Além disso, o treinador do clube previu um adicional de assiduidade para seus jogadores.

O treinador do clube, **além disso**, previu um adicional de assiduidade para seus jogadores.

O treinador do clube previu, **além disso**, um adicional de assiduidade para seus jogadores.

---

14 O uso do advérbio logo após o verbo, separando-o de seu eventual objeto, é prática mais comum em francês do que em português; para nós, a intercalação do advérbio entre verbo e objeto em alguns casos torna a frase muito pesada. [N. da T.]

Segundo a estrutura desejada, é possível utilizar as seguintes fórmulas:

Estrutura nº 1 (advérbios e locuções adverbiais): *antes de tudo, acima de tudo, primeiramente, em primeiro lugar, do mesmo modo, ademais, além disso, além do mais, aliás, também, em segundo lugar, em terceiro lugar, por um lado... por outro lado, não só... mas também, quanto a, no que se refere a, finalmente*;

Estrutura nº 2 (conjunções): *assim como, e, sem contar que, nem*;

Estrutura nº 3 (preposições): *além de, ademais de*;

Estrutura nº 4 (verbos): *acresce que*.

Expressão de causa-explicação

Compreender uma noção, um fenômeno, é compreender, acima de tudo, as razões de sua existência, sejam elas remotas ou recentes, externas ou internas, conhecidas ou mais originais. Nesse caso, usam-se os seguintes termos:

Estrutura nº 1 (advérbio): *de fato, com efeito, realmente*;

Estrutura nº 2 (conjunções): *porque, uma vez que, pois, visto que, porquanto, por isso, como, mesmo porque*;

Estrutura nº 3 (preposições, locuções prepositivas): *por causa de, em razão de, devido a, em virtude de, em conseqüência de, sob o efeito de, por força de, graças a, por falta de*;

Estrutura nº 4 (verbos): *resultar de, ser devido a, depender de, decorrer de, provir de, proceder de, redundar em*.

Sinônimos aproximados de causa: *explicação, motivo, razão, fonte, origem*.

Devemos chamar a atenção para a fórmula *por conta de*, que é melhor evitar com o sentido de *por causa de*.

Por outro lado, em certos desenvolvimentos argumentativos, não é inútil saber rejeitar uma primeira causa (apesar de habitualmente reconhecida como verdadeira) para valorizar melhor uma segunda causa (apresentada como a única justa). Obtém-se então um realce por contraste, graças às fórmulas:

não é porque + indicativo + causa nº 1, *mas (sim)* (*porque/por*) + causa nº 2,

ou:

não é por + infinitivo + causa nº 1, *mas (sim)* (*porque/por*) + causa nº 2.

O uso desse procedimento supõe primeiramente a expressão do fato que se queira analisar, de acordo com o modelo:

O jogador não participará do jogo,	**não por** *estar cansado,*	**mas (sim)** *por estar preso*
(fato)	(causa nº 1, rejeitada)	(causa nº 2, única efetiva)

Além dessas fórmulas clássicas, deve-se notar que a expressão *"principalmente porque"* ajuda a valorizar a importância positiva ou negativa da causa que induz uma conseqüência:

O jogador está **cansado**, principalmente porque o treino foi muito puxado.

Expressão de conseqüência-conclusão

Raciocinar consiste muitas vezes em deduzir, ou seja, em extrair conseqüências de fatos ou idéias. Trata-se de mais um nexo que se deve aprender a dominar, usando-se as fórmulas seguintes:

Estrutura nº 1 (advérbios e locuções adverbiais): *por conseguinte, conseqüentemente, por isso, assim*;

Estrutura nº 2 (conjunções): *de (tal) modo que, de (tal) maneira que, de sorte que, a ponto de, tão... que, tanto... que, suficiente... para que, demais... para que..., por isso, portanto, por conseguinte, assim*;

Estrutura nº 3 (locução prepositiva): *a ponto de*;

Estrutura nº 4 (verbos): *implicar, ensejar, provocar, carrear, causar, produzir, suscitar, redundar, incitar a, levar a.*

A arte de argumentar

Sinônimos aproximados de conseqüência: *efeito, impacto, incidência, repercussão, resultado, seqüelas.*

Expressão de finalidade

Muitas vezes é necessário explicitar uma finalidade para levar alguém a tomar consciência dos objetivos de um raciocínio, o que possibilita torná-lo mais fidedigno, justificá-lo. A língua propõe as seguintes estruturas:

Estrutura nº 1 (conjunções): *para (que), a fim de (que)*;

Estrutura nº 2 (locuções prepositivas): *em vista de, no intuito de, com a intenção de*;

Estrutura nº 3 (verbos): *visar a, tender a, objetivar a.*

Sinônimos aproximados de finalidade: *fim, intenção, intuito, objetivo, projeto, desígnio.*

Expressão de oposição-concessão

Muitas vezes confundidas, essas noções na verdade são diferentes em suas modalidades de sentido. A oposição, contradição entre dois termos, é reversível: se a ≠ b, então b # a, o que não ocorre com a concessão, que é mais a expressão de uma causa ineficaz ou, em outros termos, de uma conseqüência esperada. Comparemos:

• oposição: *O jogador participa do jogo, **não obstante** cansado.*

• concessão: ***Embora** cansado, o jogador participa do jogo.*

As fórmulas que expressam essas noções são numerosas, o que é útil, se admitirmos que a análise de uma situação não deixa de incluir a menção de problemas, portanto de oposições e ilogismos, mesmo que aparentes, e que os resultados logicamente esperados nem sempre se apresentam. Vejamos as principais:

Estrutura nº 1 (conjunções adversativas): *mas, porém, todavia, contudo, entretanto, no entanto, não obstante*;

Estrutura nº 2 (conjunções subordinativas): *embora, ainda que, se bem que, mesmo que, a menos que*;

Estrutura nº 3 (advérbios/locuções adverbiais): *em compensação, em contrapartida, inversamente, ao contrário*;

Como ser convincente

Estrutura n? 4 (locuções prepositivas): *apesar de, a despeito de, em vez de, ao invés de*;

Estrutura n? 5 (verbos): *não impedir que, opor-se a, contradizer.*

Sinônimos aproximados de oposição: *antagonismo, antinomia, conflito, contradição, contraste, desacordo, diferença, discordância, incompatibilidade.*

Deve-se chamar a atenção para o uso de *"apesar que"*, muito corrente, mas incorreto.

Existem outras fórmulas concessivas de domínio mais difícil, devido à complexidade de sua estrutura ou por poderem ser confundidas com outros nexos; vejamos:

- *"Seja(m) qual(is) for(em)"*, *"Qualquer(quaisquer) que seja(m)"* concordam com o substantivo ou pronome que venha depois, ou seja, o sujeito aparece depois do verbo:

  Sejam quais forem suas dificuldades, o jogador participará do jogo.

- *"Por mais... que"*, *"Por mais que"* são fórmulas destinadas a valorizar o termo seguinte. *"Por mais"* é expressão empregada antes de adjetivos (que concordará com o substantivo que aparecerá depois) ou de substantivos; *"Por mais que"* é usado antes de verbos:

  Por mais **cansados** que estejam, os jogadores participarão da partida.
  Por mais **problemas** que tenham, os jogadores participarão da partida.
  Por mais que **se sintam cansados**, os jogadores participarão da partida.

Expressão da hipótese-condição

A hipótese, evidentemente, é muito útil na argumentação, por permitir situar o raciocínio por um momento no plano da virtualidade (por exemplo, para considerar as possíveis conseqüências de uma idéia):

Estrutura n? 1 (advérbios/locuções adverbiais): *acaso, por acaso, porventura*;

Estrutura n? 2 (conjunções e verbos): *se* (seguido de indicativo ou subjuntivo), *caso, desde que, contanto que, supondo-se que, admitindo-se que* (seguidos de subjuntivo);

A arte de argumentar

Estrutura nº 3 (preposições, locuções prepositivas): *em caso de, com a condição de, sem.*

Entre os diversos valores conjuntivos de "se", a expressão de condição é a mais conhecida; mas não se deve esquecer uma acepção de concessão-oposição, caso em que é usado com indicativo. Do ponto de vista lógico, não se deverá confundir:

• hipótese: *Se o jogador estiver cansado, não participará do jogo.*
• oposição: *Se aquele jogador está cansado, estes outros (em compensação) estão em plena forma*[15].

2. INTEGRAÇÃO DA FRASE NO TEXTO

2.1. ESTRUTURA BÁSICA DE TODA FRASE

Vários estudos, entre os quais se destacam os de B. Combettes (ver nossa bibliografia), demonstram que toda frase, para ser entendida e possibilitar que a reflexão progrida, comporta dois elementos diferentes. O primeiro anuncia uma idéia ou várias já conhecidas pelo leitor ou ouvinte e possibilita a compreensão da frase: é o tema.

O segundo apresenta uma idéia nova ou várias; constitui o cerne da mensagem desejada pelo locutor, pois veicula o elemento importante, essencial, porque novo, do conteúdo, possibilitando que a reflexão avance: é o rema ou comentário. Embora essa equação não seja absoluta nem obrigatória, deve-se notar que, muitas vezes, o tema é constituído pelo sujeito do verbo principal. A simples frase seguinte ilustra esse esquema:

O respeito ao tratado de Maastricht	*impõe uma redução dos déficits orçamentários*
(tema)	(rema ou comentário)

....

15 Essa nota é bastante pertinente em francês, que utiliza com enorme freqüência o *si* com valor concessivo, conforme apontado neste parágrafo. Seu uso é menos freqüente em português. [N. da T.]

Como ser convincente

Uma análise rápida desse exemplo mostra que a idéia nova que o locutor quer apresentar é a *"redução dos déficits orçamentários"*. Mas, mesmo avançando com uma noção nova, seu raciocínio deve continuar compreensível, o que significa que seu tema deve ser conhecido pelo leitor ou ouvinte: é o princípio do **conhecimento compartilhado**.

O fato de que todo tema, para ser compreendido, deve pertencer às referências dos interlocutores tem duas conseqüências importantes para a redação: quanto mais rico e denso for um tema, mais provável será que a frase contenha uma informação nova, pois se respaldará em um tema muito cerrado; além disso, maior será a suposição de que o leitor possui amplos conhecimentos, por ser capaz de reconhecer um tema complexo.

Ora, a argumentação é diretamente afetada por esse desenvolvimento, pois consiste, precisamente, em fazer que outra pessoa compartilhe o ponto de vista do locutor. Assim, quanto mais numerosas forem as noções comuns, mais estreitos serão os elos seguintes, que unirão emissor e receptor, o que tornará mais fluido e compreensível pelo destinatário o desenvolvimento da cadeia argumentativa. Um bom exemplo da aplicação do "conhecimento compartilhado" para fins argumentativos é representado pela primeira frase do editorial de Claude Imbert na revista *Le Point* de 11 de maio de 1996:

> Essa **aceleração** prodigiosa da circulação de coisas, pessoas e informações, essa **interdependência** acentuada dos povos num mundo encolhido pela densidade dos intercâmbios, pela contração das distâncias e do tempo, essa **"globalização"** do mundo passa a ser a grande questão deste fim de milênio.

Essa frase, a primeira do artigo, não pode ser entendida de saída se o receptor não tiver já assimilado as noções destacadas em negrito; isso é confirmado, aliás, pela utilização do demonstrativo *"essa"*. É assim postulado, reforçado ou criado um vínculo estreito entre autor e leitor.

Neste ponto da reflexão, o problema poderia ser assim enunciado: como criar um tema denso, rico e cheio de sentido (de um sentido conhecido pelo locutor)? A resposta está no uso mais freqüente possível de substantivos abstratos para essa função. Isso porque os substantivos concretos induzem frases breves, que seremos obrigados a interromper se quisermos prosseguir o raciocínio, que ocorrerá então numa frase ulterior.

Assim, na frase: *Os países do Sudeste asiático estão passando por grande desenvolvimento*, o tema concreto *"países do Sudeste asiático"* só conduziu ao rema *"desenvolvimento"*.

Qualquer prosseguimento do raciocínio suporia um novo ponto de partida, logo um novo tema, como, por exemplo: *Esse crescimento está criando sérios problemas de concorrência para a Europa*.

Em contrapartida, se decidirmos começar a mesma frase com um tema abstrato que represente um conhecimento compartilhado mais rico, chegaremos logo à nossa conclusão, com base no modelo: *O desenvolvimento dos países do Sudeste asiático está criando sérios problemas de concorrência para a Europa*.

Observando bem, percebemos que esse tema rico possibilita o uso de um verbo principal carreador de um sentido importante: esse verbo, assim, desempenha plenamente seu papel normal de eixo da frase.

Finalmente, esse tipo de frase apresenta várias vantagens:

- é densa e sintética,
- muito mais que as anteriores, recorre aos conhecimentos compartilhados do leitor ou ouvinte,
- exige atenção constante do interlocutor, portanto participação ativa,
- presta-se bem ao encadeamento do raciocínio, pois manipula conceitos abstratos,
- é muito freqüente em revistas, artigos e livros de alto nível, pois tem inegável conotação intelectual,
- dirige-se, pois, a um leitor bem informado.

2.2. Nominalização:
Função importante

Em vista da importância de saber utilizar um substantivo abstrato como tema, é preciso tomar consciência da importância do procedimento chamado "nominalização". A criança pequena aprende a lidar com o verbo antes do substantivo, que é mais abstrato e assume, assim, um *status* de palavra mais refinada, o que se observa, aliás, na língua corrente: todos nós aprendemos a dizer *"comer"* e *"mandar"* antes de *"alimentação"* e *"remessa"*. Toda pessoa que precise redigir um texto argumentativo deve tomar consciência das funções importantes que o substantivo pode desempenhar e saber nominalizar, ou seja, transformar um verbo ou um adjetivo em substantivo pertencente, ou não, à mesma família, como, por exemplo, quando se passa de *"fracassar"* a *"malogro"*, de *"ganhar"* a *"vitória"*, ou de *"incapaz"* a *"incapacidade"* ou *"inépcia"*.

Esse domínio do substantivo, além de possibilitar construir frases com tema rico, conforme mencionamos acima, permite valorizar quatro funções importantes desempenhadas pelo substantivo.

O substantivo resume

Observamos acima que a palavra "crescimento" podia resumir a frase *"os países do Sudeste asiático apresentam grande desenvolvimento"*. Esse fenômeno, justamente chamado de retomada, permite compreender bem que um substantivo pode "resumir" uma frase, um parágrafo e até um texto completo: não será esse, aliás, o papel do título? (Ver o capítulo "Concepção dos títulos".) Por isso, o conhecimento e o domínio de substantivos são muito úteis à argumentação: por um lado, porque possibilitam sintetizar, reunir num único vocábulo uma frase, um exemplo, uma noção ou toda uma série de conceitos; por outro lado, porque favorecem o início de uma nova frase, portanto de uma nova fase do raciocínio. (Ver abaixo o capítulo "Encadeamento das frases".)

O substantivo generaliza

Quanto mais abstrato o substantivo, maior será sua força resumidora. Um substantivo, portanto, poderá dar nome (é sua função) a um conceito e a uma noção que estavam implícitos ou dispersos por diversos termos concretos ou descritivos em algum trecho. Sua função indiscutivelmente generalizadora, que aparece muito bem no bom redator de resumos, sempre procurará sintetizar ao máximo o pensamento do autor. Esse papel é valioso em argumentação, pois permite que o pensamento ganhe altura, que não se restrinja a fatos ou argumentos concretos, mas manipule idéias, princípios. Assim, se eu escrever que *"O Estado permanece neutro em relação às convicções religiosas, não favorece um culto em detrimento de outro e respeita a livre escolha de cada indivíduo"*, crio uma frase clara, mas longa, analítica e descritiva. Posso então expressar a idéia com maior brevidade e abstração, usando o termo "laicidade". Treinar a reunião de noções em um único termo generalizador e o uso dos substantivos mais abstratos possíveis significará, portanto, aumentar a precisão, a perícia, enfim as qualidades intelectuais de toda argumentação.

O substantivo orienta

Por outro lado, o substantivo pode ser objetivo ou não, pode conter conotação positiva, negativa, irônica etc. Nisso, é capaz de demonstrar o partido tomado na argumentação, às vezes de modo sub-reptício, pois o locutor impõe assim um comentário sem o justificar necessariamente; ele então orienta seu ponto de vista, portanto o seu esquema argumentativo. Comparemos algumas escolhas diferentes de substantivos que servem para a retomada na frase seguinte:

O time da França mais uma vez empata com a Itália.

"Esse resultado" (= retomada objetiva), *"Essa falta de gols"* (= conotação negativa), *"Esse costume"* (= retomada irônica) + comentário na seqüência da frase.

Como ser convincente

O substantivo interliga

Vimos que o número de possíveis ligações entre as idéias é limitado, se ficarmos no âmbito da frase. Um dos meios mais claros de obter esse nexo consiste em criar uma nova frase e exprimi-la com um substantivo, que será escolhido entre os sinônimos aproximados de cada uma das noções, sinônimos indicados no capítulo "Nexos entre as idéias". Assim, será possível começar uma frase expressando:

- causa, com: *"A razão, o motivo (etc.) é constituído por..."*
- conseqüência, com: *"O resultado, as repercussões (etc.) é /são..."*
- finalidade, com: *"O objetivo, a finalidade (etc.) é..."*
- oposição, com: *"A contradição, a antinomia (etc.) entre... e... é..."*
- condição/hipótese, com: *"A condição de... é que..."*

2.3. ENCADEAMENTO DAS FRASES

Com a nominalização, nestas últimas páginas, passamos da frase ao texto, da unidade básica à sucessão dessas unidades. Quem nunca teve dúvidas sobre o modo de começar uma frase, depois de pôr um ponto final na anterior? A resposta a esse problema pode ser facilitada se, de acordo com a orientação de Combettes, tentarmos entender melhor como se encadeiam as diferentes frases sucessivas. Para maior clareza, exemplificaremos com uma frase, cujos temas e remas (ou comentários) indicaremos:

Depois de muitos problemas, o piloto chegou em primeiro lugar.

Tema: *o piloto*;

Rema n.º 1: *chegou*; rema n.º 2: *problemas*; rema n.º 3: *em primeiro lugar*.

São teoricamente possíveis quatro seqüências usuais, como veremos nos itens abaixo em referência ao tema.

O tema da frase seguinte retoma
o tema da frase inicial

É a estrutura mais elementar, pois foi a que todos nós dominamos primeiro, cronologicamente falando, devido à sua simplicidade. A única dificuldade real que seu usuário deve superar é evitar repetições, empregando aquilo que se chama de substitutos, o que poderia dar, em nosso exemplo:

> Esse astro / campeão / realizou uma grande proeza.

Essa estrutura possibilita enriquecer com novos detalhes um tema já tratado, mas tem a desvantagem de logo se tornar monótona; por isso, é difícil utilizá-la em mais de três ou quatro frases seguidas.

O tema da frase seguinte retoma
um subtema da frase inicial

É fácil imaginar que certos temas podem ser divididos em subconjuntos cuja unidade é justamente constituída pelo tema básico. Assim, nossa frase poderia prolongar-se com as possíveis seqüências abaixo, que dividiriam a palavra *"piloto"* em várias partes: *"roupa/moral/fisionomia"*.

> Estava com a roupa em péssimo estado,
> Agüentou até o fim com moral elevado,
> A fisionomia era de cansaço.

Esse procedimento possibilita pormenorizar um ponto geral, aprofundando seus diferentes aspectos; permite que seu usuário entenda um dos sentidos da apreciação costumeira dos professores: *"desenvolva mais as suas idéias"*. Desenvolver não é diluir, ir somando texto, mas sim aprofundar a análise aumentando as abordagens, coisa que esse procedimento permite.

Como ser convincente

O tema da frase seguinte retoma um dos temas (comentários) da frase inicial

Essa técnica é muito rentável na argumentação porque se trata de um encadeamento, no sentido etimológico do termo: o elemento novo da primeira frase, agora conhecimento compartilhado, torna-se ponto de partida da frase seguinte. As duas frases ficam unidas como dois elos de uma cadeia por um ponto comum. Do ponto de vista prático, esse é um procedimento que exige bom domínio da nominalização, pois é preciso encontrar um termo que, sem criar repetições, resuma uma das noções mencionadas antes (ver o capítulo "Nominalização"). A qualidade consistente em começar a frase com um termo sintético e muitas vezes abstrato ganha outra vantagem: essa técnica propicia fazer uma escolha entre vários remas eventuais.

Por isso, ela é rentável tanto no plano intelectual – pois abre diferentes pistas possíveis, o que libera o pensamento em direções variadas – quanto no plano prático, uma vez que representa uma boa solução "antipane". De fato, se já não sei o que escrever, releio a frase anterior, nominalizo um dos remas e disponho assim de um novo ponto de partida. Essa atitude, na realidade, não será espontânea em todos os que escrevem, mesmo nos menos cultos?

Os diferentes remas de nossa frase poderiam, por exemplo, dar origem às estruturas seguintes:
- (*"chegou"*) *Essa **chegada** causou grande entusiasmo no público presente.*
- (*"problemas"*) *As **dificuldades** enfrentadas quase lhe custaram a vida.*
- (*"em primeiro lugar"*) *Com essa **vitória**, ele conseguirá novos patrocinadores.*

O tema da frase anterior não retoma nada da frase inicial

Não se pode pretender interligar tudo a tudo indefinidamente; há situações, como o início de certos parágrafos ou dos capítulos, em que se aborda um tema inteiramente novo. Esse procedimento, portanto, não pode ajudar aquele que esteja em busca de inspiração. No entanto, ressaltamos que um tema radicalmente novo poderia criar a impressão de não se estar dizendo coisa com coisa, como ocorre no último exemplo abaixo. É melhor criar um nexo lógico ou semântico entre as frases; mesmo que esse nexo fique implícito, o essencial é que o locutor dê ao raciocínio uma coerência à qual o leitor ou ouvinte deve ser sensível. Comparemos:

> O público em massa aplaudiu o vencedor.
> Os organizadores tinham preparado tudo para garantir a segurança.
> Minha máquina de lavar roupa quebrou.

De fato, nenhum desses quatro meios é utilizado por muito tempo em estado puro, sob pena de monotonia. Exercitá-los para obter seu domínio, porém, apresenta duas vantagens:
- variedade de estilo com a variedade de encadeamentos;
- menor probabilidade de "pane", visto que certas estruturas podem sempre servir de trampolim para um encadeamento (inteligente) das frases.

3. USO DA RETÓRICA

"Ninguém ignora que há duas entradas pelas quais as opiniões são recebidas na alma, que são suas duas principais potências: o entendimento e a vontade. A mais natural é a do entendimento, pois sempre deveríamos dar anuência apenas às verdades demonstradas; a mais comum, porém, ainda que contrária à natureza, é a da vontade; pois todos os homens são quase sempre levados a crer não pela prova, mas pela aprovação."

Essas célebres observações de Pascal em sua *Arte de persuadir* dão grande destaque às duas faces da argumentação, que se encontram precisamente nestas páginas. A primeira está mais orientada para o rigor, a prova, o raciocínio, e, nesse campo, os conectores estudados no capítulo "Integração da idéia na frase" são alguns dos instrumentos mais aptos. A segunda está mais orientada para a escolha dos argumentos e para o modo de apresentação das idéias: as técnicas estilísticas fazem parte dos meios que possibilitam desenvolver a *aprovação* de que Pascal falava.

A retórica, então, não passaria de um conjunto de receitas para enfeitar idéias e obter sua aceitação, um tratamento superficial da informação, um trabalho com a forma, independente do fundo? Uma parte da resposta pode ser encontrada na comparação com a poesia: nela, fundo e forma estão indissoluvelmente unidos; é a adequação entre conteúdo, ritmo, sonoridades e imagens que define melhor esse tipo de expressão. É verdade que na argumentação fundo e forma não se encontram tão estreitamente unidos, mas não se pode afirmar que as técnicas estilísticas não passem de floreios, acessórios, ornamentos do pensamento, por duas razões complementares:

- apresentar uma idéia, trabalhando o estilo, não é apenas uma atitude formal; essa abordagem também equivale a atingir a reflexão do interlocutor sob certo ângulo, e aí estamos no campo da estratégia, logo do fundo;
- como a retórica é uma técnica, se só for utilizada por si mesma, ou seja, sistematicamente, com excesso, sem nexo com o conteúdo, passará a ser um procedimento visível, superficial, logo ineficaz: será de interesse do locutor transformar-se em sofista? Faz tempo que Platão respondeu negativamente a essa pergunta.

Por outro lado, por ter sido desenvolvida desde a Antiguidade, a retórica teve tempo de criar um catálogo impressionante de procedimentos, conforme demonstra a existência de dicionários de retórica. Assim, para o usuário comum apresentam-se duas questões:

- como conhecer e, principalmente, memorizar todos esses procedimentos? (Aí estamos no campo do saber);
- como os aplicar, às vezes com muita rapidez, como ocorre nas argumentações orais? (E agora estamos no domínio da habilidade, único que nos interessa, pois o intuito é dominar uma técnica com a maior eficácia possível, para poder colocá-la em ação.)

Todas essas considerações teóricas e práticas levam-nos a apresentar uma lista restrita de técnicas estilísticas. Pode-se considerar que elas fazem parte intrínseca do raciocínio e, nesse sentido, poderiam figurar no capítulo intitulado: "Principais eixos do raciocínio lógico". No entanto, por razões de clareza e – parece-nos – de lógica, decidimos separar as técnicas de raciocínio lógico, apresentadas no capítulo anterior, dos meios mais formais, subjetivos e até manipulatórios. Assim, consideraremos as mais comuns, as mais fáceis de utilizar; a idéia diretriz é permitir que tais técnicas sejam aplicadas mesmo por quem não é um especialista da expressão. Para maior clareza, foram agrupadas em três conjuntos: as que envolvem locutor e/ou interlocutor, as que fazem referência a normas, as que são da alçada mais exclusiva do estilo.

3.1. A IMPLICAÇÃO DOS INTERLOCUTORES
PARA QUE TODOS SE SINTAM ENVOLVIDOS!

Apelo ao receptor

"Seja quem for a pessoa que desejemos persuadir, será preciso tê-la em consideração, conhecer o modo como pensa e sente, os princípios que adota, as coisas que aprecia."

Pascal, nessa frase, quis chamar a atenção para o papel primordial do interlocutor, às vezes implícito ou mal discernido na argumentação escrita, mas sempre presente na oral. Uma regra elementar de comunicação diz que devemos conhecer com a maior precisão possível suas idéias, seus sentimentos, sua cultura, enfim suas referências. Essa lei tem como conseqüência estilística que não devemos hesitar em fazer apelo ao interlocutor, nomeando-o (*Os franceses sabem muito bem que...*" – dirá o político) ou associando-o ao fluxo das idéias. Neste último caso, pode-se fazer apelo direto a ele (*"Vocês sabem muito bem que..."*) ou incluí-lo no raciocínio do locutor (*"Todos sabemos que..."*). Em todos esses casos, o intuito é fazer que o interlocutor se sinta diretamente envolvido, implicado no desenvolvimento.

A pergunta do emissor

O aspecto dialógico da argumentação, que ressaltamos já no primeiro capítulo, torna-se manifesto no debate oral. Nesse caso, por que não lançar mão de todos os recursos próprios ao diálogo, inclusive a interrogação? Na argumentação oral, trata-se de conduzir os debates, e aquele que faz as perguntas fica na situação do jogador de tênis que está com o serviço, ou seja, que determina o jogo. Na argumentação escrita, sendo o interlocutor fictício, o que se tem é, antes, um efeito de estilo: a pergunta retórica, na qual o locutor faz a indagação e responde a ela, dá vida ao texto escrito, possibilitando que o leitor reflita "junto com" o redator.

Boa-fé, credo sincero

Esgotados os argumentos lógicos e as demonstrações, o locutor pode não ter outros meios para justificar sua posição a não ser alegar boa-fé. Fórmulas do tipo *"Estou absolutamente convicto de que..."* evidentemente não têm outro valor além daquele que o interlocutor quiser lhe atribuir. Significa que esse é apenas um último recurso; mas como último recurso, na argumentação oral, num debate profissional, por exemplo, não será a credibilidade de cada um que poderá influenciar as opiniões dos participantes? Utilizada com critério e discernimento, essa técnica não é tão artificial quanto se poderia acreditar. As fórmulas mais freqüentes são, por exemplo: *"De todo o coração, em sã consciência, tenho plena convicção, meu sentimento mais profundo..."*

3.2. Recurso às normas

Toda uma série de procedimentos não se baseia nos participantes do debate, como acima, mas sim em noções e até em pessoas, geralmente reconhecidas e respeitadas. Mais ou menos à semelhança daquilo que está em jogo no procedimento estudado acima com o título *"Boa-fé"*, será possível afirmar um conceito sem precisar demonstrá-lo, em nome de uma norma considerada admitida por todos, como se fosse um postulado. Esses meios evitam a argumentação como raciocínio, favorecendo a pura e simples asserção. Evidentemente, será esse aspecto pouco lógico e não demonstrado que o defensor da tese oposta deverá ressaltar, se quiser compensar os efeitos desses procedimentos.

Definição

O que pode ser mais objetivo que uma definição de dicionário, por ser uma referência comumente admitida? No entanto, se tomarmos o exemplo do jornalista que perguntou a um candidato, nas eleições presidenciais, *"Para o senhor, o que é um bom presidente da República?"*, veremos que a resposta será um arrazoado, portanto uma argumentação orientada, mesmo começando com a fórmula introdutória de definição e sendo aparentemente neutra: *"Um bom presidente é aquele que..."*

Assim, quando um ministro deu a entender que os funcionários públicos eram privilegiados, o jornalista que perguntou a Juppé *"O que é privilégio?"* ouviu a resposta *"Privilégio é injustiça"* (France 2; *Invité Spécial* de 21 de setembro de 1995). É claro que a conotação negativa da palavra *"injustiça"* contrasta muito com os elementos positivos que aparecem na palavra *"privilégio"*, cuja definição é *"vantagens atribuídas a alguém"*. Há uma clara orientação argumentativa nessa definição do primeiro-ministro, demonstrando que toda definição, se bem concebida pelo locutor, pode valorizar um dos aspectos do termo, portanto servir de base à vontade de convencer a outra pessoa. Resta ao interlocutor, em caso de discordância, contestar a fundamentação da definição, o que não é muito fácil, pois essa estrutura tem a aparência sólida de uma fórmula incontestável.

Recurso aos valores

Cada um de nós dispõe de um conjunto de valores, implícitos ou explícitos, que justificam nossos comportamentos e lhes dão coerência. Mas, além da personalidade individual, existem valores que, numa sociedade, costumam ser admitidos por quase toda a população. Nos campos ideológicos ou políticos, é quase certo que a palavra *"tolerância"* é sentida como um valor profundo de nossa sociedade por todos os nossos concidadãos.

Aliás, pode-se dividir facilmente esses valores em duas categorias, conforme veiculem conotação positiva ou negativa. Os primeiros servirão de caução a todo raciocínio que deseje basear-se em princípios, enquanto os outros desempenharão papel repulsivo. Assim, é possível criar uma lista muito longa de pares antagonistas do tipo: *"coragem-covardia, democracia-ditadura, abrangência-fechamento..."*.

A partir daí, é fácil colocar um raciocínio sob a égide desses valores; por exemplo, uma decisão política poderá ser apresentada por seu autor como se fosse movida pela *"coragem"*, ao passo que seus detratores verão nela a marca da *"temeridade"*. A vantagem é dupla: não só, como vimos, essas normas são *a priori* compartilhadas pela sociedade, portanto pelo público ao qual o argumentador se dirige, mas, principalmente, não exigem nenhuma demonstração. Como elas se impõem por si mesmas, porque implicitamente admitidas, evitam uma vez mais a obrigação de justificar o ponto de vista com um raciocínio. O locutor aposta na força intrínseca delas e em sua aceitação implícita e quase automática pelo público que deve ser convencido, em frases que podem assemelhar-se às seguintes aberturas: *"Em nome da coragem podemos aceitar..."*

Autoridade

O procedimento anterior, que diz respeito a noções, pode ser adaptado a pessoas que, em razão de sua autoridade moral, são incluídas num circuito argumentativo. Por isso, não é raro, em campanhas eleitorais, ouvir políticos da linha RPR-UDF mencionar o general De Gaulle, enquanto um socialista não deixará de citar a memória de Jaurès.

A arte de argumentar

Além das divisões políticas, certas personalidades parecem dotadas de uma aura que as transforma numa referência em esferas que ultrapassam em muito o seu âmbito de competência, tal como ocorre com o comandante Jacques Cousteau ou com o Abade Pierre[16] (apesar de certas falas "desastradas" deste último). Portanto, é importante que a autoridade seja conhecida, reconhecida como tal pelo receptor e escolhida com um mínimo de lógica. Enfim, ela não deve ser confundida com nenhuma "sabedoria popular" impessoal e estereotipada.

A publicidade não hesita em lançar mão daquilo que deve ser considerado uma espécie de deslizamento: um campeão esportivo parecerá a pessoa que tem mais condições de aconselhar a compra de um televisor ou de um barbeador. Observe-se também a facilidade desse recurso à autoridade, destacando-se que, tal como ocorre com os valores, as personalidades podem aparecer como positivas ou negativas; citaremos Hitler para segunda hipótese. Por outro lado, não se deve abusar desse procedimento intelectualmente contestável: sua sistematização refletiria pobreza de outros argumentos, e a idolatria não combinaria com a reflexão.

3.3. ALGUMAS TÉCNICAS DE ESTILO AO ALCANCE DE TODOS

Além da consideração dos interlocutores (ver o capítulo "A implicação dos interlocutores") e do recurso a noções precisas (ver o capítulo anterior), a arte de convencer pode concentrar-se na verbalização. Trataremos então neste capítulo de elementos muito mais formais, mas nem por isso mais superficiais: a escolha das palavras e sua própria ordem nunca são ideologicamente neutras. Só consideramos uma dezena de técnicas: aquelas que nos pareciam mais comuns e mais fáceis de reproduzir por alguém que não fosse especialista da língua. Observemos, enfim, que algumas delas são oriundas

---

16 Padre bastante liberal e popular na França, que defende a ordenação de mulheres e homens casados e confessa ter violado seu voto de castidade. [N. da T.]

do campo puramente literário e até poético; por isso, remetemos o leitor à leitura do capítulo "Fatores psicológicos e afetivos".

A palavra fortemente conotada

A conotação é uma nuance, um valor, uma ressonância veiculada por uma palavra. Se considerarmos sua divisão em torno de um eixo negativo-positivo, notaremos que algumas podem provocar reações de rejeição e outras, de adesão por parte do leitor-ouvinte. Essa aptidão é amplamente aproveitada pelos jornalistas, sobretudo em títulos que procuram influenciar o leitor por meio de adjetivos como *"covarde", "infame", "repugnante"* ou *"corajoso", "dedicado", "heróico"*. O uso dessas expressões na rede argumentativa ou na apresentação de exemplos influenciará o interlocutor de maneira bastante discreta, mas firme, pois elas provocarão um choque. Assim, em se tratando de uma negociação, será possível falar entre os interlocutores de *"pontos de vista diferentes, abordagens divergentes, oposição, ruptura, racha…"*.

Frase feita

Toda pessoa versada em comunicação, todo publicitário conhece muito bem as virtudes da frase feita, breve, martelada, enfim do *slogan*:
- ela propicia uma reformulação densa do pensamento, o que constitui um auxílio à compreensão;
- sua brevidade lhe confere aspecto exterior de firmeza, garantia de eficácia: ela penetra como cunha na mente do ouvinte, podendo deixá-lo de início atônito, desarmado por sua aparente autoridade;
- por fim, assim como um provérbio, ela é facilmente memorizável, portanto tremendamente eficaz a longo prazo, ainda que veicule uma inverdade.

Além de considerações retóricas, tal como os títulos, com os quais se assemelha (ver o capítulo "Concepção dos títulos"), ela exige um esforço de síntese, motivo pelo qual não é um procedimento puramente formal. Sua eficácia poderá ser reforçada pelo emprego de algumas outras técnicas estilísticas: ritmo ternário (*"Dubo..., Dubon..., Dubonnet"*[17]), paralelismo (*"Perdido por um, perdido por mil"*), oposição ou jogo de sonoridades (*"Comparação não é razão"*). Esses poucos exemplos de frases feitas não devem ocultar o fato de que o intuito aqui não é inserir provérbios e outras fórmulas banais e impessoais conhecidas no discurso, mas sim criar expressões próprias. Finalmente, pode-se perguntar se, à semelhança dos dez mandamentos, o agrupamento de certo número de frases feitas não pode constituir uma base de dados de referência, seja ele no campo técnico, político ou moral.

Ritmo ternário

Muito usado em poesia, o ritmo ternário é conhecido há muito tempo em aplicações bem prosaicas: *"liberdade, igualdade, fraternidade"* é um bom exemplo. Não é ocioso lembrar seus méritos, opondo-o a outras construções rítmicas.

- O ritmo binário, par, provavelmente é fundamental para o ser humano, por certo devido à referência aos batimentos vitais do coração. É encontrado em todas as músicas simples e até simplistas; do folclore ao *rock*, sua eficácia não se desmente. No que se refere às palavras, é útil para valorizar pares, ou seja, paralelismos ou oposições (ver abaixo). Mas deve-se reconhecer que, nos outros casos, ele prende pouquíssimo a atenção do leitor ou do ouvinte.
- A utilização de quatro elementos pode reduzir-se a um ritmo binário duplo, como ocorre no alexandrino clássico, dividido em 4×3. Deixando-se de lado essas situações, esse ritmo não deixa de ser um tanto pesado: quatro elementos constituem já uma enumeração, portanto uma estrutura que não prima pela leveza, a não ser que se queira valorizar uma noção depois de um ritmo ternário, com base no modelo $3 + 1$.

....

17 Trata-se da propaganda de um aperitivo à base de vinho, de grande sucesso na década de 50. [N. da T.]

- O ritmo ternário, ou seja, a soma de três palavras ou três grupos de palavras, aparece assim como a estrutura de meio-termo, do equilíbrio. Ao contrário do que ocorre com o ritmo binário, ela é notada; ao contrário da estrutura de base 4, ela ainda não é pesada. Portanto, é extremamente freqüente, a ponto de ser espontânea na fala de políticos e no âmbito publicitário, sobretudo por ser facilmente memorizável.

Gradação de ritmo

Com o objetivo de valorizar o desenvolvimento de um raciocínio, o locutor pode procurar ampliar o tamanho de suas frases. Na argumentação oral, sobretudo, esse procedimento dará a impressão de inchaço, de movimento crescente que nada poderia deter. Como então resistir a ele? A frase obtida terá uma pontuação cuidada, para assemelhar-se à estrutura:

----, -------, -----------, ---------------, ...

Esse crescimento, portanto essa gradação do ritmo, poderá ser reforçado por dois elementos retóricos:
- Ritmo ternário (ver abaixo), que lhe dará unidade:

----, -------, -----------.

- Jogo de repetições, que criará paralelismos, ou a utilização de oposições (ver abaixo):

quanto mais---, mais------, mais-----------,

ou

quanto mais-----, mais--------, menos-------------.

Gradação de sentidos

A amplificação verificada acima pode não ser aplicada à estrutura das frases, mas à escolha das palavras. Enumeradas em ordem crescente de força, elas provocarão um movimento de gradação propício a valorizar noções de efeito. Esse procedimento pode ser enriquecido misturando-se um ritmo ternário ou uma gradação de ritmo (ver acima), que apresentará palavras ao mesmo tempo mais longas e mais fortes.

A arte de argumentar

Paralelismo

Criar um paralelismo é repetir estruturas duas ou mais vezes, o que, por um lado, chama a atenção, portanto valoriza as idéias apresentadas, e, por outro, apresenta o pensamento de forma organizada, o que reforça sua coerência. Alguns paralelismos são criados por conectores como *"quanto mais---mais"* ou *"quanto menos---menos"*; outros empenham-se em mostrar a semelhança entre duas noções. O rigor quase matemático de tais estruturas às vezes pode ser apenas aparente, mas pode impressionar o receptor por sua lógica.

Oposição

A oposição funciona com base no mesmo princípio do paralelismo, salvo pelo fato de as noções serem aproximadas de tal modo que apresentem dois movimentos opostos, segundo o modelo *"quanto mais---menos---"*. De acordo com o assunto, uma frase pode até levar à expressão do paradoxo.

Ironia

É muito comum apresentar-se uma tese contrária de modo irônico, para desvalorizá-la ou ridicularizá-la; no entanto, não é tão fácil dar uma definição de ironia, por um lado porque existem teorias concorrentes a esse respeito e, por outro, porque ela é muitas vezes confundida com suas aplicações, que são numerosas. Freqüentemente se encontram as noções de *"expressão do contrário"* ou *"exagero"* nas obras que tratam do assunto. Como todos nós somos capazes de "sentir" a ironia de um texto, preferimos insistir em duas características suas que nos parecem essenciais:

- ela cria uma distância entre a realidade e as palavras que a esta se referem; é mesmo essa "discrepância" que cria o efeito irônico;
- ela supõe ou cria uma cumplicidade entre emissor e receptor, pois um precisa decodificar o que o outro fez questão de codificar.

Este pequeno trecho de La Bruyère (*Caracteres* X; 9) sobre a guerra ilustra nossas observações:

> A guerra tem a seu favor a antiguidade; existiu em todos os séculos: sempre foi vista a encher o mundo de viúvas e órfãos, a esgotar as famílias de herdeiros, a matar irmãos numa mesma batalha... Desde todos os tempos, os homens, por algum pedaço de terra a mais ou a menos, convencionaram pilhar-se, queimar-se, matar-se, massacrar-se mutuamente; e, para fazer isso com mais engenho e segurança, inventaram lindas regras que são chamadas de arte militar; à prática dessas regras atribuíram glória ou a mais sólida reputação; e desde então foram superando, de século em século, a maneira de se destruírem reciprocamente.

A aparente frieza das evocações e a escolha de certos termos (*"convencionaram, com mais engenho, lindas..."*) revelam uma das dificuldades da criação da ironia: o locutor expressa, na realidade, uma tese que não é sua (*"Viva a guerra!"*), mas que só se mostra como tal graças a essa figura. Ora, conforme já ressaltamos no capítulo "Índices de enunciação" e no seguinte, é importante que os receptores identifiquem claramente o autor da tese expressa: a ironia, assim, às vezes é levada, quando sutil, a trabalhar na dificuldade ou na ambigüidade.

Analogia

Quando as possibilidades de raciocínio lógico estão esgotadas ou não existem, é freqüente que o locutor recorra a uma noção ou situação que tenha proximidade com o assunto, para facilitar a compreensão do raciocínio. Se alguém escreve, por exemplo, que a *"fidelidade é como..."* ou a *"coragem semelhante a..."*, estará usando a analogia para justificar um ponto de vista. Essa técnica, dependendo do caso, assemelha-se à comparação ou à metáfora; a diferença entre ambas está no fato de que o nexo entre as duas noções é claramente expresso por um termo (*"como"*, *"semelhante a"*) na primeira técnica e está totalmente subentendido na segunda. Assim,

Claude Imbert começa seu editorial na revista *Le Point* de 4 de maio de 1996 sobre declarações anti-semitas do Abade Pierre:

> O casamento dos meios de comunicação de massa com a Caridade foi prolífico. Nessa prole encontra-se de tudo: verdadeiros apóstolos, edificantes altruístas sem fronteira e alguns acrobatas do *business* humanitário. Mas o Abade Pierre, por sua vez, é o filho mais velho e autêntico dessa linhagem. Da mãe – a Caridade – ele puxou um devotamento ilimitado à miséria; do pai – o Audiovisual –, uma rara disposição para encarnar a bondade na telinha.

Percebemos rapidamente as dimensões desse procedimento:

- ele é eficaz, porque impressiona: uma noção complexa e abstrata pode assim ser compreendida tomando-se como referência um elemento concreto e conhecido, como ficou provado no texto extraído de *Antígona*, estudado no capítulo "Narrativa em prosa". Essa virtude pedagógica é acompanhada por uma tremenda eficácia intelectual, pois o interlocutor pode ser perturbado, seduzido e até convencido pela originalidade e sutileza da abordagem. Além disso, se bem manejada, a imagem transforma-se em metáfora passível de desenvolvimento, ao sabor das intenções manipulatórias do autor. Se, por exemplo, eu qualificar um jornal adversário de "nanico", posso impressionar meus leitores ou ouvintes tecendo comentários pejorativos como: *jogo baixo, estatura moral, notícias plantadas às pencas, ética de bolso etc.*;
- sua fraqueza intelectual, porém, é evidente: uma analogia pode ser sedutora sem ser justificada. De fato, é bem raro – sobretudo nas argumentações orais – que o interlocutor se dê o trabalho de provar que tem direito de recorrer a tal imagem. A analogia é freqüentemente utilizada graças à clareza explicativa que contém, mas muitas vezes padece de grave falta de rigor, pois raramente justifica a sua fundamentação. Por isso, o interlocutor terá facilidade em demonstrar o lado factício da analogia, mas o mal estará feito: as mentes terão sido impressionadas por uma imagem simples que as marcará.

É esse misto de características contrárias (clareza-eficácia / ausência às vezes total de justificação e rigor) que explica sua utilização freqüente nos debates políticos: nas campanhas eleitorais, sobretudo em debates orais, portanto na televisão, o candidato procurará convencer o maior número possível de expectadores, e não necessariamente construir um raciocínio rigoroso cujo aspecto laborioso e técnico não conviria muito à mídia.

Petição de princípio

Esse procedimento assemelha-se ao pressuposto, estudado quando falamos do implícito no capítulo "Locutor, vetor do pensamento alheio". Distingue-se dele, porém, porque o pressuposto nunca é apresentado como elemento central e essencial da frase, o que ocorre com a petição de princípio, que, ao contrário, constitui o cerne do conceito. Na argumentação, ela pode ser utilizada de modo sub-reptício, porque possibilita impor à outra pessoa noções que não foram demonstradas, em suma apresentá-las como supostamente admitidas de saída pelo interlocutor. Certo número de fórmulas permite essa apresentação, que nega qualquer necessidade de demonstrar aquilo que se afirma. Esse é o caso, por exemplo, de: *"é normal que…"*, *"todos sabem que…"* ou então *"é evidente que…"*. Se não prestar atenção, o leitor ou ouvinte seguirá sem ousar contestar as afirmações assim introduzidas, que em geral fazem referência a uma *"voz coletiva"*, para retomar expressão utilizada por Catherine Kerbrat-Orecchioni, a respeito do pressuposto (ver nossa bibliografia). Por aí é fácil entender que será preciso, em contrapartida, muita energia intelectual para revidar esses termos e procurar demonstrar que aquilo que se apresenta como *"normal"* de fato não se fundamenta em "norma" alguma, que o saber pretensamente compartilhado que está contido em *"todos sabem que…"* ainda precisa ser demonstrado.

Todos esses procedimentos retóricos podem ser inseridos num raciocínio escrito ou oral e contribuir assim para torná-lo mais eficaz, às vezes por meios que, como vimos, são intelectual e moralmente contestáveis.

A arte de argumentar

4. CONCEPÇÃO DOS TÍTULOS

Alguns textos exigem a redação de títulos; é o que ocorre com certas notas de síntese, sejam elas feitas numa empresa ou num concurso administrativo, em dissertações e, sobretudo, relatórios: relatório técnico, relatório sobre o funcionamento de um departamento ou de um organismo, relatório de estágio etc.

Para ficar convencido de sua utilidade, o redator deve entender as diferentes vantagens do uso de títulos:

- Vantagem intelectual imediata: pôr um título é condensar bastante o pensamento numa fórmula que diga o essencial sobre ele. Essa simples definição põe em destaque duas vantagens: o título permite que o leitor perceba depressa o essencial do conteúdo, mas isso também ocorre com o redator, que, obrigado a aprofundar sua reflexão e a refinar sua expressão para passar suas idéias numa frase breve, enxergará com maior clareza em si mesmo. Outrossim, a comparação ou a compilação dos diferentes títulos e subtítulos de um texto muitas vezes dá uma ótima idéia da coerência do raciocínio do autor. Os títulos o levam então a refletir melhor na articulação de suas idéias e, por outro lado, permitirão que o leitor compreenda melhor o seu encadeamento, ou seja, a unidade da reflexão que ele tem diante dos olhos.

- Vantagem intelectual ulterior: graças a seu sentido de frase feita, o título é facilmente memorizável. Ajudará o leitor a não só compreender com mais facilidade o pensamento do outro como também a gravá-lo melhor, principal vantagem em âmbito profissional, quando é preciso saber mobilizar conhecimentos de origens diferentes.

- Vantagem prática: não se pode negar que os dirigentes raramente têm tempo de ler com calma a totalidade das notas e relatórios que lhes são apresentados, ainda que solicitados por eles mesmos. Assim, um simples relance, mesmo num ambiente ruidoso, será muitíssimo facilitado pela presença de títulos, que permitirá que o leitor compreenda o essencial e seja, eventualmente, convencido em alguns minutos. Ademais, o conjunto de títulos e subtítu-

Como ser convincente

los constitui, evidentemente, um sumário, e o responsável poderá então com facilidade remeter-se ao(s) ponto(s) preciso(s) que o interessa(m).

Como o uso de títulos está totalmente ausente das atividades escolares tradicionais, apesar de ser útil no campo profissional, precisamos voltar nossa atenção para as práticas jornalísticas, a fim de dar alguns conselhos de redação.

4.1. PRINCIPAIS TIPOS DE TÍTULO:
PARA VARIAR SUA EXPRESSÃO

Ajudar o neófito a redigir títulos é, em primeiro lugar, lembrar-lhe o que escrevemos no capítulo "Estrutura básica de toda frase" sobre a estrutura de toda frase que comporte:
- por um lado, uma informação conhecida do leitor-ouvinte: o tema;
- por outro lado, uma informação nova, razão da existência da frase: o rema ou comentário.

Essa distinção, quando adaptada aos títulos, possibilita depreender duas grandes categorias que abarcam todas as outras:
- título vazio: indica o tema do trecho em questão; por exemplo: *"Títulos"*;
- título pleno: além do tema ao qual ele deve dar maior precisão, propõe uma informação essencial que comenta aquele tema e indica a orientação geral da argumentação. Assim: *"Títulos, ato de resumir."*

Por outro lado, é possível citar três outros tipos principais, que podem ser vazios ou plenos, capazes de ajudar o redator a estruturar suas frases:
- o título *"daf"*: essa sigla significa *"direto ao fato"*; possibilita memorizar um tipo que consiste em apresentar sem nenhuma divagação o conteúdo que se segue. Os dois exemplos citados acima são uma boa ilustração desse tipo;

- o título *"fiat"*: mais astucioso que o anterior, o procedimento *"fiat"* consiste em imaginar uma *"fórmula inteligente que anuncia o tema"*. A palavra *"inteligente"* revela a originalidade desse título, que divertirá com trocadilhos, analogias, enfim artifícios. Assim, ao cabo de um processo por corrupção, que envolvia Alain Carignon, ex-prefeito de Grenoble, num caso de administração fraudulenta da rede de distribuição de água, o jornal *France 2* apresentava como título, em novembro de 1995: *"Grenoble: histoire d'eau"*[18];
- o título *"anúncio"*: mais tradicional e também mais fácil de usar num documento que pretenda ser sério, este último tipo indica esquematicamente o plano do raciocínio: *"Mercado imobiliário: três razões para comprar."*

4.2. INSTRUMENTOS GRAMATICAIS: COMO EXPRESSAR MELHOR O PENSAMENTO

A concepção do título, sobretudo se *"inteligente"*, é da alçada da criatividade pessoal. Como essa constatação oferece uma ajuda modesta àqueles que não se sintam espontaneamente movidos por uma inspiração literária, não será ocioso analisar alguns instrumentos gramaticais úteis aos títulos.

Dois-pontos

Sinal de pontuação bastante usado, os dois-pontos permitem economizar palavras, interligando fortemente as duas partes do título. Na maioria das vezes, possibilitam separar com clareza o tema do rema, tal como no exemplo citado acima: *"Títulos: ato de resumir."*

Mas é necessário lembrar que esse sinal de pontuação também pode apresentar uma relação de causa e conseqüência ou, inversamente, de fato e explicação: *"Greves: baderna / Greves: funcionalismo descontente."*

---

18 Ao pé da letra: história de água. No entanto, sua pronúncia é idêntica ao título do famoso romance erótico de Pauline Réage, intitulado *Histoire d'O*. [N. da T.]

Como ser convincente

Estes dois últimos elos têm grande importância para a atividade argumentativa.

Reticências

Não é o valor tradicional desse sinal que nos interessa: será pouco freqüente que um título seja apresentado como algo inacabado. Em contrapartida, as reticências poderão servir para interromper um título e continuá-lo na etapa seguinte: a leitura contínua de subtítulos sucessivos representará então uma frase. Esse procedimento só pode ser adotado com títulos e subtítulos próximos, por razões visuais, mas apresenta a vantagem de reforçar o encadeamento, portanto a coerência do raciocínio, o que pode ser concretizado, por exemplo, assim:

1) Os problemas da Previdência Social
1.1: Uma instituição doente...
1.2: ... que o governo tenta tratar...
1.3: ... para grande descontentamento dos usuários.

A leitura contínua dos subtítulos constitui, como se vê claramente nesse procedimento, um resumo do raciocínio do autor.

Ponto de exclamação

Indicando firmeza de tom, o ponto de exclamação só pode reforçar a importância de uma idéia e tornar o título mais agressivo, mais chamativo, mais reivindicativo. Não há dúvida de que deve ser usado com moderação num texto profissional: por um lado, para evitar o desgaste do procedimento; por outro – e principalmente –, porque a primeira virtude de um relatório é a ponderação.

Imperativo

Recorrendo ao procedimento acima e incitando à ação, o verbo no imperativo chama muito a atenção, pois indica, impõe um obje-

A arte de argumentar

tivo. Trata-se, portanto, de um título muito dinâmico, que poderá introduzir trechos de decisão, quando se quer sensibilizar o leitor para uma ação concreta, como por exemplo:

"Empresários, exportem!"

Ponto de interrogação

Enquanto o imperativo permite apresentar uma solução, a forma interrogativa tem o papel de apresentar um problema. A simples presença do ponto de interrogação pode transformar, de maneira sutil, uma afirmação amedrontadora e peremptória em mera suspeita. A comparação entre:

"A França à beira do abismo."

e

"A França à beira do abismo?"

mostra que o ponto de interrogação permite que o locutor ponha em seu título uma carga de agressividade, para torná-lo chamativo, sem correr o risco de ser tachado de exagerado, pois a formulação interrogativa pondera a afirmação, transformando-a em problema.

Adjetivo, adjuntos e complementos nominais

Como, por essência, deve ser breve, o título evitará (mas não proscreverá de modo absoluto) o uso do verbo. No entanto, para ser pleno, ou seja, para ser portador de sentido, deverá veicular noções precisas. Como o tema principal muitas vezes (sempre?) é indicado por um substantivo, o rema será facilmente apresentado ou especificado:

• pelo adjetivo:

Responsabilidades compartilhadas
tema   rema
Previdência Social: a reforma impossível
tema   rema   especificação

Como ser convincente

- pelo substantivo, cujo adjunto indicará o tema:
A preocupação dos franceses
rema   tema
Como essas duas estruturas servem para qualificar o substantivo, é normal que se encontrem com freqüência nos títulos.

Aposto

Sempre em busca de frases breves e densas, o título preferirá estruturas parcimoniosas em palavras, como o aposto, que consiste em justapor um substantivo ou um adjetivo a outro substantivo, usando como único elo uma vírgula, como nos exemplos:

Previdência Social, um organismo à deriva.
Contestada, a reforma da Previdência patina.

Preposições

Introduzindo um substantivo ou um grupo nominal, portanto uma noção portadora de sentido, a preposição, se bem escolhida, poderá conferir vigor e movimento ao título, que sempre corre o risco de ser estático demais: *"Até onde exagerar?..."* Isso ocorrerá com as preposições dinâmicas como: *"para, rumo a, até..."*.

4.3. Técnicas estilísticas:
PARA DAR VIDA AO TEXTO

Afora os instrumentos gramaticais, um auxílio adicional pode provir de certas estruturas de pensamento ou expressão que se adaptem especialmente bem à redação de fórmulas.

Itinerário

O título pode tentar demarcar o raciocínio que introduz, indicando o seu ponto de partida e o de chegada, o que equivale mais ou menos a apresentar uma estrutura do tipo: problema-solução.

Sua vantagem é indicar claramente ao leitor um itinerário intelectual com base no modelo:

"Da reforma à revolução."

Se não for possível ser tão preciso, o título poderá limitar-se a indicar um objetivo, a esboçar um caminho; vejamos o exemplo:

"**Rumo a** uma paz precária."

É de notar a qualidade de dinamismo desse tipo de fórmula, destinada a obter a adesão do leitor.

Paradoxo

Tratar um problema é muitas vezes encontrar razões inesperadas para um fato, deparar com problemas lógicos ou práticos, propor soluções que acabam por gerar dificuldades. Em suma, pode ocorrer que uma análise traga à tona singularidades, oposições, paradoxos. Expresso numa fórmula breve, o paradoxo constitui freqüentemente um título eficaz porque impressiona ao aproximar termos que em geral se opõem. Assim, um jornalista, considerando que as indenizações da Assedic (cujo papel é compensar os efeitos do desemprego) incentivam, ao contrário, o seu titular a não procurar trabalho por estar sendo remunerado, escreveu o seguinte título:

"Assedic, responsável pelo desemprego."

Inversão

Muito próxima da técnica acima, a inversão consiste em romper a lógica habitual de uma seqüência de palavras, invertendo-as. O efeito surpresa, às vezes humorístico, chama a atenção do leitor, que se surpreende com uma fórmula inabitual, mas próxima de expressões conhecidas. Assim, os apresentadores do programa de tevê *"Les Guignols de l'Info"* do canal Plus puseram em cena alguns operários que tinham trabalhado no túnel sob o canal da Mancha e que, depois de terminada a obra, ficaram desempregados e foram obrigados a mendigar pelas ruas; isso era destacado pelo título: *"Mancha sob o túnel."*[19]

Subversão da frase feita

Com a inversão, vimos que é possível utilizar uma expressão conhecida pelo leitor para subvertê-la. Ampliando-se esse procedimento, podemos notar que toda frase feita e conhecida poderá ser subvertida. O que se faz é dirigir uma piscadela para as referências do leitor, que notará e memorizará com mais facilidade uma fórmula porque ela lhe trará à mente alguma coisa, como ocorre com: *"Quem ri primeiro ri melhor."* Esse procedimento é ainda mais eficaz quando a própria frase feita constitui uma alusão direta ao assunto tratado. Assim, em se tratando de campanhas publicitárias da Benetton, que, segundo alguns, tinha ultrapassado os limites da moral e do bom-tom, um estudante escreveu: *"Benetton: united colors do mau gosto."*

Repetição, paralelismo e oposições

Esses procedimentos, estudados no capítulo "Algumas técnicas de estilo", podem ser aplicados sem dificuldade aos títulos, conferindo-lhes uma organização estilística certeira, o que facilita sua memorização. Com referência ao projeto de jornada semanal de 32 horas, capaz de compensar os efeitos do desemprego, é possível propor duas versões:

"Quanto **menos** horas, **menos** desemprego",

---

19 Em francês, o trocadilho tem outras conotações. *Manche* significa manga (peça do vestuário), com as derivações daí resultantes, como arregaçar as mangas etc.; significa também cabo (de ferramenta) e braço de mar (donde o nome do referido canal). Em português, a palavra "mancha" remete a outros significados. [N. da T.]

A arte de argumentar

ou

"Quanto **menos** horas para **cada um, mais** trabalho para **todos**."

Jogo de palavras / duplo sentido

De manipulação delicada num texto sério, essa técnica é muito apreciada pelos jornalistas, e não só pelos do *Canard enchaîné*[20]. Assim, quando o desemprego dos artistas e sua indenização provocaram greves e manifestações da profissão, um jornalista criou o seguinte título: *"Artistas: os incompreendidos."*
A alusão ao filme *cult* de Truffaut convinha bem à categoria de pessoas a que o artigo se referia.

Jogo de sonoridades

Ainda que a eficácia dessa técnica (oriunda da poesia) seja mais clara nas argumentações orais, é possível procurar criar voluntariamente repetições de consoantes (aliterações) ou de vogais (assonâncias). Relativamente superficial na escrita, esse jogo de sonoridades tem o mérito de atrair a atenção e facilitar a memorização, coisa muito apreciada pelo *slogan* publicitário, como *"Du pain, du vin, du Boursin"*[21].

Um último conselho

Os tipos de título, os instrumentos gramaticais e as técnicas estilísticas não são conselhos utilizáveis apenas individualmente. Dando asas à imaginação, o autor poderá combiná-los: o *slogan* acima associa, como se vê, aliteração, ritmo ternário, gradação e repetição. A técnica deve servir para soltar, e não conter, a imaginação.

....

20 Jornal satírico publicado na França, desde 1951.
21 Trad. literal: *Pão, vinho, Boursin*. [N. da T.]

TRABALHOS DIRIGIDOS[22]

CAPÍTULO 5. COMO SER CONVINCENTE

1. INTEGRAÇÃO DA IDÉIA NA FRASE

Aplicação nº 1*: Causa

Exprima cada idéia abaixo em uma frase coerente, à qual deve ser somada uma causa, com o cuidado de variar as estruturas empregadas:
– *Eurodisney não rentável.*
– *Número de estudantes diplomados aumenta.*
– *Moças superam rapazes no* baccalauréat.
– *Religiões hostis ao controle da natalidade.*
– *Rápido desenvolvimento econômico dos países asiáticos.*
– *Previsível redução de aposentadorias futuras.*
– *Ferrovia perde da rodovia.*
– *Aumento da corrupção política.*
– *Desorientação econômica da África.*
– *Renascimento necessário das zonas rurais.*

Aplicação nº 2*: Causa negada e validada

Invente e enuncie uma causa rejeitada e uma causa efetiva a partir das afirmações seguintes:
– *Não participarei dessa reunião.*
– *As agências locais foram fechadas.*
– *Esse executivo está sem emprego.*
– *O diretor pediu demissão.*
– *O responsável pelos estragos foi absolvido.*
– *O livro não será publicado.*

---

22 Somente as aplicações seguidas de asterisco serão corrigidas, as outras necessitam de uma reflexão de caráter mais pessoal.

A arte de argumentar

Aplicação n? 3*: Conseqüência

Expresse cada idéia da aplicação n? 1 em uma frase coerente, à qual deverá ser acrescentada uma conseqüência.

Aplicação n? 4*: Conseqüência intensa

Imagine a causa dos fatos abaixo, valorizando a conseqüência:

– *O estagiário tem pouca responsabilidade por esse fracasso.*

– *Ao sair do colégio, guardo poucas saudades.*

– *Não me sinto muito seguro neste laboratório.*

– *Meu curso me parece muito monótono.*

– *Há muita gente neste trem.*

– *Sua aceitação me dá enorme prazer.*

Aplicação n? 5*: Finalidade

Construa duas frases a partir de cada idéia abaixo; a primeira deve exprimir um objetivo por alcançar; a segunda, um objetivo por evitar:

– *Os franceses aumentam cada vez mais sua poupança.*

– *Nós consumimos uma quantidade enorme de calmantes.*

– *Numerosas empresas estão produzindo no exterior.*

– *As férias de verão dos franceses são mais curtas e mais fragmentadas.*

– *O preço dos vinhos de qualidade está baixando.*

– *As exportações francesas estão mais agressivas do que antes.*

– *De cada três famílias, uma cultiva horta.*

– *Muitos postos de gasolina estão integrados aos supermercados.*

– *O túnel sob o canal da Mancha foi construído sem nenhum investimento público.*

– *Numerosos franceses fazem parte de alguma associação.*

– *Nossa vida cotidiana está sendo cada vez mais vigiada por circuitos de televisão.*

– *O número de membros de seitas cresce em períodos de crise.*

Aplicação n? 6*: Oposição-concessão

Complete cada frase da aplicação n? 5 com alguma fórmula que expresse oposição ou concessão.

Trabalhos dirigidos

Aplicação nº 7*: Oposição: fórmulas complexas

1) Em torno de cada um dos adjetivos abaixo, crie uma frase que expresse oposição, respeitando uma das duas construções apresentadas a seguir: *Estranho, complicado, bom, vigoroso, indulgente, confortável, rico, insalubre, claro, tenaz.*

Por mais corajoso **que** o soldado <u>fosse</u>, o adversário o venceu.

Por mais corajoso que <u>seja</u>, o soldado se rende.

2) Reescreva cada uma de suas frases, utilizando a fórmula: *Seja qual for + substantivo...*

Aplicação nº 8*: Hipótese-condição

Formule corretamente a resposta às perguntas seguintes:

– *O que você faria se lhe anunciassem que terá trigêmeos?*

– *O que faria se ganhasse 500 000 reais na loteria?*

– *O que faria se pudesse modificar algum traço de seu caráter?*

– *O que faria se pudesse passar uma hora com o presidente da República?*

– *O que faria se lhe propusessem passar três meses numa base do pólo Sul?*

– *O que faria se lhe roubassem toda a roupa enquanto estivesse tomando banho de rio nu(a)?*

– *O que faria se seu patrão o obrigasse a fazer um estágio de* bungee-jump*?*

– *O que faria se lhe oferecessem uma viagem gratuita para duas pessoas?*

– *O que faria se lhe dissessem com certeza que o mundo acabaria daí a dois meses?*

– *O que faria se seu carro deixasse de funcionar em plena tempestade?*

Aplicação nº 9*: Adição

Redija algumas frases ordenadas a partir das seguintes idéias (à escolha):

– *Publicidade para um jogo educativo de salão,* Ecojogo: *jogo de equipe (aprenda a viver com os outros), instrutivo (numerosas fotos sobre a natureza), interessante (exige muito da capacidade de observação), útil (desenvolve a memória).*

– *Programa político: diminuir os impostos (atualmente: redução do poder aquisitivo), aumentar a segurança nas cidades (evitar os fenômenos de autodefesa), refrear a elevação dos preços (manter a competitividade dos*

A arte de argumentar

produtos franceses na exportação), garantir bom nível de proteção social (mas sem aumentar as contribuições correspondentes).

– *Argumentos favoráveis ao reflorestamento rural: interesse dos caçadores (a caça se esconde na mata espessa), melhoria do clima (corta o vento), sobretudo: devolver à paisagem sua aparência tradicional (e não: desertificação da zona rural).*

– *Perigos da publicidade: incitação cega ao consumo (desprezo pelo orçamento dos consumidores), exagero das qualidades de um artigo (não pode ser comparado aos outros), poluição visual e sonora (saturação permanente das programações de rádio e dos muros), imoralidade (uso de pessoas seminuas).*

2. INTEGRAÇÃO DA FRASE NO TEXTO

Aplicação

Imagine várias seqüências possíveis de natureza diferente para as frases abaixo:

A maioria dos países industrializados adotou um sistema de distribuição segundo o qual o dinheiro pago aos aposentados é financiado pelos trabalhadores ativos.

A França divide-se entre regiões do Norte, em via de despovoamento ou de pequeno crescimento demográfico, e um Sul que está passando por um desenvolvimento superior à média nacional.

A economia francesa, entre 1960 e 1970, foi beneficiada pela redução contínua do preço da energia, sobretudo do óleo combustível.

O estabelecimento definitivo dos imigrantes, acompanhado pelo enraizamento cultural, continua sendo a tendência característica; a persistência de particularismos decorre menos de diferenças culturais do que das diferenças de condições de vida.

De 1965 a 1974, a expectativa de vida diminuiu um ano e meio na URSS, caindo de 70,1 anos para 68,7; os homens são mais afetados que as mulheres.

Depois de se tornarem quantitativamente secundárias, devido ao aumento da expectativa de vida e ao pequeno índice de divórcios, o número de famílias recompostas logicamente aumenta.

A Suécia pratica uma política de salários elevados, com assalariados muito qualificados e o nível de proteção social dos mais desenvolvidos do mundo.

Os conflitos familiares devem-se menos à autoridade que, de resto, pouco se manifesta, do que à afetividade prejudicada por rompimentos ou coabitações, estando, pois, pouco associados ao fator idade.

A ocupação das horas de lazer continua sendo o principal problema do operário japonês, pouco propenso a ficar em sua casa pequena ou a aproveitar os quinze dias de férias aos quais tem direito.

3. USO DA RETÓRICA

Aplicação nº 1*: Retórica

Identifique neste texto de Paul Valéry certo número de técnicas desenvolvidas neste capítulo, em especial:

1) O sentido da frase feita;
2) Paralelismo;
3) Valorização das idéias;
4) Gradação de ritmo;
5) Repetição;
6) Gradação de sentidos.

Nunca hesito em declarar: o diploma é o inimigo mortal da cultura. Quanto mais importância os diplomas ganharam na vida (e essa importância só cresceu por causa das circunstâncias econômicas), mais o rendimento do ensino diminuiu. Quanto mais se exerceu e multiplicou o controle, piores foram os resultados.

Piores por causa dos efeitos sobre o espírito público e o espírito *tout court*. Piores porque criou esperanças, ilusões de direitos adquiridos.

Piores por todos os estratagemas e subterfúgios que sugere; recomendações, preparativos estratégicos e, em suma, o uso de todos esses expedientes para transpor o temível limiar. Aí está, cabe admitir, uma estranha e detestável iniciação à vida intelectual e cívica.

Aliás, se eu me basear apenas na experiência e observar os efeitos do controle em geral, verificarei que o controle, em todos os assuntos, acaba por

A arte de argumentar

viciar e perverter a ação... Eu já disse: assim que uma ação é submetida a um controle, o objetivo profundo daquele que age deixa de ser a própria ação, e ele imagina antes a previsão do controle, a anulação dos meios de controle. O controle dos estudos não passa de caso particular e de demonstração claríssima dessa observação genérica.

O diploma fundamental, entre nós, é o *baccalauréat*. Ele conduz a orientar os estudos com base num programa estritamente definido e tendo em vista exames que, para examinadores, professores e estudantes, representam, acima de tudo, uma perda total, radical e não remunerada de tempo de trabalho. Assim que alguém cria um diploma, um controle bem definido, organiza-se simetricamente todo um dispositivo não menos preciso do que o programa elaborado, cujo único objetivo é conquistar esse diploma por todos os meios. Como o objetivo do ensino deixa de ser a formação do espírito e torna-se a aquisição do diploma, o objeto dos estudos passa a ser o mínimo exigível. Não se tem em mira aprender latim, grego ou geometria. Agora é empréstimo, não é aquisição, daquilo que é necessário para passar no *baccalauréat*.

E não é só isso. O diploma dá à sociedade um simulacro de garantia e aos diplomados, simulacros de direitos. O diplomado é visto, oficialmente, como alguém que sabe: durante toda a vida ele guarda aquela patente de ciência momentânea e puramente circunstancial. Por outro lado, esse diplomado em nome da lei é levado a crer que lhe devem alguma coisa. Nunca foi instituída convenção mais nefasta para todos, para o Estado e para os indivíduos (e, em particular, para a cultura). Foi em consideração ao diploma, por exemplo, que a leitura dos autores foi substituída pelo uso de extravagantes resumos, manuais e compêndios de ciência, por coleções de perguntas e respostas prontas, excertos e outras abominações. O resultado é que nada mais nessa cultura adulterada pode servir de auxílio ou conveniência à vida de um espírito em desenvolvimento.

Paul Valéry, *Um balanço da inteligência.*

Aplicação nº 2*: Retórica

O texto abaixo propõe uma redefinição da aventura:

1) Indique aquilo que ela já não é e identifique as frases que lhe dão uma definição atual.

2) Analise o papel das referências culturais, dos exemplos.

3) Comente o emprego dos sinais de pontuação (travessões / pontos de exclamação / pontos / parênteses / pontos de interrogação).

Trabalhos dirigidos

4) Identifique pelo menos uma metáfora e uma frase feita e analise seu papel na argumentação.

AVENTURA HOJE EM DIA

Viagem é coisa organizada; aventura, não. Aventura a gente encontra por acaso, quando se afasta dos caminhos freqüentados. Mas hoje em dia todos os portos têm sinais, e os ventos que levantam tempestades já não empurram as embarcações para terras desconhecidas. Os que escaparam de acidentes se apresentam como aventureiros; os temerários, como descendentes de Ulisses; os imprudentes, como companheiros de Robinson Crusoé. São bem ordinárias essas aventuras modernas, simulacros daquilo que outrora era escrito em letras de ouro no livro da humanidade.

Continuamos partindo. Mais do que nunca. Para qualquer lugar, com qualquer tempo. Sofremos – ah! sofrer, sofremos –, nos congelando e queimando. Até moramos em tendas. Depois, voltamos para casa e procuramos um editor para publicar diários de bordo. Mas partir não basta para começar uma aventura. Mesmo que as sensações provocadas pela entrada voluntária numa lagoa tenham alguma semelhança com o pavor dos primeiros navegantes. A aventura é mais buscada do que vivida. Alguém fica dependurado dez noites lá no alto de uma escarpa: é salvo por um helicóptero. Outro se esgota a ponto de não morrer de sede: uma Land-Rover passa por lá. Que aventura!

Que aventura? Desvios – propositais, velhos atalhos abandonados, terras inóspitas (por isso despovoadas) –, e o aventureiro moderno põe o pé no desconforto. Isto porque ele quer se pôr à prova, quer, como se diz, superar seus próprios limites – o que às vezes é mortal –, isso quando não empreende a conquista do inútil. A aventura é concebida como musculação mental, ginástica do caráter. Mergulha-se nela, que se tornou o itinerário subjetivo, reduzida ao relato que dela se fará mais tarde ou à auto-imagem mostrada para si mesmo. Ela pode estar no fim da rua, no fundo da cama, nos confins do Saara: ou seja, em lugar nenhum. Chamadas por todos os nomes: "Paris-Dakar", "asa-delta", "concurso gastronômico", "travessia do Atlântico a remo", as aventuras mais bonitas deveriam agora figurar no livro dos recordes. Performances freqüentemente solitárias, mas que excitam o entusiasmo das multidões.

Dossiers et documents, Le Monde, julho-agosto de 1986.

A arte de argumentar

Aplicação nº 3*: Retórica

1) Identifique a definição, dada como frase feita, que permite definir o trabalho informal.

2) O pressuposto do trabalho informal é, na verdade, o elemento mais importante: mostre-o, identificando as fórmulas que apresentam o pressuposto e a própria idéia.

Trabalho e economia informais

Ganhar uns trocados com independência, controlando o próprio ritmo de trabalho, numa relação pessoal amigável, na busca de consideração social, esse é o caminho estreito, trilhado pelo trabalho operário informal, em torno do pequeno artesanato, segundo pesquisei em Seine-Maritime (cf. *Travailler au noir*, ed. Métailié, 1989). Ganhar uns trocados procurando alguma atividade na construção civil, em consertos de automóveis, na construção de maquetes ou na montagem de estandes em feiras anuais significa buscar com um empregador um acordo que comporte uma aceitação mínima: uma mão lava a outra. O que se tem é exatamente a lógica da "lavagem mútua das mãos", pois o empregador não paga encargos sociais e o trabalhador informal não paga impostos.

Assim, embora se possa crer que ganhar uns trocados na informalidade é uma questão estritamente econômica, produzida por certas injunções, percebe-se um outro pressuposto que consiste na confiança e na negociação sem garantia jurídica. O elemento fugaz e obscuro do trabalho informal é essa força potencial de simpatia, essa busca de conformidade de pontos de vista e o sentimento que se tem da justa partilha da ausência de ganhos do Estado, no que diz respeito a preços, modos de pagamento, prazos e garantias recíprocas, que é preciso construir à margem da lei. Essas tentativas exigem tempo e confirmações reiteradas do acordo.

Por essa razão, a regra de manifestação desses empregos não é uma regra de mercado, acessível a qualquer momento, mas sim uma regra pertencente a uma rede de entendimentos frágeis e incertos.

Revista *Sciences humaines*, nº 6, maio de 1991.

Aplicação nº 4*: Síntese

No manifesto abaixo, identifique técnicas estudadas nos capítulos 3, 4 e 5, especialmente as seguintes, que assinalamos por ordem de aparecimento no texto:

Trabalhos dirigidos

1) Pergunta retórica;
2) Apelo à eficácia;
3) Repetição e paralelismo;
4) Reformulação;
5) Apelo ao receptor;
6) Desenvolvimento de oposições;
7) Escolha e sentido dos exemplos;
8) Valorização das idéias importantes;
9) Desenvolvimento causas falsas–causas verdadeiras;
10) Acumulação;
11) Emprego do plano cronológico;
12) Frase feita, *slogan*;
13) Gradação de ritmo e repetição.

MANIFESTO DAS DEZ PELA PARIDADE

Por que mulheres provenientes de origens diversas, com compromissos às vezes opostos, decidiram unir suas vozes? Nós, que em comum temos o fato de atualmente exercermos cargos públicos, queremos (agora que se aproxima o novo milênio num mundo incerto e numa França inquieta) lançar este apelo pela igualdade de oportunidades e direitos entre homens e mulheres. Uma igualdade que seja, afinal, efetiva, que vá além das promessas de momento, eleitorais ou não. Uma igualdade mais urgente do que nunca, não só para as mulheres, mas para nosso país, pois mais do que ontem a participação destas coincide com o interesse nacional.

Todas, em maior ou menor grau, tivemos de enfrentar a incapacidade do sistema político francês para aceitar realmente as mulheres. Desde a indiferença condescendente e o desprezo até a hostilidade declarada, pudemos dimensionar o abismo que existe entre os princípios enunciados e a realidade expressa no comportamento da classe política. Sim, decididamente, esta ainda tem dificuldade para tolerar que as mulheres participem com responsabilidades reais na direção dos negócios do país. É ocioso rememorar aqui as vicissitudes enfrentadas por cada uma das signatárias deste apelo. Os leitores e, mais ainda, as leitoras as conhecem de cor.

"Não rir nem chorar, mas compreender" – dizia Espinosa. Então, compreender para transformar um estado de fato injusto e nocivo. Para que haja tão fortes resistências contra a admissão das francesas na política, deve haver, em nossa história e em nossa cultura cívicas, algo de mais arraigado do que um simples preconceito, algo que supera a boa, ou menos boa, vontade. A tal ponto que – e é isso o que nos conforta nesta iniciativa – encontramos homens investidos das mais elevadas funções que, conscientes dessa situação escandalosamente desigual, quiseram (não simplesmente por motivos de oportunidade) reequilibrar a representação do país. Evidentemente, era o conjunto das francesas que, através de nós, via assim o reconhecimento de suas posições e seus papéis, ao mesmo tempo que eram requisitadas as suas competências que, em política, por tanto tempo haviam sido confinadas aos salões e às alcovas.

Mas é preciso constatar que essa preocupação com a eqüidade ainda continua sendo da alçada do "príncipe", uma vez que os partidos políticos não assumiram essa vontade. Embora, de fato, as mulheres sejam cidadãs tal como os homens, tanto no número de eleitoras quanto no nível de sua participação nos escrutínios, essa paridade não se encontra nem de longe na proporção das pessoas eleitas. Cinqüenta anos após a instauração do direito de voto das mulheres na França, apenas 5% delas são senadoras ou prefeitas; 6%, deputadas ou conselheiras gerais. O escrutínio proporcional melhora sensivelmente a representação feminina, com 12% das conselheiras regionais e 30% das parlamentares européias.

Entre os 20 grandes países desenvolvidos da Europa e da América do Norte, o nosso ocupa o último lugar na representação feminina no Parlamento, bem atrás dos Estados escandinavos, da Alemanha e da Espanha. De tal modo que, na União Européia, a França é a lanterna na proporção de mulheres eleitas. E não é só isso. Apenas 6% dos "cargos de confiança do governo" são ocupados por mulheres: 2,6% dos governos departamentais, 2% dos embaixadores, 5,5% dos diretores da administração central, para não falar dos cargos de direção em empresas e estabelecimentos públicos. No entanto, o acesso das mulheres aos grandes organismos do funcionalismo público não deixa de crescer com egressas da Escola Nacional de Administração.

Ainda que algumas razões históricas, como um direito relativamente tardio e a lei sálica, possam explicar essa situação, a nosso ver, convém buscar as verdadeiras causas em outros lugares. E na França, para começar, permanece a nossa herança republicana. É a ela, primeiramente, que devemos dirigir nossas indagações, pois nesse caso, tal como em outras questões apresentadas pela sociedade contemporânea, essa herança exige soluções porquanto é, em si mesma, um problema. Ouçam bem. "Liberdade, Igualdade, Fraternidade", lema republicano, essência de nosso pacto nacional, para nós, em todos os seus

Trabalhos dirigidos

termos, teria um ressaibo de insuficiência. Trata-se unicamente de identificar a origem dessa resistência tipicamente francesa à integração das mulheres no sistema de representação e de ação política e, mais geralmente, de "seleção das elites". Isso é essencial para nosso desenvolvimento, pois, por seu papel (que continua expressivo), o Estado é ao mesmo tempo ator de primeira plana e referência – senão exemplo – para todos os outros setores da sociedade.

Essa deficiência na participação das mulheres na vida e nas responsabilidades públicas provém de uma tradição que mergulha suas raízes num jacobinismo já fora de moda.

Cerne de nossa cultura republicana, nem sempre democrática, o jacobinismo foi sempre e sobretudo um negócio de homens. Do ponto de vista prático e simbólico. Centralizador e hierárquico, pontificante e arrogante como educador, retórico e racionalista até a abstração quimérica, o jacobinismo é de alguma maneira um concentrado de qualidades viris, como só uma época mergulhada numa Antiguidade imaginária poderia fantasiar. A relação com os outros tal como eles são, a sensibilidade, o concreto, a preocupação com o cotidiano eram assim rechaçados do campo político. E as mulheres junto. Personalidades tão representativas em nosso imaginário republicano, tal como o prefeito, o professor, o soldado ou o juiz, eram figuras essencialmente masculinas. Desse panteão, as mulheres estavam excluídas.

Em data menos remota, essa centralização jacobina foi fortalecida, durante a V República, por relações estreitas entre a alta administração e a esfera política. As funções de representação e execução são monopolizadas por um grupo dirigente, pouco numeroso, extremamente homogêneo em termos de formação recebida nas grandes escolas superiores, com introdução precoce nos grandes organismos estatais e nos gabinetes ministeriais. Estável em sua composição e pouco permeável em seu acesso, esse grupo dirigente constitui uma "aristocracia democrática" sob a máscara de elite republicana. Está mais do que na hora de acabar com seus estereótipos e com esses bloqueios, feminizando a República. A visão, a experiência e a cultura das mulheres estão cruelmente ausentes no momento da elaboração das leis.

Depois dos grandes progressos jurídicos dos anos 70 e 80, é evidente que o movimento pela igualdade está marcando passo, quando não regredindo. E, com a ajuda da crise, as mulheres estão aparentemente mais silenciosas em suas reivindicações "específicas". No entanto, não se deixam enganar. Sabem ou pressentem que são as mais afetadas pelas demissões e pelo desemprego, total ou parcial, e que as diferenças de salário persistem, sem falar do acesso

A arte de argumentar

aos postos de decisão. Azar das mulheres! Não só. Azar do conjunto da sociedade francesa, azar de sua capacidade de lograr a grande transformação na qual está empenhada.

Em alguns anos, o mundo terá mudado mais do que em meio século. Quais são realmente as novas fontes de riquezas, bem-estar e, finalmente, poder?

A informação e sua circulação, o saber e sua difusão, as relações humanas em suas formas interindividuais ou coletivas. Como não ver que nesses três campos as mulheres, em razão de sua identidade e sua história, encontram-se em posição tão boa quanto a dos homens – quando não melhor – para enfrentar os desafios que se anunciam? Quando a força física já não conta, a não ser nos ringues, quando a organização hierárquica está obsoleta, quando a racionalidade linear e abstrata já não pode explicar a complexidade de um mundo cada vez mais interdependente, quando, enfim, o acordo e o debate passam a ser indispensáveis para a tomada de decisões coletivas – conforme mostrou o movimento social do fim do ano passado –, sem dúvida está na hora de modificar nossas concepções de poder e os critérios de sua partilha entre homens e mulheres. Os franceses serão os últimos, no mundo pós-industrial, a tomar consciência disso?

Debater, educar e incentivar já não bastam para modificar uma situação que perdura apesar das boas vontades. Para atingir a igualdade efetiva entre homens e mulheres em todos os escalões e em todos os setores da sociedade francesa, é preciso que o setor político dê o exemplo. E, para tanto, chegou a hora da coerção, ainda que transitória.

Uma prática nova do poder e da democracia só será possível se sustentada por uma vontade e uma pressão política inarredável. O objetivo é chegar, por etapas, à paridade. [...]

M. Barzach, F. Bredin, E. Cresson, H. Gisserot, C. Lalumière, V. Neiertz, M. Pelletier, Y. Roudy, C.Tasca, S. Weil, in L'express, nº 2344, de 6 de junho de 1996.

Aplicação nº 5*: Síntese

Um editorialista propõe uma reflexão argumentativa relativa ao apelo acima. Analise o fluxo do texto abaixo, não deixando de notar a apresentação de uma tese, sua contestação e a afirmação de uma tese pessoal.

Encontre neste texto bom número de técnicas de expressão estudadas nos capítulos 4 e 5:

1) Introdução cronológica;

2) Princípio pergunta-resposta;

Trabalhos dirigidos

3) Reformulação;

4) Repetições e paralelismos;

5) Valorização das idéias-chave;

6) Apelo aos valores;

7) Frase feita;

8) Afirmação de princípios;

9) Raciocínio por hipótese;

10) Reformulação;

11) Tratamento do dilema;

12) Os sentidos da eficácia.

AO VARÃO, A VARA

Há dois anos, Michel Rocard apresentou uma lista paritária para as eleições européias. Todos acharam que era piada, e o eleitorado preferiu o machismo midiático de um Tapie à igualdade finalmente consagrada. Há um ano, Alain Juppé pôs 12 mulheres no governo. Ousaram batizá-las de "jupettes"[23], sinal de que os políticos não tinham o monopólio do desprezo às mulheres. Cinco meses e meio depois, Juppé tomou a liberdade de dispensá-las, tal como antigamente se fazia com os lacaios, sem que o presidente o impedisse. Aquele 7 de novembro de 1995 tornou-se uma data histórica. A demissão suscitou uma indignação que os príncipes que nos governam não tinham previsto. De todo o remanejamento ministerial, esse foi o único aspecto que os franceses perceberam. E rejeitaram. Sete meses depois daquele dia escandaloso, finalmente se toma consciência da tara francesa, da perpetuação quase inigualável em outras democracias de uma posse masculina do poder. A desigualdade efetiva a que está submetida a imensa maioria das mulheres é um atentado frontal às exigências mais elementares da democracia. Fazer o quê? Existe uma resposta que goza do mérito da simplicidade: a paridade. Um homem, uma mulher. Um deputado, uma deputada. Um prefeito, uma prefeita. Um ministro, uma ministra. O que pode ser mais justo? O que pode ser mais eficaz? É grande a tentação de ficar nisso. No entanto, a democracia merece coisa melhor. Ela impõe discussões e reflexões. A paridade, evidentemente, seria salutar. O poder não está tão mal dividido entre as gerações. Está

---

23 Além do trocadilho com o nome Juppé, *jupette* é saiote, minissaia. [N. da T.]

menos dividido entre as classes; no entanto, estas se confundem. Ainda está dividido em termos de regiões. Mas não há divisão alguma em termos de sexo. Será, por isso, necessário introduzir a paridade no direito? Precisamos ter coragem de reconhecer a ruptura que essa inovação causaria. A igualdade de direitos é o princípio fundador da democracia. "Os homens nascem livres e iguais em direitos" – proclama o primeiro artigo da Declaração de 1789. Mas todos se esquecem de que a Declaração dos Direitos só ganhou força jurídica em 1971, com a ajuda do Conselho Constitucional. O Estado de direito baseia-se na abstração da regra, na generalidade da lei, na universalidade dos cidadãos. Em se tratando dos princípios fundamentais do direito constitucional, a democracia não conhece pretos e brancos, grandes e pequenos, inteligentes e burros, ricos e pobres, homens e mulheres. Ela só conhece cidadãos. Consagra a igualdade de acesso aos empregos públicos. Admite a igual elegibilidade de todos, fora algumas exceções limitadíssimas e fundamentadas. Atentar contra esse universalismo nos levaria a entrar numa lógica diferencialista temível. Os seres humanos seriam reduzidos a especificidades originais. A diferenciação sexual prevaleceria sobre o caráter humano em comum. Em relação aos princípios, sofreríamos uma regressão naturalista. Acresce que outras reivindicações comunitaristas se seguiriam, legitimamente. Por que as mulheres e não os negros ou os árabes também? Em suma, a igualdade estaria mais garantida de fato, mas a cidadania seria infringida de direito. Contudo, é forçoso reconhecer que, sem a paridade, as coisas não sairão do lugar. Como, então, sair do dilema? Existe uma solução democrática: consiste em admitir a exceção paritária. Em tempos de crise grave, a Constituição admite ser suspensa: é o artigo 16; a jurisprudência admite inflexões nos princípios gerais do direito: é a teoria das circunstâncias excepcionais. Afirmemos claramente que a paridade obrigatória equivale a pôr os princípios democráticos entre parênteses, e então, mas só então, em vista da urgência, poderemos adotar uma exceção paritária temporária. Os princípios estarão salvos. Eles contam. A realidade mudará. Isso é preciso.

Olivier Duhamel, in L'express, nº 2344, de 6 de junho de 1996.

Aplicação nº 6*: Síntese

1) Nos três primeiros parágrafos, as técnicas de estilo são numerosas. Identifique o emprego de:

– apelo ao receptor;

Trabalhos dirigidos

– pergunta retórica;
– credo sincero;
– referência a valores positivos e negativos;
– paralelismo com repetição;
– palavras de conotação positiva.

2) Identifique no restante do texto exemplos de, praticamente, todos os meios estilísticos de convencer, apresentados no capítulo "Uso da retórica".

DECLARAÇÃO DE CANDIDATURA DE ÉDOUARD BALLADUR À PRESIDÊNCIA DA REPÚBLICA

No mês de março de 1993, os franceses confiaram o poder a uma nova maioria. Fui designado como primeiro-ministro. Aceitei. Por quê? Porque nosso país estava numa situação muito difícil: eu não queria que 1993-1995 fossem dois anos perdidos. Estava convencido de que era preciso começar sem demora a ação de retificação e mudança, dever ao qual, ao ser chamado, eu não tinha o direito de me furtar.

Essa ação o governo inteiro, ajudado pelos franceses, empreendeu corajosamente e levou a bom termo em numerosos setores. O esforço de reforma é um dos mais consideráveis que foram realizados, em tão curto período, em condições tão difíceis. Trabalhamos muito, em benefício de todos os franceses, sobretudo dos que levam vida dura.

Hoje, aparecem os primeiros resultados, nosso país começa a endireitar, a retomar sua marcha à frente.

Sobre essas bases, agora é preciso ir mais adiante, a fim de nos prepararmos melhor para o futuro que se descortina diante de nós.

Quando assumi a função de primeiro-ministro, eu disse que desejava dedicar-me exclusivamente à retificação do país e silenciar sobre todo o resto até o início de 1995.

Cumpri a promessa. Hoje, as francesas e os franceses têm o direito de conhecer a escolha que terão de fazer, e a eles devo eu anunciar minhas intenções.

Decidi apresentar minha candidatura à presidência da República.

É a dificuldade da tarefa empreendida, é a vastidão da tarefa que resta cumprir, é a confiança de nossos concidadãos, reiterada há vinte meses, é a necessidade de reunir o maior número possível de franceses que me determinam a solicitar seu voto. Neste instante, dimensiono a gravidade de minha decisão.

A arte de argumentar

Se sou candidato, é a fim de preparar a França para o próximo século, a fim de que ela o inicie com todas as suas forças, próspera, justa e influente, a fim de devolver a vida à esperança.

Isso será possível, se assim desejarmos. O que proponho aos franceses, se eles me derem a honra de seu sufrágio, é que esse desejo seja comum.

A campanha eleitoral vai começar. Para ser digna da França, ela deve ser positiva, serena e otimista. De minha parte, assim será.

Positiva, pois se trata de decidir em conjunto as reformas indispensáveis. A crítica alheia não terá lugar em minhas palavras. Meu empenho será de explicar claramente o que proponho. Os franceses têm direito de saber.

Serena, porque a escolha de um presidente da República é um ato grave que implica o futuro da nação, que não se acomoda a polêmicas inúteis.

Otimista, porque os franceses e, especialmente, a juventude devem recobrar as esperanças.

A França não deve ter medo: nem medo do futuro, nem dos outros, nem medo do mundo. Deve acreditar em si mesma. A França é um grande país, está presente em todo o mundo graças aos departamentos e territórios de ultramar; o francês é um grande povo, capaz do melhor, desde que lhe dêem meios de decidir. É preciso acreditar na França: ela deve, com todas as suas forças e com toda a sua coragem, voltar a ser um exemplo para o mundo, como foi no tempo do general De Gaulle.

O que está em jogo na eleição presidencial é claro: trata-se de restabelecer a unidade do poder, de pôr fim a um período inevitável, mas politicamente delicado. Essa situação eu fiz questão que fosse o mais útil possível para a França, respeitando escrupulosamente as instituições.

Trata-se de restaurar a moral cívica, de lutar contra a corrupção, de garantir a segurança, o respeito às leis, os direitos dos cidadãos assegurados pelos juízes; em suma, o Estado republicano.

Trata-se de fortalecer o progresso e a justiça, a fim de reduzir o desemprego, de dar à juventude uma escola que a prepare melhor para a vida ativa, de desenvolver nosso território sem destruí-lo, de proteger os que sofrem, os que têm mais necessidade da fraternidade nacional, as vítimas de todos os males gerados pelas sociedades modernas.

Trata-se de consolidar a posição da França na Europa e no mundo, de fazer da França o motor do progresso europeu, progresso europeu que é indispensável ao nosso futuro. A França deve ser o melhor servidor da paz.

Trabalhos dirigidos

Tudo isso será possível com uma condição: a reconciliação dos franceses. É preciso reformar sem fraturas e rupturas, convencendo, obtendo adesão por meio do diálogo com todos. Não sou o candidato de um partido. O que desejo é reunir o maior número possível de franceses com tolerância, abertura e respeito pelo outro. O que desejo é governar para todos os franceses, sem distinção e exclusivismos. Se me derem sua confiança, cumprirei minha tarefa a serviço da nação inteira. Reconciliação dos franceses, otimismo, confiança em si, orgulho de ser francês: é isso o que está em jogo.

Todos os franceses amam o país, todos sabem que devem ser solidários, todos conhecem os deveres que lhes são impostos pelo patriotismo e pela justiça para com os mais fracos.

É diretamente aos senhores que me dirijo. Aos senhores, que deverão julgar e decidir que futuro desejam para a França.

Discurso transmitido pela televisão em 18 de janeiro de 1995.

Aplicação nº 7: Síntese

Analise livremente este texto que constitui um bom resumo de diferentes técnicas úteis à argumentação: estrutura do plano, construção do raciocínio em cada parágrafo, meios de apresentar e valorizar uma tese.

ECONOMIA DE MERCADO PROCURA MORAL DESESPERADAMENTE

Segundo análise que já teve seus momentos de glória, a economia "é determinante em última instância"; em outras palavras, tudo seria explicável pela economia. Quer se trate da guerra do Golfo, quer de nossos comportamentos cotidianos, nada escaparia ao "dinheiro que dirige o mundo". Mas é assim mesmo? A economia não funcionará antes de tudo graças a uma moral que a precede e fundamenta? As duas expressões que acabamos de mencionar não são análogas. A primeira frase devemos a Marx. Este baseava seu determinismo na necessidade de uma revolução social: o homem novo só pode nascer de uma economia nova, ou seja, de uma organização econômica respaldada em outras relações sociais. O ditado popular, por sua vez, significa que os homens só agem por interesse e que, de fato, são os mais ricos que têm o poder. No entanto, determinismo e fatalismo redundam na mesma constatação: o enorme peso da economia no funcionamento das sociedades humanas. De certo modo, a derrocada das economias do Leste europeu reforça essa visão das coisas: não só porque elimina uma possível alternativa (que, há vários anos,

A arte de argumentar

funcionava mais como modelo para evitar, e não para imitar), mas também porque justifica a idéia de que ninguém zomba impunemente das "regras econômicas". A realidade, porém, é bem diferente. As regras econômicas não podem ser o único fundamento de uma sociedade. Isso por três razões: a primeira é que as desigualdades excessivas engendradas pelo mercado são uma negação da solidariedade e até do crescimento. Uma sociedade tem mais capacidade de enfrentar mudanças quando estas não penalizam ninguém. Essa é uma observação trivial, formulada de um ponto de vista teórico por J. Rawls, filósofo americano que escreveu *Uma teoria da justiça*. Rawls considera que as desigualdades são aceitáveis desde que provoquem um aumento de riquezas das quais até mesmo os pobres possam tirar proveito. Isso, portanto, legitima, por exemplo, o prêmio pago a alguém como recompensa por aumento da eficácia. Mas, se o enriquecimento de alguns assenta na exclusão de outros ou a provoca, J. Rawls considera que a desigualdade não é justificável, porque se torna ineficaz. As desigualdades – e seu crescimento – só serão aceitáveis se não se traduzirem na degradação da vida de quem quer que seja: há, de alguma maneira, uma desigualdade positiva que consiste em excluir ou em reduzir o rendimento dos que têm pior desempenho. Ora, o mercado provoca essas duas formas de desigualdade. Em especial, ao provocar desemprego, ao fadar à exclusão os que têm menos formação – ou os mais jovens, sem experiência profissional –, o funcionamento do mercado acaba por descarregar o peso dos ajustes sobre as camadas sociais desfavorecidas, que tendem então a empobrecer e até a marginalizar-se. Essa situação não é injusta apenas no sentido de Rawls; ela provoca um fracionamento da sociedade que, mais cedo ou mais tarde, acabará por receber o troco: as tristes periferias das casas de baixo aluguel geram insegurança, problemas, droga e violência. A coexistência, nos mesmos lugares, de Mercedes-Benz e Restaurants du Coeur[24] acaba sendo explosiva. Daí a função social do zoneamento urbano: o objetivo é manter os pobres em seus guetos, para que não acabem tirando proveito dos bairros ricos, como no Rio de Janeiro ou em Nova York. O mercado tem um calcanhar-de-aquiles, que é a questão social: "business is business", dizem os homens de negócios. Mas todos os homens de negócios que sejam inteligentes sabem que um mínimo de redistribuição da renda é garantia de paz social, que é garantia de crescimento. Isso o mercado não faz es-

....

24 Literalmente, Restaurantes do Coração: associação filantrópica que distribui alimentos em forma de cestas básicas ou refeições *in loco* para populações carentes ou sem-teto.

pontaneamente. Por isso, é preciso organizá-lo, no interesse do próprio sistema econômico. Não foi por filantropia que entre 1920 e 1939 se criaram os primeiros sistemas de aposentadoria e salários-família.

A segunda crítica que se pode fazer ao pensamento liberal moderno é que ele tem ilusões sobre a capacidade do mercado de ser um regulador aceitável do conjunto. Ele é um mau regulador social, como se viu. É também um mau regulador econômico. Ou melhor, é um ótimo regulador local: o sistema de preços permite identificar facilmente carências ou excedentes, mostrando-se, portanto, como excelente sistema informativo. Em contrapartida, é um medíocre regulador de conjunto. Nos mercados financeiros – mercados que estão mais próximos daquilo que os teóricos chamam de concorrência pura e perfeita –, isso se verifica claramente: alta provoca alta, baixa provoca baixa, provocando previsões auto-realizadoras, mais ou menos do modo como a psicologia do fracasso provoca de fato o fracasso em quem padece desse mal e, com isso, contribui para reforçar a idéia de que não é possível vencer.

No mercado, fala-se de "bolhas especulativas" para explicar esses fenômenos de entusiasmo, que não passam de manifestação concreta da impossibilidade do mercado de fixar limites objetivos.

Para funcionar corretamente, um mercado precisa de informações externas, regras, normas. Sem a intervenção moralizadora de um poder policial, a ordem espontânea gabada pelos liberais transforma-se em desordem violenta. Quando o trânsito se congestiona na estrada, sempre aparecem espertinhos entrando no acostamento, o que transforma o congestionamento num gigantesco engarrafamento. É preciso que haja instituições para que o mercado generalizado funcione corretamente.

O erro liberal é banir a política, acreditar que a busca de cada um por seus interesses ou seus impulsos pode desembocar numa ordem espontânea. O capitalismo utópico – para retomar o título do livro de P. Rosanvallon – consiste em acreditar que uma sociedade pode existir simplesmente pela economia, que esta basta para tecer os laços que transformam indivíduos em povo, uma coleção de elementos num todo solidário. Pierre Rosanvallon descreve assim a utopia liberal:

"A economia realiza a filosofia e a política. A harmonia natural dos interesses basta para regular o mercado do mundo; a mediação política entre os homens é considerada inútil e até nociva. A sociedade civil, concebida como um mercado fluido, estende-se a todos os seres humanos e possibilita superar as divisões de países e raças."

A arte de argumentar

Nada é mais falso. O mercado não precisa apenas de instituições, regras, policiamento e sanções. Ele se mostra freqüentemente menos eficaz do que uma organização. Aliás, é assim que um economista americano, R. Coase, justifica a existência da empresa: a negociação permanente de um contrato de trabalho entre iguais é mais custosa do que a implantação de uma estrutura na qual dominem relações de autoridade. Jean-Michel Saussois, também ressalta que a grande empresa nasceu nos Estados Unidos, entre 1850 e 1880, para integrar várias atividades em seu interior (distribuição, suprimentos) até então exteriores, pois a incerteza e a instabilidade das relações de mercado eram um obstáculo à eficiência produtiva. Em suma, o mercado precisa da organização, com suas regras, suas leis, suas instituições: sem esse concubinato notório, ele se revela incapaz de demonstrar a eficiência que lhe atribuem.

A terceira crítica visa aquilo que se poderia chamar de imperialismo da economia. Como já vimos, sem organização, sem regra, sem normas explícita ou implicitamente aceitas, o mercado não pode funcionar corretamente.

O capitalismo precisa de uma dimensão coletiva não econômica para funcionar. Não só a econômica não pode reger tudo (esse é o sentido da segunda crítica) como também, para funcionar com o mínimo de esforço, ela precisa de regras morais, da certeza de que nem todos os golpes são permitidos, de que a cooperação é melhor do que a luta para atingir um objetivo.

No fundo, é esse o sentido fundamental da mensagem marxista: para Marx, o comunismo é o horizonte da humanidade, o fim da história, porque substitui o "cada um por si" pela livre associação para o bem-estar de todos. É também o sentido da mensagem cristã: aquele que se perde, ou seja, que trabalha para os outros, é quem ganha – ou seja, tem mais proveito do que se tivesse trabalhado somente para si. Está certo, não cabe incidir no sincretismo, mas a economia não precisa apenas de policiamento; precisa de moral, de um código de conduta interiorizado, de uma definição aceita daquilo que é bem. A economia, por ser amoral, precisa de anteparos que lhe sejam exteriores. O sonho visionário dos liberais era de que as instituições que refreavam o comportamento de cada um, inserindo-o numa rede de interditos (religião, corporações, costumes, família...), desaparecessem e dessem lugar apenas ao papel dos interesses privados. É o que explica a fábula das abelhas de Mandeville – vício privado, virtude pública –, assim como a mão invisível de Adam Smith. Ora, esse sonho redunda numa sociedade fratricida, em que todos os golpes são permitidos: os capitais circulam, a especulação é desbragada, a sociedade se desagrega. Então a família se torna o último refúgio, o lugar onde o amor substitui o cálculo, e a afeição substitui o interesse.

Trabalhos dirigidos

De tudo isso, caberá tirar uma lição? A vitória da economia de mercado pode muito bem ser efêmera, se não for aceita uma moralização da economia, ou seja, a edição de um código do permitido e do proibido, e se não se conseguir criar instituições dotadas de regras. Em suma, se o papel do mercado não for limitado àquilo que ele é: um regulador de ordem local. Pode-se dar a essa mistura de regras coletivas e de mercado o nome de "economia mista" ou "planificação descentralizada", ou "autogestão social", segundo o lugar em que seja exercido: isso tem pouca importância. O que conta é tomar consciência de que uma sociedade não pode deixar que o mercado ocupe todo o espaço: assim, ela se destruiria.

Revista *Sciences humaines*, nº 6, maio de 1991.

Aplicação nº 8*: Metáfora

Redija um parágrafo relativo a cada situação abaixo, descrevendo-a de modo metafórico, como se se tratasse (à escolha): de uma guerra, de um boletim meteorológico, de uma partida de futebol, de um concerto, de uma operação cirúrgica, da pilotagem de um avião. Um conselho: antes da etapa de redação, faça uma lista de palavras e expressões pertencentes ao campo lexical do assunto escolhido:

- A difícil construção européia: por uma cooperação mais ampla entre os Estados-membros.
- A trajetória do estudante, do colégio à universidade.
- O desenvolvimento econômico fulgurante dos países do Sudeste asiático.
- O inferno das férias de inverno: dos engarrafamentos das estradas aos congestionamentos das pistas de esqui.
- Funcionamento da internet: um jovem transmite sua paixão aos avós.

Aplicação nº 9: Convencer por todos os meios

Imagine-se uma das pessoas abaixo; redija, sobre o assunto que escolher, um discurso bastante curto (cerca de uma página) que ponha em prática uma dezena de procedimentos retóricos estudados neste capítulo:

- Diretor de uma rede de televisão.
- Piloto automobilístico.
- Médico de uma associação humanitária com atuação em áreas de conflito.

A arte de argumentar

- Presidente do partido popular e social da Nova Gâmbia Inferior.
- Presidente do Comitê Olímpico Internacional.

4. CONCEPÇÃO DOS TÍTULOS

Aplicação

Crie títulos a partir das informações abaixo:

- As aposentadorias futuras diminuirão obrigatoriamente por razões de ordem demográfica.
- Mesmo em período de crise, os franceses apostam cada vez mais na loteria.
- A luta contra a máfia é eficaz, mas custou muitas vidas à justiça italiana.
- Como a Eurodisney não teve os resultados esperados, não está excluída a hipótese de se fechar o centro de diversões.
- A Benetton algumas vezes ultrapassou certos limites de moral ou bom gosto em suas publicidades.
- O desemprego não poderá ser combatido com a criação da semana de 32 horas?
- Na Irlanda do Norte, católicos e protestantes se defrontam violentamente há séculos, mas já se vislumbra uma luz de esperança.
- A reunificação alemã é em parte responsável pelas atuais dificuldades econômicas da Europa.
- A Igreja hesita cada vez mais em dar o nome de milagre a curas ainda não explicadas.
- A estocagem do lixo radioativo é o pior quebra-cabeça que pesquisadores e políticos precisam resolver.
- Toda manipulação médica ou genética com embriões será proibida.

6. CONSTRUÇÃO DE AUTONOMIA E AUTO-AVALIAÇÃO

Seja ela oral ou escrita, a argumentação exige domínio de técnicas diversas (procura de idéias – organização – necessidade de justificação – consideração da tese oposta – valorização estilística do conteúdo etc.) que as páginas anteriores não tiveram a pretensão de apresentar de maneira exaustiva. No entanto, quem precisar escrever ou falar em público provavelmente estará achando que a aplicação dos conselhos aqui dados é um desafio difícil de vencer. Só podemos concordar; parece, de fato, que o mais difícil é integrar os pensamentos pessoais, que todos consideram espontâneos, nesses procedimentos de organização e expressão, sentidos então como uma coibição. Essa contradição é ainda mais clara nas argumentações orais, durante debates, por exemplo, quando é preciso mobilizar em alguns segundos e às vezes sem muita preparação os meios de expressão e apresentação mais adequados ao conteúdo que se deseje transmitir.

Nesse caso, o locutor corre o risco de ficar em estado de sobrecarga cognitiva, ou seja, de ter de gerir simultaneamente um número excessivo de parâmetros de forma e fundo, para ser eficaz. Portanto, é imprescindível o treinamento, e essa é a razão de ser das partes intituladas "trabalhos dirigidos".

Mas restam dois pontos em suspenso:

- Como ter certeza de que nada de primordial foi esquecido no desenvolvimento argumentativo e na enunciação das palavras?
- Como memorizar o conteúdo essencial aqui exposto, que só se tornará realmente útil se deixar de ser um saber para se tornar um saber-fazer?

Assim, para encerrarmos este estudo, propomos uma recapitulação das principais fórmulas que é preciso dominar, bem como um quadro analítico relativamente pormenorizado, que poderá servir ao mesmo tempo como rememoração e guia de avaliação.

A arte de argumentar

1. MEMORIZAÇÃO DAS PRINCIPAIS FÓRMULAS ÚTEIS À ARGUMENTAÇÃO

1.1. GESTÃO DOS EXEMPLOS

– *Por exemplo, assim, em especial, é o que ocorre com, o exemplo mais significativo é...*
– *Esse exemplo, essa situação, essa constatação... mostra, demonstra, ilustra, prova que...*

1.2. APRESENTAÇÃO DE IDÉIAS ALHEIAS OU CONTRÁRIAS

– *Fulano alega, afirma, considera, acredita, supõe que...*
– *Segundo, de acordo com, a crer-se em Fulano...*
– *X é preconceito, erro, idéia preconcebida, inverdade, interpretação, alegação sem fundamento...*

1.3. MODALIZAÇÃO

– *É certo, seguro, indubitável, incontestável, irrefutável, evidente... que; estou seguro, estou certo, estou convencido... de que; tenho a convicção, a certeza... de que; não há dúvida (alguma) de que...*
– *É impossível, indiscutível, incontestável que...; não se poderia admitir, acreditar, considerar que...*
– *Parece-me, é provável, verossímil que...; há fortes indícios de que...; por certo, decerto, provavelmente...*
– *Parece-me pouco provável, improvável, pouco verossímil que...; há pouquíssimas probabilidades de que, seria surpreendente, eu me surpreenderia se...*
– *É possível, não é impossível, não se pode excluir, poderia ser que...*

1.4. VALORIZAÇÃO DE UMA IDÉIA

– *Principalmente, sobretudo, essencialmente, prioritariamente, acima de tudo...*

Construção de autonomia e auto-avaliação

– É essencial, primordial, importante, crucial notar que...

1.5. RESUMO – REFORMULAÇÃO

– Em suma, em resumo, em poucas palavras, de fato, com efeito...
– Em outros termos, em outras palavras, ou seja, isto é, ou melhor...

1.6. REFUTAÇÃO TOTAL

– Não é verdade, é absolutamente falso acreditar, não se pode aceitar, não é de crer, não é razoável, não é justo... dizer que...

1.7. CONCESSÃO

– É possível, pode ser, não é falso dizer, cabe reconhecer, é inegável que..., deve-se admitir, não se pode negar, reconheço, admito que...

1.8. ATENUAÇÃO

– Não se pode chegar a ponto de afirmar, seria exagerado dizer que, a situação não está tão definida para se acreditar, é difícil ser tão categórico, essa concepção simplifica demais a realidade...
– Não se trata propriamente de, não se trata exatamente de, é simplesmente questão de...
– Essa observação é totalmente desproporcional à situação real, esses exemplos são pouco numerosos, esses números não são representativos do conjunto da realidade, os inconvenientes são muito menos numerosos do que acreditam alguns...

1.9. O CONTRA-ATAQUE

– Esse exemplo – ao contrário – não provará..., afirmar tal idéia não será (implicitamente) reconhecer..., tal raciocínio constitui a prova cabal de que...

A arte de argumentar

— *Na verdade, a resposta que se pode dar..., a realidade é que..., é importante observar que...*

1.10. Demarcação

— *Duas soluções possíveis, três obstáculos..., por várias razões...*

1.11. Adição

— *Para começar, primeiramente, em primeiro lugar, assim também, ademais, além disso, outrossim, aliás, acresce que, em segundo lugar, em terceiro lugar, por um lado... por outro lado, não só... mas também, quanto a, no que diz respeito a, por fim, finalmente, enfim...*
— *De mesmo modo que, sem contar que, bem como...*
— *Além de, assim como, ademais de...*
— *Acrescente-se que...*

1.12. Causa

— *De fato, com efeito, isto porque...*
— *Porque, devido a, visto que, uma vez que, já que, principalmente porque, mesmo porque, a pretexto de...*
— *Não é porque, não é por, não que... mas (porque)...*
— *Por causa de, em razão de, em nome de, em conseqüência de, sob o efeito de, à força de, graças a, por falta de...*
— *Resultar de, ser decorrente de, depender de, decorrer de, provir de, ser da alçada de...*
— *Explicação, motivo, razão, origem, fonte...*

1.13. A conseqüência

— *Logo, portanto, por conseguinte, em conseqüência, por isso, por essa razão, por esse motivo, assim...*
— *De (tal) maneira que, de (tal) modo que, a ponto de, tão... que, tanto... que, suficiente... para que, demais... para que...*

Construção de autonomia e auto-avaliação

– *A ponto de;*
– *Implicar, acarretar, provocar, induzir, causar, produzir, suscitar, incitar a, levar a, carrear...*
– *Efeito, impacto, incidência, repercussão, resultado, fruto, seqüela...*

1.14. FINALIDADE

– *Para que, a fim de que, somente para, para não...*
– *Para, a fim de, com o fito de, no intuito de, com a intenção de...*
– *Visar (a), tender a, objetivar, ter em vista, ter em mira...*
– *Finalidade, fim, intenção, intuito, objetivo, projeto...*

1.15. OPOSIÇÃO-CONCESSÃO

– *Contudo, no entanto, entretanto, todavia, não obstante, em contrapartida, em compensação, inversamente, ao contrário...*
– *Enquanto, ao passo que, em vez de, se, embora, ainda que, mesmo que...*
– *Seja(m) qual(ais) for(em)..., por mais... que, por mais que...*
– *Apesar de, a despeito de, em vez de, ao invés de, a menos que...*
– *Não impedir, opor-se, contradizer...*
– *Antagonismo, antinomia, conflito, contradição, contraste, desacordo, diferença, discordância, incompatibilidade...*

1.16. HIPÓTESE-CONDIÇÃO

– *Se, supondo-se que, admitindo-se que, com a condição de que, no caso de...*
– *Caso, desde que, contanto que...*

1.17. APELO AO RECEPTOR, BOA-FÉ
E PETIÇÃO DE PRINCÍPIO

– *O senhor / a senhora / você... etc. não ignora, todos sabemos que, todos estão convencidos de que...*

A arte de argumentar

– *Bem no fundo, em meu foro íntimo, minha impressão mais profunda, estou sinceramente convencido de que, peço-lhes que acreditem...*
– *É normal, todos sabem, é evidente que...*

2. AUTO-AVALIAÇÃO

Seja qual for a atividade em questão, o praticante só poderá progredir se perceber claramente suas qualidades e defeitos, donde a necessidade de propor uma lista dos comportamentos necessários para a elaboração de uma argumentação. No entanto, quem quer perfeição expõe-se ao risco da ineficácia; em outras palavras, parece-nos que uma relação de critérios de avaliação, ao multiplicar objetivos e especificações, traria no próprio bojo a fonte do insucesso: incapaz de memorizá-la direito, o locutor não poderia integrá-la às suas referências mais profundas para utilizá-la eficientemente no momento certo.

Essa relação, portanto, deverá ser utilizada com flexibilidade (pelo menos assim esperamos) e poderá ser explorada segundo diferentes modalidades:

- com finalidade mnemônica, para que não seja omitido nada de essencial. O usuário poderá remeter-se apenas aos itens em negrito;
- como fonte de consulta para a preparação (escrita ou oral) da argumentação. O locutor poderá então meditar sobre todos os temas propostos;
- como instrumento de avaliação, depois de terminado o trabalho. O redator (ou orador, por exemplo, se foi filmado) verificará se aplicou corretamente ou não os pontos assinalados. Poderá notar o que ainda não está conseguindo dominar, o que constitui, portanto, elementos que deverão ser melhorados.

Sugestão de pontos de análise

A) Análise do assunto (escolhido ou imposto pelas circunstâncias)

Construção de autonomia e auto-avaliação

- Levantamento das palavras-chave.
- Reformulação do conteúdo.

B) Consideração dos receptores (se for possível conhecê-los)
- Composição sociológica do público.
- Elementos psicológicos característicos.
- Referências intelectuais (em especial, vocabulário) e valores ideológicos.

C) Procura das idéias nos campos mais variados possíveis
- Recurso às referências.
- *Brainstorming.*
- Utilização dos 5 Qs, mais: objetivos, implicações, meios, condições de sucesso.
- Adoção de pontos de vista diferentes.
- Fragmentação.
- Análise por árvore das causas.

D) Elaboração do plano
- Triagem prévia das idéias por meio das distinções: fatos / noções; concreto / abstrato; individual / coletivo; problema / solução...
- Orientação da argumentação em vista de um objetivo preciso.
- Adaptação do plano a si mesmo, ao destinatário, à problemática.
- Plano escolhido: linear? binário? analítico? decisional?
- Transições feitas.

E) Introdução: três papéis, três qualidades, três partes
- Despertar o interesse do destinatário com vivacidade e originalidade.
- Especificar o tema e o assunto abordado.
- Apresentação clara do plano.

F) Conclusão: dois papéis, duas partes
- Encerramento do assunto: solução, parecer, resposta à questão.
- Abertura: análise crítica das soluções, condições de sucesso, integração numa problemática mais vasta.

G) Elaboração das unidades de reflexão
- Coerência: uma noção por parágrafo.
- Pertinência da argumentação.

A arte de argumentar

- Justificação da tese: gestão do implícito, modalização, valorização das idéias-chave.
- Gestão dos exemplos: adequação à idéia, escolha dos conectores que as introduzem.
- Refutação da tese contrária: rejeição? concessão? atenuação? minimização? objeção?

H) **Redação: da frase ao texto**

- Utilização dos conectores que estruturam o pensamento.
- Variedade das construções de frases.
- Encadeamento das frases e coerência textual.

I) **Emprego de técnicas retóricas para obter convicção**

- Implicação dos interlocutores.
- Recurso às normas.
- Construção de frases e estruturas rítmicas particulares.

J) **Concepção de títulos para resumir o pensamento (eventualmente)**

- Criação de títulos vazios ou plenos.
- Utilização de estruturas gramaticais apropriadas: pontuação, aposição, preposições...
- Uso de técnicas estilísticas particulares.

K) **Intervenção oral (eventualmente)**

- Respeito aos dois tempos: consideração da tese oposta / refutação.
- Qualidade da atenção dada à tese contrária e da sua reformulação.
- Esforço de estruturação reforçada: anúncio, demarcação, reformulação, resumo da tese.
- Utilização (eventual) de reformulação tendenciosa.
- Pertinência da refutação.

CONCLUSÃO:
MORAL E ARGUMENTAÇÃO

Não encerraremos estas poucas páginas de caráter técnico com uma dissertação tediosa destinada a analisar as relações que há entre argumentação e moral. Mas não podemos nos despedir do leitor sem tratar sucintamente de um problema. Já vimos desde a primeira parte que a argumentação está ligada à noção de liberdade, liberdade de pensar, de expressar seu pensamento, de contradizer o pensamento alheio. Mas convencer é, de fato, procurar impor a própria opinião a outra pessoa. De certo modo, não será isso negar a liberdade da outra pessoa?

Argumentação é manipulação?
Pode ser tentador responder afirmativamente a essa pergunta. Aliás, se este livro existe, é porque existem meios de organizar o pensamento (capítulo 3), e essas técnicas são – digamos – destinadas a pressionar outra pessoa. Essa acusação pode ser mais aceitável para certas estratégias estudadas no capítulo "Principais tipos de plano", que parecem concebidas como armadilhas para o destinatário. Parece-nos, porém, que certo número de argumentos, com um peso infinitamente superior, pode descartar essa presunção de manipulação.
• Em primeiro lugar, a própria existência deste livro pode ser um vetor de liberdade. Isso porque, enquanto se ensina como argumentar (digamos, provisoriamente, "manipular"), ensina-se também como defender-se, como refutar os argumentos (capítulo "Refutação de uma tese"). Por outro lado, conhecer técnicas significa poder utilizá-las, mas também poder detectá-las em outra pessoa, portanto ficar menos vulnerável.
• Em segundo lugar, a nosso ver, a argumentação é um conjunto de técnicas; ora, por definição, técnica é algo neutro, nem positivo nem negativo. Ela pode ser utilizada de modo positivo ou negativo,

mas isso em função das intenções do locutor. Se é que há problema de moral, ele não diz respeito à argumentação, mas ao argumentador. A palavra pode carrear verdade ou mentira, e só está em causa quando usada com intenções escusas, a menos que cortemos a língua de todos os seres humanos para que eles não possam mentir.

- Acima de tudo, a argumentação só é eficaz quando o destinatário quer aceitá-la. Numerosos são os regimes políticos que tropeçaram no problema da propaganda, simplesmente porque os cidadãos conservavam em seu foro íntimo uma zona de liberdade que lhes permitia aceitar ou recusar as idéias que procuravam inculcar-lhes.

Por nossa vez, estamos persuadidos de que, para ser eficaz, a argumentação deve ser profundamente aceita pelo destinatário, e este só a adotará realmente quando sentir que ela é parte integrante de si mesmo. De certo modo, toda argumentação seria, no fim, auto-argumentação. Partindo-se daí, poderíamos considerar que o emissor não passaria de desencadeador, facilitador, revelador, e que a tese por ele desenvolvida já estava presente (inconscientemente?) no receptor ou, pelo menos, que as referências deste último estavam prontas para aceitá-la. Assim, não há manipulação, mas – retomando conhecida imagem socrática – "parição", por parte do locutor, de idéias já presentes ou subjacentes, no espírito do destinatário.

- Por fim, os regimes políticos que quiseram ou querem negar a liberdade do indivíduo proíbem, em primeiro lugar, a transmissão livre do pensamento; não será isso prova de que a argumentação, que sempre integra noções contraditórias de tese e antítese, é o símbolo da liberdade?

E se a manipulação estivesse em outro lugar, não na argumentação? Em nossas chamadas sociedades livres, muitas vezes é possível refutar por escrito ou em debate oral uma tese da qual se discorda. A parcela de manipulação associada à argumentação parece, assim, muito mais fraca do que em esferas mais sutis e menos conhecidas, ainda que cotidianas. De fato, enquanto a reflexão é do domínio do

Conclusão: Moral e argumentação

consciente, permitindo, pois, que seu alvo raciocine para se defender, que dizer dos procedimentos que atingem o inconsciente e são, por isso, muito menos detectáveis por sua vítima? Várias técnicas comerciais são concebidas dessa maneira: o consumidor é livre quando se surpreende a cantarolar o *jingle* da publicidade que gaba certo automóvel ou um refrigerante? É livre quando se dirige para a direita depois de entrar em seu hipermercado favorito e cai no setor de audiovisual, colocado justamente ali por se saber que a maioria dos seres humanos é destrogira? É livre diante do vendedor que consegue entrar em sua casa e sentar-se em seu sofá para lhe oferecer um seguro de vida? No entanto, em nenhum desses casos foi usada a argumentação. E houve, sim, manipulação, pois um ser humano manifestou um comportamento que talvez não desejasse, mas que outra pessoa conseguiu levá-lo a adotar. As técnicas então utilizadas são muito mais eficazes do que a argumentação, pois não põem em ação a razão.

Argumentar, ao contrário, consiste em levar em conta o espírito crítico de outrem, portanto em reconhecer e (por que não?) preservar sua liberdade.

EXERCÍCIOS CORRIGIDOS

CAPÍTULO 2. À CAÇA DAS IDÉIAS

2. Em busca das idéias

Aplicação nº 1: Consultar as sugestões de listas referentes aos temas *"autoridade, fidelidade, tolerância, aventura"* na aplicação nº 1 do capítulo "Como orientar a argumentação".

Aplicação nº 2: Sugestões de respostas aplicáveis ao assunto nº 1:
– O quê?: *ausência de declaração oficial, portanto de encargos, tanto para o empregador quanto para o empregado.*
– Quem?: *categorias mais afetadas: desocupados (aposentados, desempregados...); jovens ("bicos"); pessoas sem profissão; pessoas que dispõem de trabalho estável que lhes deixa algum tempo livre (carteiros, policiais...)...*
– Em que lugar?: *alguns setores de atividade são mais afetados: construção civil, hotelaria, confecção, mecânica de automóveis, agricultura...*
– Quando?: *em geral, mais desenvolvido nos períodos de crise; em especial, no ano: em certos períodos, em função das exigências das atividades em questão (férias para a hotelaria, safras, etc.).*
– Por quê?: *razões financeiras, tanto da parte do empregador quanto do empregado; flexibilidade (trabalho em função da demanda); ilegalidade de fato (trabalhador estrangeiro, sem documentos); prazer de lograr o Estado.*

Aplicação nº 3: Sugestões de respostas aplicáveis ao assunto nº 1:
– Objetivo: *obter horas de trabalho para os que estão sem emprego.*
– Princípios: *todos têm direito a emprego; ninguém é insubstituível (cada operário, cada funcionário, cada executivo pode ser substituído por outro); o mercado de trabalho tem demanda suficiente para atender a todas essas ofertas.*
– Implicações: *sociais: nova divisão de esforços e empregos, portanto de riquezas; políticas: equilíbrio e harmonia da sociedade, e não dicotomia ativos/excluídos.*

Aplicação nº 4: Sugestões de pontos de vista utilizáveis para o assunto nº 1:
– *Trabalhadores, fundos de aposentadoria, companhias de seguro, preocupados com futuras pensões.*
– *Maternidades, creches, escolas, preocupadas com a diminuição da freqüência.*
– *A Igreja, visto que essa redução entra em contradição com seus princípios.*

A arte de argumentar

– *Ponto de vista material: redução do consumo em todos os setores ligados à juventude; a médio prazo: mais riquezas para dividir, pois os indivíduos são menos numerosos.*
– *Ponto de vista psicológico: evolução das mentalidades de uma população que envelhece; falta de dinamismo, de novidade; necessidade de segurança; símbolo de falta de esperança no futuro.*

Aplicação nº 6: Análise do assunto:
– Assunto nº 1:
1) *"reconhecidos; destruição; construção; singularidade".*
2) *"mas; A condição é que…".*
3) *A afirmação necessária de nossa personalidade não deve ocorrer em detrimento do outro, mas em seu benefício…*
– Assunto nº 2:
1) *"luta; fatalidade; obstáculo; poder desconhecido; não tem domínio; Destino".*
3) *O trágico é um combate contra uma instância superior, combate perdido de antemão, mas sempre reiniciado.*
– Assunto nº 3:
1) *"mundial; canção; mentalidade global; questionamento; liberdade".*
2) *"mas, ao mesmo tempo".*
3) *A criação, em especial a canção, cria uniformização planetária da arte, mesmo permitindo que os criadores mais contestadores se expressem.*
– Assunto nº 4:
1) *"trabalho; centro; civilização; elos culturais; quantitativa; qualitativa; vida interior".*
3) *Embora o trabalho tenha constituído o cerne de nossa sociedade, agora o desenvolvimento íntimo deve suceder-lhe.*
– Assunto nº 5:
1) *"homens; amontoados; espalhados; juntam; corrompem; cidade".*
2) *"mas".*
3) *Toda concentração humana, tal como a cidade, perverte o homem.*

Aplicação nº 7: Utilização da árvore das causas para o assunto nº 1:
Maquinário: *segurança passiva e ativa dos automóveis (proteção por carroceria, cintos de segurança,* airbags, *sistemas de freio, qualidades de arranque e estabilidade: diferenças de segurança de acordo com modelo, tamanho, categoria).*
Mão-de-obra: *em nosso caso, pessoas afetadas: tipos freqüentes de erro humano, riscos respectivos para os passageiros da frente, o motorista, os passageiros de trás, as crianças; papel (dissuasório?) das forças policiais.*
Método: *adaptação ou não das técnicas de aprendizagem; aulas com instrutor; ausência de formação ulterior; modo de dirigir (embriaguez, velocidade, sentimento de superioridade); dirigir embriagado.*

Meio ambiente: *adaptação ou não da rede rodoviária; diferença de perigos em estradas, rodovias, na cidade, no campo, à noite.*
Materiais: no caso: *fluxo, evolução do trânsito.*

Aplicação nº 9: Ficha de informação da associação "France Adot":
O que é medula óssea?
A medula óssea é encontrada no interior dos ossos; é ela que fabrica células sangüíneas. Não deve ser confundida com medula espinhal.
Quem pode doar medula idêntica?
Às vezes um irmão ou uma irmã compatível. Em caso de impossibilidade, é preciso recorrer a um doador voluntário.
Com que idade se pode doar medula óssea?
De 18 a 50 anos.
Quantas vezes é possível doar?
Uma vez. Excepcionalmente, duas vezes para o mesmo paciente. Isso não impede doações em âmbito familiar.
Quando e como se pode fazer essa doação?
Em vida, depois de exame de sangue, para tipologia HLA em laboratório autorizado.
Como se faz a retirada?
Por punção nos ossos da pelve, com anestesia. A medula óssea, assim como o sangue, se reconstitui muito depressa.
Quanto tempo é preciso para que a medula óssea do doador se reconstitua?
Ela se reconstitui em 48 horas no máximo.

CAPÍTULO 3. ORGANIZAÇÃO DE UMA REFLEXÃO COERENTE

2. COMO ORIENTAR A ARGUMENTAÇÃO PARA EXPOR MELHOR OS OBJETIVOS

Aplicação nº 1: Sugestões de classificação:
– Autoridade: *justificações / excessos / pessoas envolvidas / manifestações.*
– Fidelidade: *âmbitos freqüentes / exigências / limites.*
– Tolerância: *ausência de tolerância / tolerância universal? / limites.*
– Aventura: *motivações / o aventureiro / as diferentes formas.*
– Pose: *posudos / a pose como dissimulação / atitude superficial ou séria?*

Aplicação nº 2: Exemplos de conclusões orientadas em função da argumentação:
– *Estou de regime, mas tenho fome; por isso, vou devorar um doce.*
Tenho fome, mas estou de regime; por isso, fico olhando para o doce, mas não toco nele.
– *O homem é um caniço, o mais fraco da natureza, mas é um caniço pensante; por isso, tem consciência de sua situação de fraqueza no seio do universo.*

A arte de argumentar

O homem é um caniço pensante, mas é o mais fraco da natureza; por isso, sente-se perdido no universo.

– *Meu carro quebrou, mas estou sem dinheiro; por isso, larguei o carro na rua.*

Não tenho dinheiro, mas meu carro quebrou; por isso, decidi trocar o motor.

– *Saio de férias de barco amanhã, mas a meteorologia está anunciando tempestade; por isso, fico no cais.*

A meteorologia está anunciando uma tempestade, mas eu saio de férias de barco amanhã; por isso, vou enfrentar as intempéries.

– *Meu patrão quer me transferir depressa para a Alemanha, mas eu não sei uma palavra de alemão; por isso, não há como aceitar a proposta dele.*

Não falo alemão, mas meu patrão quer me transferir depressa para a Alemanha; por isso, começo um curso de alemão amanhã mesmo.

Aplicação nº 3: Exemplos de classificações relativas ao assunto nº 1:

– Pelo fechamento:

Empregos oferecidos muitas vezes são falsos e de tempo parcial; (concessão: 80 000 empregos criados, sobrevivência dos pequenos comerciantes).

Incentivo ao fechamento de certos comércios (padarias, lojas de roupas, postos de gasolina); (concessão: os hipermercados participam de um fundo de reconversão do pequeno comércio).

Desertificação dos centros das cidades e afeamento da periferia; (concessão: eles não são os únicos culpados).

Participação discreta no financiamento de partidos políticos.

Antítese: *fatores de baixa dos preços, favorecida pela concorrência; (refutação: sufocam os fornecedores devido à sua posição econômica dominante).*

– Contra o fechamento:

Criação de numerosos empregos; (concessão: empregos sobretudo em tempo parcial, em especial em certos setores econômicos e geográficos).

Sobrevivência dos pequenos comércios; (concessão: diminuição do número de alguns deles).

Preços interessantes, favorecidos pela concorrência; (concessão: financiamento de partidos políticos e sufocação dos fornecedores).

Antítese: *desertificação dos centros das cidades e afeamento das periferias; (refutação: não são os únicos culpados).*

Aplicação nº 5: Exemplos de idéias orientadas diferentemente, segundo o tema e o público, em relação com o assunto nº 1:

– Destinatários: dirigentes de um grande clube:

O patrocínio e os direitos de transmissão direta por tevê possibilitam melhorar as infra-estruturas, propiciando meios para investimento / contratação de jogadores bons e caros / garantir resultados, o que aumenta a freqüência aos estádios / garan-

Exercícios corrigidos

tir espetáculo, objetivo do esporte, promover a imagem de uma cidade ou de uma região por meio de seu clube / desenvolver o próprio esporte e sua notoriedade.

– Destinatários: amadores de uma associação esportiva:

A importância excessiva do dinheiro no esporte tem os inconvenientes de provocar a fuga dos melhores jogadores para os clubes mais ricos, em detrimento dos mais modestos, que são os mais numerosos / de incentivar certas coletividades a endividar-se mais do que o razoável / de destruir qualquer possibilidade de promoção e notoriedade dos pequenos clubes / de fascinar os espectadores com algumas estrelas, em vez de motivar seu interesse esportivo / de encorajar trapaças e acordos secretos, em vista dos enormes interesses financeiros de jogo / de destruir o espírito esportivo.

3. CONCEPÇÃO DE UMA ESTRUTURA

Aplicação nº 2: EXPLOSÃO DEMOGRÁFICA, PARA ONDE VAMOS?

2a) *"Durante milênios; Durante essa longa evolução; Do 4º ao 3º milênio; Os quatro milênios seguintes; no século XVIII; vai do fim do século XVIII a meados do século XX."*

2b) *"Importância considerável; em apenas 1000 anos, portanto; um fenômeno sem precedente; época capital (§ 2); a grande transformação ocorre na Europa (§ 3); Mas o que conta mais ainda; a novidade (§ 5)."*

2c) e 2d) *Tendências e razões* (entre parênteses):

§ 1: *Crescimento natural pequeno e irregular (pestes, fomes, guerras).*

§ 2: *Explosão demográfica (descoberta da agricultura e da pecuária), seguida de crescimento extremamente lento.*

§ 3: *Novo equilíbrio demográfico (queda da mortalidade devida à higiene e à medicina, acompanhada por redução da fecundidade).*

§ 4: *Queda na mortalidade mais rápida que a queda na fecundidade (controle mais fácil da primeira).*

§ 5: *Povoamento do Novo Mundo pelos europeus.*

Aplicação nº 3: A MODA DOS JOGOS DE AZAR

1) e 2) Apresentação de cada etapa e da tendência dominante (entre parênteses):

– *"Essa doença tem pouco mais de cinqüenta anos. Foi em 1933 que..."* (A Loteria Nacional alimenta sonhos).

– *"Depois da Segunda Guerra mundial, em meados dos anos 50, veio a moda do turfe..."* (No turfe, o acaso não mexia todos os pauzinhos).

– *"1975, nova etapa"* (Loto, jogo da crise).

– *"Dez anos depois, nova mudança"* (Loteria esportiva, dirigida aos jovens).

3) A conclusão retoma o raciocínio cronológico: *"No tempo das religiões..."*, para extrair uma lição ideológica: *"o destino deu lugar ao acaso; a fé, aos resultados".*

A arte de argumentar

Aplicação nº 5: AS FEIRAS LIVRES ESTÃO CONDENADAS À MORTE?
1) *"O elogio às feiras não pode encobrir suas dificuldades de funcionamento."*
2) *"Além; Para começar; No caso particular; Primeiro fator; Segundo fator; por outro lado."*
3) – *"de um a dois dias para frutas, legumes e peixes, e de oito dias para laticínios"* (§ 1).
   – *"as feiras desempenham um papel mais importante porque o comércio preexistente não soube bem administrar os espaços urbanos em expansão ou em mutação"* (causa) (§ 3).
   – *"a estrutura orçamento-tempo das famílias. De fato…"* (+ aprofundamento) (§ 4).
4) – *"competitividade dos preços, produtos frescos, recreação"* ("papel fundamental").
   – *"Estrutura orçamento-tempo das famílias" em evolução ("as feiras são mais sensíveis a ela").*
   – *"estacionamento e o trânsito" ("Tudo contribui para aumentar os problemas…").*

Aplicação nº 6: Exemplos de pontos de vista aplicáveis ao assunto nº 1:
Pontos de vista: 1) *dos pecuaristas;* 2) *de atacadistas e varejistas;* 3) *dos produtores de frango;* 4) *dos fabricantes de ração para o gado;* 5) *dos nutricionistas;* 6) *dos donos de restaurantes…*

Aplicação nº 7: Exemplos de categorias que é preciso ter em mente para estudar o assunto nº 1:
– Quem?
Idosos, deficientes, desempregados, todos os grupos em situação de fragilização.
– Em que lugar?
Instituições oficiais (hospitais, Agência Nacional para o Emprego etc.) ou muito mais informais (associações de permanentes assalariados ou voluntariado, junto a famílias…).
– Quando?
Em qualquer situação de precariedade da saúde física ou mental ou dos recursos financeiros.
– Desde quando?
A preocupação com a proteção desenvolveu-se a partir dos grandes movimentos sindicais do século XIX, concretizou-se nos momentos de grandes impulsos sociais (1936) ou de rupturas (1945) e pôde ser posta em prática graças à expansão econômica dos trinta anos gloriosos.
– Por quê?
Valorização do indivíduo, em detrimento do grupo social, a partir do século XVI (humanismo).
Enfraquecimento das normas religiosas (alma > corpo) em proveito de valores materiais: o corpo e o bem-estar são o que temos de mais precioso: devemos protegê-los!
Sendo democrático, o Estado deve prestar auxílio e dar segurança a todos os seus membros, seja qual for sua situação pessoal ou material.

Exercícios corrigidos

– Conseqüências:

Melhora do atendimento, do nível de vida, diminuição dos fenômenos de exclusão temporária ou crônica, redução da miséria e da violência, freqüentemente associada a tais fenômenos.

Irresponsabilidade dos usuários que se acham credores de tudo sem contrapartida, em nome de um direito, aliás não formulado.

Risco de assistencialismo a toda uma população.

Aplicação nº 8: Exemplos de temas capazes de agrupar várias idéias:

– Desenvolvimento das seitas: *definição de seita / motivações dos adeptos / ambigüidade do papel do Estado / soluções imagináveis.*

– Diminuição da prática religiosa: *manifestações dessa diminuição / origens remotas / origens recentes / conseqüências / paradoxos.*

– Solidariedade familiar: *situações que favorecem as manifestações de solidariedade / formas de ajuda / solidariedade e sociedade.*

– Progressos técnicos e emprego: *origens possíveis da criação de empregos / conseqüências dos progressos sobre o mercado de trabalho / progresso e jornada de trabalho.*

Aplicação nº 9: Plano enumerativo: análise do assunto nº 1:

– Cinco causas: *progressos científicos e técnicos / sedução da novidade / necessidade de evitar monotonia / vontade de ver tudo, ter tudo, fazer tudo / desejo de viver várias vidas em uma.*

– Cinco conseqüências: *instabilidade psicológica / dificuldade de travar relações humanas estáveis e duradouras / insatisfação, já que todo objeto desejado logo sai de moda e se torna ultrapassado / corrida desenfreada para a novidade / insegurança decorrente da falta de referenciais duradouros e da ausência de raízes.*

– Cinco aspectos: *campos psicológico / geográfico / comercial / humano / político.*

Aplicação nº 10: Exemplos de planos binários aplicáveis ao assunto nº 1:

– *O voluntariado é necessário / No entanto, não cria empregos remunerados estáveis / De qualquer modo, quem se responsabilizaria por tais empregos? / Só o voluntariado, portanto, apresenta a flexibilidade necessária a certas situações.*

– *O voluntariado é inútil / Nem o Estado nem as empresas privadas terão meios ou vontade política para financiar a solução de certos problemas / Só o voluntariado contribui com resposta flexível e eficaz para certas situações.*

Aplicação nº 12: EXPLOSÃO DEMOGRÁFICA, PARA ONDE VAMOS? *(continuação)*

1) Desafio e conectores (entre parênteses):

Grande aumento da população mundial e do consumo, ligado àquela ("por um lado"), e risco de desequilíbrio ecológico, associado à atividade econômica ("por outro lado").

2) Conseqüências negativas:

Poluição do ar e da água, desertificação, esgotamento dos recursos, evoluções recentes preocupantes.

A arte de argumentar

Injunções:
Impossível fugir às regras da natureza, impossível evitar a duplicação demográfica.
Fórmulas:
"A questão mais fundamental, Ela exige solução urgente."

3) Soluções hipotéticas, alheias ao autor:
Aumento da produção acompanhado por empobrecimento dos países ricos, conciliação entre os requisitos da produção e o equilíbrio ecológico. Solução proposta pelo autor:
Ao mesmo tempo produzir e repartir de modo diferente.
Justificação e conseqüências:
As economias nacionais não podem resolver sozinhas esse problema; portanto, é necessária a organização planetária.
Fórmulas destinadas a chamar a atenção:
"Essas duas necessidades **exigem** *tomada de consciência e ação política em nível mundial; É preciso,* **urgentemente***, organizar..., É preciso,* **urgentemente***...; diante do interesse* **fundamental***; é* **urgente***".*

4) Plano esquemático:
Situação: *explosão demográfica inevitável.*
Conseqüências: *desequilíbrios ecológicos graves.*
Problematização: *alimentar uma população crescente sem graves conseqüências ecológicas.*
Soluções ilusórias: *empobrecer os países ricos / produzir mais sem desequilíbrio.*
Solução possível: *produzir e repartir melhor.*
Medidas necessárias: *implantação de uma autoridade planetária.*

Aplicação nº 13: Sugestões de respostas aplicáveis ao assunto nº 1:

1) *Incompreensão mútua entre diferentes comunidades e aumento da xenofobia.*
2) Solução: *A França deve tornar-se um país multirracial e multiétnico.*
Crítica: *Um país precisa de unidade cultural para existir como tal.*
Refutação: *É preciso basear o conceito de nação em outro critério, que não o da cultura.*
Questionamento: *É preciso recusar qualquer solução que ponha em xeque a noção de país e de unidade cultural.*
Integração: *Cabe a cada comunidade aceitar as outras, sem se fechar em si mesma, caso contrário a unidade do país se desfaria.*

Aplicação nº 14: Sugestão de plano jornalístico aplicado ao assunto nº 1:
Situação: *25% dos jovens estão desempregados.*
Causas: *Diminuição global da oferta de emprego / exigência de experiência profissional por parte das empresas / inadequação da formação ao mercado de trabalho.*

Exercícios corrigidos

Conseqüências: *Marginalização, exclusão, frustração, fuga na droga. Solução: Obrigação das empresas de contratar certa porcentagem de jovens.*
Crítica: *Como conciliar essa injunção com o liberalismo econômico? Como evitar a concordata de algumas empresas, oneradas demais por esses novos encargos?*
Solução final: *Prever um controle rigoroso do Estado, para impor respeito a essa obrigação sem onerar os empregadores.*

Aplicação n?. 15: Planos decisionais
1) *Servem para lembrar quem é o emissor, para reforçar o vínculo entre este e o destinatário; enfim, para rememorar uma situação conhecida.*
2) Crédit Mutuel de Bretagne: *"A principal dificuldade [...] decorre do tempo dedicado ao constrangedor acompanhamento das contas a descoberto."*
France Télécom: *"A tarifação atual gera desequilíbrios."*
Société Générale: *"Como todos sabem, o governo está para apresentar ao parlamento, para votação, uma reforma da tributação da poupança."*
3) Crédit Mutuel de Bretagne: *"Pareceu-nos legítimo que o custo desse trabalho recaia diretamente sobre as pessoas envolvidas. / A partir de 15/04/94 passaremos a cobrar taxas de 15,50 F TTC."*
France Télécom: *"A nova tarifação telefônica será mais justa, por corrigir essas desigualdades. /... uma redução média de 2,4% no preço do telefone."*
Société Générale: *"fazemos questão de pôr à sua disposição, o mais cedo possível, as informações sobre os eventuais reajustes tributários. / Conte sempre com o gerente de sua conta..."*

Aplicação n?. 16: Exemplo de emprego do plano SPRI para o assunto n?. 1:
1) *Como a gratificação é fixa, sua importância para as famílias modestas é proporcionalmente maior do que para as que, dispondo de altos rendimentos, não têm realmente necessidade dela.*
2) *A gratificação poderia continuar a ser paga a todos os que tenham direito a ela, e passaria a fazer parte da declaração de renda; assim, as famílias mais abastadas pagariam mais ao Estado, o que constituiria uma medida de justiça social. Mas é uma solução administrativamente complexa que, ademais, poderia onerar um pouco as famílias de renda média.*
3) *– Com o objetivo de incentivar a natalidade, há muito tempo o Estado implementa uma política de ajuda às famílias que têm filhos, por meio de gratificações.*
– Preocupado com a igualdade, o Estado paga aos pais, seja qual for sua renda, uma gratificação dependente do número de filhos.

Aplicação n?. 17: Exemplo de carta redigida por um estudante do Instituto Universitário de Tecnologia a respeito do assunto n?. 1:
Em nossa sociedade primitiva, V. Sa. deverá ter observado que não atingimos o grau máximo de evolução; é verdade que dominamos o fogo e nos entendemos pela lingua-

gem. Esta nos possibilita a organização em tribos, a coordenação da caça e a troca de informações úteis, tal como o tipo de pele que está na última moda.

Mas a linguagem oral é efêmera e fugaz demais. De fato, não existe nenhum meio de conservar a linguagem. Até já se tentou gritar numa caverna e tapar a entrada, para que a fala ficasse lá fechada, mas não deu certo. Também já se tentou prender a fala em conchas, mas não funcionou, embora alguns de seus usuários afirmem ouvir vozes.

Para esse problema o nosso grupo de pesquisa sobre a conservação da linguagem propõe uma solução: a escrita. Trata-se, concretamente, de uma transcrição da fala sobre um suporte físico dos mais comuns: a pedra. O princípio dessa invenção é similar ao das pinturas rupestres: a cada desenho diferente corresponde um fonema ou uma idéia, à escolha.

Assim, fixando-se na pedra uma seqüência de desenhos, V. Sa. imortalizará suas palavras ou as palavras de seus entes queridos.

(Deve-se notar que esse, apesar de breve, contém o essencial dos conselhos dados a respeito do método SPRL.)

Aplicação nº 18: Esporte, mídia, dinheiro (Excertos)

1) *O esporte desenvolveu-se imensamente em nossa sociedade > Se não forem tomadas algumas precauções, ele apenas refletirá (e não compensará) os defeitos de nossa época.*

2) – §§ 2 a 4: plano cronológico.
   – § 5: plano enumerativo.
   – §§ 1 a 8: plano (pseudo)jornalístico.

3) *"O esporte nem sempre existiu; Claro, suas raízes mergulham em passado distante; Foi na Inglaterra vitoriana [...] que apareceu o esporte moderno; Mas foi só a partir de meados dos anos 1980 que passou a existir uma verdadeira lógica industrial por trás desse fenômeno."*

4) *"em primeiro lugar", "Em segundo lugar", "Finalmente", "Por outro lado", "a partir de então".*

5) A conclusão enfatiza a gravidade da solução (*"ele afunda nos vícios do tempo"*) e as condições de sucesso de uma nova ética (*"transpondo três obstáculos"*).

4. Apresentação e encerramento do assunto

Aplicação nº 1: Terceira idade

1) Aumento da expectativa de vida = velhos mais **jovens** + população total mais **velha**.

2) *"Mas; enquanto."*

3) *"Em razão das (injunções sociais); sob efeito dos (progressos)."*

4) *"O paradoxo é só aparente; especialmente; sobretudo; consideravelmente; um em cada sete habitantes; é (nos países em desenvolvimento) que (esse fenômeno promete ser mais espetacular)."*

Exercícios corrigidos

Aplicação nº 2: PRISÃO

1) A prisão é uma punição igualitária (*"símbolo de universalidade; prometida a todos, sem distinções"*). (§ 1)

2) *Trata-se da privação da liberdade de locomoção.* (§ 2)

3) Idéia falsa: *trata-se de um hotel de luxo onde reina o ócio.* (§ 3)

4) *"Ignorância a respeito da prisão; as mentiras que correm; gostava de passar adiante esses disparates."* (§ 3)

Aplicação nº 3: ECONOMIA DE MERCADO PROCURA MORAL DESESPERADAMENTE (Introdução)

1) Partidários da idéia falsa: Marx, as pessoas em geral (ditado popular). Ela é apresentada com a fórmula: *"Segundo análise que já teve seus momentos de glória..."*
O redator não apresenta essa tese como sua, conforme demonstram as seguintes fórmulas: *"Nada **escaparia** (futuro do pretérito); Mas é assim **mesmo?**; não funcionará **antes de tudo** graças a uma moral?* (futuro hipotético); *A realidade, porém, é bem diferente."*

2) *"Mas é assim mesmo? [...] As regras econômicas não podem ser o único fundamento de uma sociedade":* A pergunta e aquilo que se pode considerar sua resposta enquadram a introdução.

3) *A economia "é determinante em última instância"; em outras palavras, tudo seria explicável pela economia;* nada escaparia *"ao dinheiro que movimenta o mundo; ao enorme peso da economia no funcionamento das sociedades humanas";* ninguém zomba impunemente das *"regras econômicas".*

4) Marx + ditado popular = tese apresentada (*"determinismo e fatalismo redundam na mesma constatação; a derrocada das economias do Leste europeu reforça essa visão das coisas"*).

Aplicação nº 4: CIÊNCIA EXPOSTA À MÍDIA (Introdução)

1) De um tema geral ao assunto particular do artigo: *"Nossa época > mídia e instituições > setores envolvidos (diplomacia, justiça etc.) > pesquisa científica > pesquisadores e mídia."*

2) Constatações universais (ver: *Petição de princípio* no capítulo "Alguns procedimentos de estilo") *introduzidas por "Nossa época **assiste**; **são** denunciadas;... tornou-se argumento de peso".*

3) O assunto é apresentado em forma de pergunta-resposta: *"O que acontece com os pesquisadores científicos quando deparam com a mídia?"*
O primeiro parágrafo afirma a oposição entre ambos, mas se adivinha que a argumentação do artigo consistirá em demonstrar o lado ilusório de tal concepção, graças às fórmulas: *"É **tentador** opor..."* e *"aparentemente",* como se toda análise superficial só pudesse ser fonte de erro.

A arte de argumentar

Aplicação nº 5: O ALCOOLISMO NA FRANÇA E ESPORTE, MÍDIA, DINHEIRO (Introdução)

No primeiro texto, a primeira frase possibilita apresentar o problema da atitude das pessoas perante o álcool, a partir do caso particular dos médicos, mas a função destes não será mais mencionada na seqüência do texto. No segundo texto, ao contrário, a posição crescente do esporte, conforme se diz no início, é explicada adiante (*"Três fatores concomitantes explicam essa nova era do esporte"*). Em outros termos, a primeira frase do primeiro texto é apenas um gancho, ao passo que a primeira frase do segundo remete à estrutura global do texto.

Aplicação nº 6: TRABALHO E ECONOMIA INFORMAIS (Introdução)

1) Transição feita por: *"significa"*, que permite apresentar a definição teórica do trabalho informal.

2) Características concretas: *"O empregador não paga encargos sociais e o trabalhador informal não paga impostos."*

Conceitos abstratos: *"buscar um acordo; uma mão lava a outra"*, respectivamente introduzidos por *"significa; o que se tem é exatamente a lógica"*.

Aplicação nº 7: Exemplos de ganchos referentes ao assunto nº 1:

– *Rebaixar guias em cruzamentos, alargar as entradas dos prédios, planejar transportes coletivos com assoalho rebaixado: essas são iniciativas destinadas a facilitar a vida dos deficientes.* (Fatos reais.)

– *Há algumas décadas, os deficientes tinham vida social muito restrita, por razões decorrentes tanto das condições materiais quanto das mentalidades. Impulsionado por suas associações, o Estado começou a tomar, a partir dos anos 70, medidas que favorecem sua inserção.* (Rememoração cronológica.)

– *Toda sociedade edita ou suscita normas, e o indivíduo que não as observa ou se afasta delas pode ter um sentimento de exclusão. Foi o que ocorreu durante muito tempo com os deficientes. Mas as mentalidades evoluíram.* (Generalidade.)

Aplicação nº 8: Exemplos de apresentação do plano do assunto nº 1:

Se todos concordarem em achar que o principal papel da escola é transmitir saberes, veremos, com o aprofundamento de nossa reflexão, que ela também é uma estrutura de socialização, antes de meditarmos, num terceiro momento, sobre sua função essencial: o desenvolvimento das aptidões pessoais.

Aplicação nº 10: SOBRE OS VÍNCULOS AFETIVOS (Conclusão)

1) O essencial é ressaltado por expressões que valorizam idéias (ver capítulos "Modalização" e "Valorização de uma idéia"): *"É necessário...; é preciso...; Caberá...?"*

2) Indubitável: *"as normas de referência [...] mudam";*

desconhecido: *"peso do estilo dos vínculos passados; (o peso das) outras categorias de relações".*

3) *"necessário acompanhar a evolução dos vínculos da infância até a idade adulta; imaginar outras abordagens, além do questionário sobre a 'paixão'".*

4) A última frase constitui uma observação geral sobre as condições de elaboração de toda teoria.

Aplicação nº 11: ESPORTE, MÍDIA, DINHEIRO (Conclusão)

1) Riscos e condições de sucesso: *"ingenuidade; barreiras morais: produtivismo (condenável)".*

2) Riscos em caso de fracasso: *contradição entre o espírito lúdico e a alternativa aos defeitos de nossa época, por um lado, e a submissão aos males de nossa sociedade, por outro.*

Aplicação nº 12: ECONOMIA DE MERCADO PROCURA MORAL DESESPERADAMENTE

1) e 2) *"A vitória da economia de mercado pode muito bem ser efêmera, se não for aceita uma moralização da economia."*
"uma sociedade não pode deixar que o mercado ocupe todo o espaço".
"Em suma, se o papel do mercado não for limitado."

3) Conseqüência: *"tomar consciência"*, caso contrário a sociedade *"se destruiria…".*

4) *"destruiria"*: verbo destinado a preocupar, para levar à tomada de consciência do leitor acerca da importância do que está em jogo. Apesar disso, o uso do futuro do pretérito na apresentação dessa solução no plano da hipótese comporta um matiz de otimismo, ao se subentender que ainda há tempo para agir.

Aplicação nº 13: Exemplos de conclusão referentes ao assunto nº 1:

– Abertura sobre as medidas necessárias: *O fracasso das políticas dos diferentes governos em sua luta contra a exclusão é patente, conforme demonstra o número crescente de desempregados, beneficiários de ajudas governamentais e de redes de voluntários. Portanto, está na hora de perguntar se, em vez de tomar medidas pontuais, o Estado não deveria considerar a possibilidade de uma reestruturação fundamental da economia, impondo, por exemplo, outra divisão da jornada de trabalho, portanto das riquezas.*

– Extensão: *A exclusão cresceu nos últimos anos, alimentada pelas conseqüências da crise econômica. O Estado tenta em vão combatê-la e cada um propõe sua solução. No entanto, o mais fundamental é perguntar: será tão anormal que uma sociedade não consiga integrar todos os seus membros? Não seria esse o sinal de que nenhuma estrutura social poderá aniquilar a liberdade de cada um escolher sua vida?*

– Conclusão fechada: *Não se pode negar que o Estado vem tomando, há mais de quinze anos, certo número de medidas contra a exclusão, sem conseguir combater esse flagelo. Incentivo ao emprego, incentivo a moradias, dedicação dos membros de asso-*

A arte de argumentar

ciações filantrópicas: nada disso tem sucesso. Infelizmente, portanto, está na hora de constatar que, pelo menos a médio prazo, precisaremos admitir que viveremos arrastando esse problema insolúvel como um fardo.

Aplicação nº 15: Corrigido

Compare o que redigiu com a versão original dos jornalistas e identifique as diferentes técnicas empregadas.

Artigo nº 1:

Título: *Mídia em perigo.*

Introdução: *Pesquisa recente mostra que a confiança dos franceses na mídia caiu drasticamente. Em um ano, o número dos que aceitam a maneira como a imprensa relata os acontecimentos passou de 56% para 45%, redução esta de onze pontos! E, em relação à televisão, a queda – de 60% para 45% – é de quinze pontos! Essa desconfiança, com grande probabilidade, foi ratificada pelos nauseabundos excessos da mídia por ocasião da morte de François Mitterrand, assim como pelas revelações então divulgadas (algumas das quais lamentavelmente censuradas).*

Conclusão: *Tudo isso contribui para desenvolver no cidadão a impressão de que vários jornais já não cumprem seu papel de contraponto ao poder, e que o espírito democrático está em regressão. E que, de novo, é preciso mobilizar-se para defender a liberdade de expressão e a independência da imprensa.*

Artigo nº 2:

Título: *Falsa melhora das condições na Argélia.*

Introdução: *Desde que entrou em fase de turbulência, em decorrência das agitações de outubro de 1988, a Argélia foi assumindo, em pequenas doses, alguns aspectos comuns a todas as guerras e a todos os conflitos que abalam o planeta. Ali se encontra uma mistura explosiva: derrocada do modelo socialista, ascensão fulgurante de um islamismo radical, emergência do multipartidarismo e aspiração à democracia. Todos esses ingredientes se acumularam – sobre um fundo de confusão entre política e militarismo, defesa do Estado e privilégios inextricavelmente ligados à receita do petróleo e à corrupção – para exacerbar a violência e impedir que se chegue a qualquer solução verdadeira.*

Conclusão: *Com o apoio de alguns parceiros ocidentais, essa estratégia política certamente favorecerá a implementação do plano de ajuste estrutural preconizado pelo Fundo Monetário Internacional. Isso terá como conseqüência a pauperização acelerada da população, das camadas desfavorecidas e das classes médias em primeiro lugar, assim como a consagração de uma burguesia que emergiu graças ao petróleo e à corrupção. Amordaçada em nome da luta antiterrorista e privada de mediadores fidedignos e livremente escolhidos, a sociedade argelina corre o risco de só ter o recurso da violência desesperada das sublevações.*

Artigo nº 3:

Título: *Febris periferias.*

Exercícios corrigidos

Introdução: *Faz mais de vinte anos que na França se tenta reparar os estragos do urbanismo dos grandes conjuntos ZUPs[25] do pós-guerra. Reformas, demolições, novos equipamentos, acompanhamentos sociais, dispositivos múltiplos de inclusão: o Estado, as cidades e outros parceiros não pouparam trabalho para remediar o erro fundamental de se terem concentrado, em cidades-dormitório, populações excessivamente uniformes e de forte cunho imigratório, constituídas por trabalhadores das fábricas circunvizinhas. No entanto, cabe lembrar que essas cidades representavam algum progresso para aqueles que, nos anos 50, viviam em favelas ou cortiços.*

Conclusão: *A abertura da França para o mundo será inútil se quisermos defender cada dificuldade no local onde ela se apresenta. No entanto, é esse quadro impossível que se põe em prática há anos. Taylor já não reprime nas fábricas, mas está na cidade, anestesiando a inteligência.*

Artigo nº 4:

Título: *Taxar os rendimentos financeiros.*

Introdução: *Fazer os ricos pagar? Os ricos riem dessa idéia desde que são ricos, faz muito tempo. Taxar o capital e seus lucros? O que poderá ser mais disparatado na era da globalização? Quando o dinheiro, montanhas de dinheiro, atravessa fronteiras instantaneamente, de um extremo ao outro do Globo (1500 bilhões de dólares trocam de mãos todos os dias), em menos tempo do que o necessário para quitar uma ordem de pagamento? Quando a competição implacável deveria levar a proteger os mais eficientes investidores e suas empresas, que, de riqueza em punho, conquistam parcelas de mercado para a sobrevivência de todos, em vez de sobrecarregá-los de impostos espoliadores que os expõem ao risco de perder dinheiro?*

Conclusão: *É nos negócios que nascem fortunas, acumuladas nos patrimônios que, bem geridos, produzem rendas e mais-valias antes de serem transmitidos por herança de geração a geração: movimento que os ricos dominam com maestria. Impostos sobre os lucros, sobre a fortuna, sobre os rendimentos e as mais-valias, sobre as sucessões, há de tudo o que é necessário na legislação fiscal para taxar o capital e fazer os ricos pagar sua parte de encargos comuns, exceto a vontade dos representantes do povo de fazer que a lei e os princípios da República sejam respeitados.*

Artigo nº 5:

Título: *Inventar um novo sistema.*

Introdução: *Destruidor: assim se revela o livre-comércio quando põe frente a frente entidades econômicas heterogêneas. Por isso, é preciso inventar um novo sistema de regulação das trocas que se adapte a zonas econômicas regionais existentes ou por nascer. Essa estratégia deveria possibilitar — especialmente nos países do Hemisfério Sul – um desenvolvimento global nacionalmente controlado, uma di-*

---

25 Zona de urbanização prioritária. [N. da T.]

A arte de argumentar

nâmica de progressão dos salários e das conquistas sociais, uma concorrência organizada que favoreça e recompense a inovação. Pode-se, nessa perspectiva, propor *alguns princípios inspirados em experiências bem-sucedidas, sobretudo as da Coréia do Sul e de Taiwan.*

Conclusão: *Essas pistas de reflexão e outras que não deixarão de surgir implicam a total reformulação das políticas e instituições que atualmente dominam o mundo. O que está em jogo é importante: nada menos que a instauração de uma nova ordem econômica e social que vise garantir coesão planetária e evitar os confrontos catastróficos. Essa reconsideração completa deveria, pois, constituir uma prioridade absoluta para o conjunto das forças que não se resignam ao desmantelamento da solidariedade ainda existente e à guerra de todos contra todos.*

Artigo n? 6:

Título: *Internet, uma chance para o Sul.*

Introdução: *A irrupção retumbante do setor comercial na internet aumentou muito o número de pessoas que têm acesso a essa rede. Contudo, o principal promotor de sua ampliação geográfica continua sendo os mecanismos de pesquisa. Quase todos os países estão presentes, com exceção de uns trinta, na maioria africanos, que continuam totalmente excluídos.*

Conclusão: *As experiências do Peru e de Zâmbia mostram que é possível tomar outro caminho. Se ele parece mais lento e difícil, é porque envereda pela estrada escarpada do desenvolvimento. A despeito dos vendedores de quimeras, esta é a mais segura e curta para atingir esse objetivo. Os organismos internacionais têm o poder de fazer a balança pender a favor desse modelo. Portanto, têm o dever de fazê-lo.*

Artigo n? 7:

Título: *Terrorismo e República.*

Introdução: *O terrorismo é inimigo mortal da democracia: aí está um clichê que vale a pena enunciar com convicção. Principalmente antes de analisar as conseqüências políticas e jurídicas dos atos sangrentos que, durante o verão e o outono, provocaram tanto sofrimento e medo na França. Mas, se a necessidade de lutar é evidente, a única pergunta que vale a pena formular é: como?*

Conclusão: *É preciso ter cuidado; os autores de atentados não se limitam a matar, ferir e intimidar. Eles também semeiam. Mesmo perdidas, suas batalhas revelam a qualidade e a natureza da democracia. O terrorismo sempre nasce da revolta, último recurso daqueles que nossa sociedade acua no desespero, daqueles que deixam de ter voz. Se a democracia, desprezando seus princípios fundamentais, lhes responder com soldados, pondo sob suspeita esta ou aquela categoria em bloco, lançando-se à caça de quem tenha esta ou aquela fisionomia, outras crises explodirão, outros seres humanos morrerão, e o medo crescerá ainda mais. Esse pavoroso ciclo de terrorismo cego e repressão generalizada pode levar a República para caminhos perigosos.*

Exercícios corrigidos

CAPÍTULO 4. DESENVOLVIMENTO DOS ARGUMENTOS

1. Concepção de uma unidade de reflexão: o parágrafo

Aplicação nº 1: A ciência exposta à mídia
1) Tese nº 1: Pesquisadores e jornalistas obedecem a valores e adotam métodos de trabalho totalmente opostos.
Tese nº 2: Pesquisadores e jornalistas têm preocupações convergentes. Conector: *"Contudo"* (§ 6)
2) Conectores de oposição: *"ao passo que; enquanto; ao mesmo tempo que; ao contrário; enquanto"*.
Características do jornalismo: *"urgência, exclusividade / indivíduo / simplificação, contar um caso, dramatizar / visão panorâmica, sensacionalismo / afirmação"*.
Características da pesquisa: *"paciência, demora / coletiva / questões incompreensíveis, saber com espessura / informação fragmentária / dúvida, contradição"*.
3) Introdução.
4) Marcadores de similitude: *"também; não é menos; uns e outros compartilham; é (o jornalista é um pesquisador); não pode ignorar"*.
Pontos comuns: *"exclusividade; urgência da prioridade intelectual / ética da objetividade / jornalista = pesquisador; pesquisador = necessidade de mediação"*.
5) Não se trata de uma síntese, mas de uma análise da evolução da situação e, sobretudo, da validade simultânea das teses, que torna a situação ambígua e até perigosa.

Aplicação nº 2: Até as mulheres
1) Conectores de oposição-concessão: *"no entanto; mas; contudo; embora; seria falso negar; mas; ao passo que"*.
2) Idéia 1: menos comportamentos perigosos nas mulheres do que nos homens.
Idéia 2: suicídios mais freqüentes nas mulheres do que nos homens (atenuação).
Idéia 3: alcoolismo não é tão bem-aceito nelas (oposição).
Idéia 4: ocultação do problema.
Idéia 5: progressão do alcoolismo feminino (oposição).
Idéia 6: estabilidade dos óbitos, aumento das internações psiquiátricas (oposição).
Idéia 7: desejo de identificação com os homens (concessão).
Idéia 8: explicação anterior muito incompleta (oposição).

Aplicação nº 3: O alcoolismo na França
1) Conectores:
causa: *"porque"* (§ 1); *"explicações"* (§ 3)

A arte de argumentar

conseqüência: *"de tal modo que"* (§ 3); *"então"* (§§ 6 e 7)

concessão: *"apesar"* (§ 4)

oposição: *"mas"* (§ 2); *"mas"* (§ 3); *"mas"* (§ 5)

exemplos: *"por exemplo"*

2) Idéias:

– Qual é a relação entre médico e alcoolismo? (§ 1).

– Alcoolismo não é doença, e essa concepção é perigosa (§ 1) (causa).

– Atitude ambígua do francês em relação ao alcoolismo (ilustrações) (§ 2).

– Explicações dessa atitude (§ 3) (causa).

– Mudança de mentalidade perante o alcoolismo (§ 4) (oposição).

– O costume e a identificação social contrapostos à opção pessoal (§ 5) (oposição).

– É possível uma solução que respeite a liberdade individual? (§ 6) (conseqüência).

3) Solução: *"aceitar o fato consumado / convencer sem forçar"*.

Conector: *"então"*.

4) Marcadores de ambigüidade e oposição: *"mesmo, mas, mas* (§ 2); *apesar* (§ 4); *mas, ao lado de* (§ 5)".

5) A simultaneidade de dois pontos de vista (reduzir o flagelo do alcoolismo / respeitar as liberdades individuais) é bem marcado por *"sem"*: (*"convencer **sem** forçar, informar **sem** intenções dogmáticas"*), pela forma interrogativa do penúltimo parágrafo e pela ausência de solução simples destacada na última frase: *"Nisso reside toda a dificuldade..., o perigo de uma resposta categórica."*

Aplicação nº 4: SOBRE OS VÍNCULOS AFETIVOS

1) Idéia + (conector)

– Relação entre o estilo de vínculo e as relações amorosas no adulto.

– Entrevistas com estudantes sobre o mesmo tema (*"de modo análogo"*).

– Três dimensões:

  - intimidade,

  - paixão (*"segunda dimensão"*),

  - compromisso (*"terceira dimensão"*).

– Análise de estilos de vínculo.

– O estilo de vínculo geral interfere em dois ou três componentes (*"pois"*).

– Importância dos estilos de vínculo da infância (*"os autores deduzem que..."*).

– Estabilidade dos vínculos na infância – flutuação na adolescência (*"é verdade que... mas..."*).

– Crítica a essa pesquisa e suas conclusões (*"Além disso"*).

– Outras pesquisas devem ser preferidas.

2) Anúncio: *"ele distingue três dimensões"*.

Demarcação: *"segunda dimensão; terceira dimensão"*.

Exercícios corrigidos

Definição abstrata + exemplo concreto: *"reporta,... exemplo / remete... por exemplo"*.

3) Indicação de objetivos:

"para ter certeza de que ele(a) vê as coisas do mesmo modo". (§ 2)

"O compromisso visa preservar..." (§ 3)

Reformulação:

"em outras palavras". (§ 4)

4) Conseqüências: *"pois, não implica que* (§ 5); *deduzem"*.

Oposição-concessão: *"no entanto, mas* (§ 6); *é verdade, mas* (§ 7); *ora, contradizem, a despeito da* (§ 8); *mas* (§ 9)"*.

Causas: *"de fato* (§ 6); *isso, especialmente, decorre, graças a* (§ 7)"*.

Adição: *"além disso, do mesmo modo, ademais* (§ 8)"*.

Conclusão:

– Afirmação de uma necessidade (*"é necessário"*) justificada por uma finalidade (*"para"*).

– Afirmação de uma segunda necessidade (*"precisará"*) justificada por um raciocínio hipotético (*"quem quiser"*).

– Concessão (*"realmente"*).

– Conclusão crítica sobre o procedimento descrito (*"Será por isso necessário..."*).

As duas primeiras frases já constituem uma conclusão fechada; a concessão que segue permite abrir o debate.

Aplicação nº 5: A dedução: propostas de reflexões possíveis:

1.b) *Ora, vários especuladores haviam investido na construção de apartamentos*;

c) *Logo, o preço desses imóveis está em queda livre.*

2.a) *Grande número de jovens sem emprego têm grande dificuldade para enfrentar a inatividade*;

b) *Ora, certas atividades a serviço da coletividade poderiam constituir uma solução temporária para esse estado de coisas.*

3.a) *O trabalho das crianças é regulamentado com muita seriedade em nossos países*;

c) *Logo, devemos nos recusar a comprar produtos que possibilitem a certas pessoas explorar crianças.*

4.a) *Doar um órgão é um ato gratuito e uma prova de solidariedade*;

b) *Ora, algumas transações suspeitas no meio médico lançaram dúvidas sobre a moralidade dos seus responsáveis.*

5.a) *Para chegarmos à moeda européia, será preciso atender a certo número de critérios, especialmente em termos de estabilidade das taxas de câmbio*;

c) *Logo, é imperioso que o Estado gaste menos para equilibrar o orçamento.*

A arte de argumentar

Aplicação nº 7: OURO NOS ESTÁDIOS: REGENERA OU DEGENERA O ESPORTE?
1) O tom é oral, o estilo é enérgico, portanto a demarcação é incisiva, o que reforça o aspecto provocante do artigo, já perceptível em seu conteúdo.
3) O jornalista sempre privilegia o fato sobre a idéia, pois ele constitui seu ponto de partida e é concreto e vivo.
4) Exemplo nº 1: *"mercantilista, mixaria, frustrando"*;
Exemplo nº 2: *"murcha, falência, chochas, cansam, surrupiado, acabado, morto, saqueado"*;
Exemplo nº 3: *"rachada como os hambúrgueres, calibrar"*.

Aplicação nº 8: CASAMENTO: USOS DIFERENTES
1) No parágrafo 3, a definição geral e dominante de família é questionada com alguns exemplos pouco numerosos: *"existem exemplos..., é o caso famoso dos niyars..."*.
2) Idéias + (fórmulas de apresentação)
   – família conjugal, monogamia etc. (*"A crença popular..."*) (§ 1);
   – usos diferentes (*"sinais de selvageria, vestígios arcaicos, aberrações"*) (§ 2);
   – só a relação física entre mãe e filho é natural (*"a bem da verdade"*) (§ 4).
3) – *"existem exemplos; é o caso famoso dos..."* (§ 3);
   – *"entre os índios, entre os mossis"* (§ 4).
4) – Raciocínio hipotético-dedutivo: *"não existindo em todos os lugares... não pode ser considerada natural..."*.
   – Concessão: *"mas, a bem da verdade"*.
   – Oposição (sem conector: *"os próprios laços biológicos não têm a mesma pregnância em todo lugar"*).
   – Exemplo e conclusão teórica: *"A 'voz do sangue', nesse caso, não fala tão alto."*

Aplicação nº 9: Indução: propostas de observações gerais:
– *A eliminação dos resíduos é principalmente uma questão de conscientização dos habitantes, que devem ser levados a adotar novos comportamentos.*
– *O respeito às injunções profissionais, mesmo simples, constitui a primeira etapa da reintegração social bem-sucedida.*
– *É preciso rejeitar o assistencialismo e, ao contrário, envolver intensamente as pessoas que têm problemas na busca de soluções.*
– *A luta contra um flagelo exige, em primeiro lugar, a colaboração de todas as partes envolvidas.*
– *Em vez de propor ajuda material pontual aos mais carentes, é preciso oferecer-lhes apoio metodológico.*

Exercícios corrigidos

2. ENUNCIAÇÃO DE UMA TESE

Aplicação nº 1: Modelos de expressão para apresentação de tese própria / tese contrária (assunto nº 1):
– *Não resta a menor dúvida de que, em vista das condições econômicas atuais, a redução do desemprego passa por uma redução significativa da jornada de trabalho, permanecendo estável o nível atual dos salários.*
– *Segundo os economistas sensíveis à melhoria das condições de trabalho e de vida, a redução do número de horas semanais seria o melhor meio de combater o desemprego; esses mesmos analistas estimam que o nível atual dos salários deveria permanecer estável.*

Aplicação nº 2: Modelos de expressão que comportam modalização:
– *É* **incontestável** *que o aumento do número de jornais de rua possibilitou que um número não desprezível de marginais se reintegrasse no tecido socioeconômico.* (Certeza positiva.)
– *Parece* **pouco provável** *que o desenvolvimento dos jornais de rua propicie trabalho estável e definitivo àqueles que os vendem.* (Dúvida relativa.)
– *É* **possível** *que o desenvolvimento dos jornais de rua garanta a quem os cria e a quem os vende uma solução momentânea para a exclusão.* (Dúvida absoluta.)

Aplicação nº 3: Reformulação:
– *Em suma, elas subjugam o ser humano.*
– *Em suma, a lei atual é pouco eficaz.*
– *Em suma, as seitas são inapreensíveis.*
– *Em suma, não caberia elaborar uma nova lei?*
– *Em suma, como distinguir uma seita?*
– *Em suma, o Estado está desarmado.*
– *Em suma, a tolerância não deverá ser nosso guia?*
– *Em suma, elas se desenvolvem porque muita gente perdeu seus referenciais.*
– *Em suma, é preciso explicar sem disfarces aquilo que elas são.*
– *Em suma, é preciso adaptar nossa legislação a uma situação religiosa nova.*

Aplicação nº 4: O implícito:
– *As duas qualidades (desempenho-economia) são apresentadas como contraditórias.*
– *A família é / não é o valor central de toda sociedade.*
– *Um território pertence de direito a seu ocupante mais antigo.*
– *A autoridade sobrepuja qualquer outra qualidade num professor.*
– *O respeito à palavra é / não é um princípio intocável.*

Aplicação nº 5: Exemplo de valorização referente ao assunto nº 1:
A abertura do comércio aos domingos **incontestavelmente** *permitiria que os clientes tivessem mais tempo disponível para as compras e que a economia nacional voltasse a*

295

A arte de argumentar

*ter certo dinamismo. Mas **é forçoso constatar** que o efeito **mais notável** e psicologicamente **mais importante** seria devolver vida aos centros das cidades, que são bem tristes aos domingos. Levando-se em conta o moral de nossos concidadãos, esse seria um objetivo **prioritário**.*

3. REFUTAÇÃO DE UMA TESE

Aplicação nº 1: Modelos de estrutura de refutação:

***O senhor afirma que** a democratização desvirtuou a arte; só se pode observar que, ao contrário, essa popularização lhe possibilitou atingir todos os campos da vida atual. Agora, todo objeto é obra de arte.*

***É possível que** a democratização da arte tenha modificado sua própria essência; no entanto, não será esse o preço que se deve pagar para que todos possam ter acesso a ela, e não só uma elite?*

Aplicação nº 2: Modelos de reformulação com modulação ou minimização.

Sim, a revogação da conscrição cria de fato um exército profissional, mas o exército precisa estar a serviço do país, e o presidente da República continua sendo seu dirigente máximo. O perigo que um exército profissional pode representar para a democracia é quase nulo: os franceses, em geral, e os militares, em particular, têm senso cívico, fruto de uma longa história comum, em grau suficiente para se respeitarem mutuamente.

Aplicação nº 3: Modelos de revide do argumento e de resposta em forma de pergunta.

Os senhores dizem que eu penso mais em auxílios financeiros do que na criação de empregos; mas, justamente, esses auxílios, dirigidos sobretudo a artesãos e comerciantes, destinam-se à criação de empregos.

Os senhores afirmam que o emprego não é nossa prioridade, mas não acham que a criação de postos de trabalho depende acima de tudo das condições que podem incentivá-la, objetivo mesmo dos auxílios financeiros?

Aplicação nº 4: "ZONA" OU PROFICIÊNCIA

1) Dados: §§ 1 a 5.

   Problema específico: §§ 6 e 7.

   Soluções ineficazes: §§ 8 e 9.

   Soluções eficazes: §§ 10 a 13.

2) Fórmulas que dão coerência ao plano:

   "no entanto" (§ 1); *"um caminho inverso"* (§ 3); *"também"* (§ 4); *"não realmente; sem dúvida; mas"* (§ 5); *"o problema; por conseguinte"* (§ 6); *"no entanto"* (§ 7); *"nada disso impede; mas"* (§ 9); *"outra"* (§ 10); *"Por quê? Porque?"* (§ 12); *"é urgente; mas isso supõe"* (§ 13).

   Fórmulas que valorizam:

Exercícios corrigidos

"Mas o essencial está em outro lugar" (§ 5); *"O problema número um"* (§ 6); *"idéia básica"* (§ 11); *"duas vagas sísmicas; sobretudo; é urgente; idéia fundamental; alternativa simples"* (§ 13).

Fórmulas que reformulam:

"aliás, os dois grandes desafios" (§ 1); *"em outras palavras"* (§ 6); *"Em suma"* (§ 11).

3) § 5: Distinção entre medidas pontuais que *"ficam na superfície das coisas"* e uma verdadeira reforma introduzida por: *"Sem dúvida, é indispensável... Mas o essencial está em outro lugar. E não basta...; **deve-se**... desde que..."*

§ 9: Reconhecimento do valor de certas medidas, mas questionamento por não fazerem parte de uma ação global: *"Mas o que podem elas significar e produzir em tal contexto? Seriam elas algo mais do que...?"*

CAPÍTULO 5. COMO SER CONVINCENTE

1. INTEGRAÇÃO DA IDÉIA NA FRASE

Aplicação nº 1: Causa: modelos de estruturas possíveis:

– *O Parque Eurodisney não se mostra rentável; é porque falta clientela francesa.*

– *O Parque Eurodisney não se mostra rentável, visto que falta clientela francesa.*

– *O Parque Eurodisney não se mostra rentável, em razão da freqüência medíocre da clientela francesa.*

– *A falta de rentabilidade do Parque Eurodisney é explicada pela freqüência medíocre da clientela francesa.*

Aplicação nº 2: Causa negada e validada: modelo de estrutura possível.

– *Não vou à reunião, não que o assunto não me interesse, mas porque tenho outro encontro.*

Aplicação nº 3: Conseqüência: modelo de estruturas possíveis.

– *O Parque Eurodisney não se mostra rentável; por isso, estão previstas algumas reestruturações.*

– *O Parque Eurodisney mostra-se tão pouco rentável, que estão previstas algumas reestruturações.*

– *O Parque Eurodisney mostra-se pouco rentável, a ponto de levar seus dirigentes a prever reestruturações.*

– *A ausência de rentabilidade do Parque Eurodisney induz os dirigentes a prever reestruturações.*

Aplicação nº 4: Conseqüência: modelo de estrutura possível.

– *O estagiário está pouco implicado nesse fracasso porque ele participou muito pouco da criação da empresa.*

A arte de argumentar

Aplicação nº 5: Finalidade: modelo de estruturas possíveis.

Os franceses estão poupando cada vez mais
/ a fim de que o desemprego não os pegue desprevenidos
/ para se precaverem, caso a aposentadoria seja insuficiente.
Os franceses estão poupando cada vez mais
/ a fim de se prepararem para a aposentadoria
/ para se precaverem, caso fiquem sem emprego.
A poupança crescente dos franceses tem o fim de precavê-los contra os riscos do desemprego.

Aplicação nº 6: Oposição-concessão: modelo de estruturas possíveis.

Os franceses estão poupando cada vez mais; apesar disso, o consumo parece estar sendo retomado.
Embora os franceses estejam poupando cada vez mais, o consumo parece estar sendo retomado.
Apesar da poupança cada vez maior dos franceses, o consumo parece estar sendo retomado.
A poupança cada vez maior dos franceses não parece impedir a retomada do consumo.

Aplicação nº 7: Oposição com estrutura complexa possível.

Por maior que seja a coragem do soldado, o inimigo venceu.

Aplicação nº 8: Hipótese-condição: modelo de estruturas possíveis.

Se me anunciassem que vou ter trigêmeos, eu daria uns tapas no meu marido.
Supondo-se que me anunciassem que vou ter trigêmeos, eu daria uns tapas no meu marido.
Caso me anunciassem que vou ter trigêmeos, eu daria uns tapas no meu marido.
Em caso de anúncio de trigêmeos, dou uns tapas no meu marido!

Aplicação nº 9: Adição: modelo de estrutura possível.

Em primeiro lugar, por ser coletivo, o jogo ensina a viver com os outros e assim desenvolve o caráter social dos participantes. Além desse aspecto de equipe, ele é instrutivo, pois suas numerosas fotografias enriquecerão os conhecimentos dos jogadores. Acrescente-se a isso um aspecto interessante, visto que ele exige muito espírito de observação, sem contar o aspecto formador, obtido pelo desenvolvimento da memória.

3. Uso da retórica

Aplicação nº 1: Retórica.

1) *"Agora é empréstimo, não é aquisição (§ 5)"*
2) *"Quanto mais... mais. (§ 1); Agora é empréstimo, não é aquisição (§ 5)"*
3) *"Eu já disse (§ 4); acima de tudo (§ 5); único objetivo (§ 5); E não é só isso (§ 6)"*
4) *"piores, piores, piores... (§§ 2-3); total, radical e não remunerada (§ 5)"*

Exercícios corrigidos

5) *"esperanças; ilusões; direitos adquiridos (§ 2)"*
6) *"fantasma (§ 6)"*

Aplicação nº 2: AVENTURA HOJE EM DIA

1) *"A aventura é concebida como musculação mental, ginástica do caráter. [...] se tornou o itinerário subjetivo, reduzida ao relato que dela se fará mais tarde ou à auto-imagem mostrada para si mesmo."*

2) *"Ulisses, Robinson Crusoé"*: referências literárias, que pressupõem conhecidas personagens-símbolos pertencentes ao *"livro da humanidade"*.

Exemplos voluntariamente caricaturais e chamativos: *"Alguém fica dependurado dez noites lá no alto de uma escarpa. Outro se esgota a ponto de não morrer de sede."*

Essas alusões coexistem com denominações pertencentes à cultura geral contemporânea: *"Land-Rover, Paris-Dakar, asa-delta, concursos gastronômicos, travessia do Atlântico a remo."* Deve-se notar a heterogeneidade dessas referências.

3) Travessões e parênteses destinam-se a introduzir explicações objetivas (*"o que às vezes é mortal; por isso despovoadas!"*) ou irônicas (*"ah! sofrer, sofremos; proposital"*) e quebram o ritmo.

As vírgulas e a pontuação abundante contribuem para isso (como os meios acima, aliás) e traduzem uma escrita rápida e vivaz, muito conveniente ao assunto e a seu aspecto ofegante. O ponto de interrogação constitui um meio de interpelar o leitor (*"que aventura?"*)

4) As frases feitas estão por todo o texto, resumindo e valorizando as idéias-chave do autor.

"Mas partir não basta para começar uma aventura.
A aventura é mais buscada do que vivida.
A aventura é concebida como musculação mental."

A metáfora do exercício físico, aplicada à mente, valoriza o tema central do artigo: *"musculação do mental, ginástica do caráter"*.

Aplicação nº 3: TRABALHO E ECONOMIA INFORMAIS

1) *"Uma mão lava a outra."*

2) Idéia central aparente: *"ganhar uns trocados na informalidade é uma questão estritamente econômica"*.

O pressuposto, apresentado por meio dos termos *"outro pressuposto, elemento fugaz e obscuro"*, abrange as idéias implícitas de: *"confiança; negociação sem garantia jurídica; busca de conformidade de pontos de vista"*. Portanto, insiste-se no fato de que o trabalho informal se baseia não só num acordo econômico, mas também numa comunhão de concepções intelectuais e psicológicas.

A arte de argumentar

Aplicação nº 4: MANIFESTO DAS DEZ PELA PARIDADE

1) *"Por quê? (§ 1); Como não ver...? (§ 12)."*
2) *"Queremos (§ 1); Sim, decididamente (§ 2); é preciso (§ 13); uma vontade política inarredável (§ 14)."*
3) *"Uma igualdade...; uma igualdade... (§ 1)."*
4) *"de alguma maneira um concentrado de qualidades viris (§ 8)".*
5) *"os leitores, as leitoras (§ 2)".*
6) *"é evidente que o movimento está marcando passo; no entanto, não se deixam enganar (§ 10)".*
7) *peso dos números; comparação com o exterior (§§ 4 e 5); escolha das personalidades masculinas (§ 8).*
8) *"nem de longe (§ 4); não é só isso (§ 5); ouçam bem; é essencial (§ 6)".*
9) *"verdadeiras causas (§ 6)".*
10) *características do jacobinismo* (terceira frase do § 8); *acúmulo de "quando* (§ 12)."
11) *história do jacobinismo (§§ 7 a 11).*
12) *"Está mais do que na hora de acabar com seus estereótipos e com esses bloqueios (§ 9)."*
13) *"Azar...; azar...; azar... (§ 10)."*

Aplicação nº 5: AO VARÃO, A VARA

Tese: Paridade

Contestação: noção contrária à cidadania e à igualdade de todos

Tese pessoal: suspensão provisória da constituição

Técnicas:

1) *"Há dois anos...; há um ano...; cinco meses e meio depois...; sete meses depois."*
2) *"Fazer o quê? Existe uma resposta..."*
3) *"A paridade. Um homem, uma mulher."*
4) *"O que pode ser mais...?, O que pode ser mais...?"*
5) *"No entanto, a democracia merece coisa melhor."*
6) *"Precisamos ter coragem..."*
7) *"Ela só conhece cidadãos."*
8) *"Em relação aos princípios, sofreríamos uma regressão naturalista."*
9) *"Atentar contra esse universalismo nos levaria a entrar numa..."*

Notar as frases abaixo no futuro do pretérito, sinal de raciocínio hipotético.

10) *"Em suma, a igualdade estaria mais garantida de fato, mas a cidadania seria infringida de direito."*
11) *"Como, então, sair do dilema?"*
12) *"Isso é preciso."*

Aplicação nº 6: DECLARAÇÃO DE CANDIDATURA DE ÉDOUARD BALLADUR À PRESIDÊNCIA DA REPÚBLICA

Exercícios corrigidos

1) Os três primeiros parágrafos:

Apelo ao receptor: *"os franceses, nosso país"* (duas vezes cada um).

A pergunta retórica: *"Por quê? Porque nosso país estava numa situação muito difícil."*

Credo sincero: *"Estava convencido de que era preciso começar sem demora; desejava."*

Valores positivos: *"retificação, dever, direito, reforma, muito trabalho, a serviço de"*.

Valores negativos rejeitados: *"furtar-se, condições difíceis, anos perdidos"*.

Paralelismo com repetição: *"em tão curto período, em condições tão difíceis"*.

Palavras com conotação positiva: *"governo inteiro; corajosamente; primeiros resultados"*.

2) Observar especialmente:

Gradações rítmicas no parágrafo 7: *"é... é... é... é"*.

Ritmo ternário no parágrafo 8: *"a fim de..., a fim de..., a fim de...; próspera, justa e influente"*; no parágrafo 10: *"positiva, serena, otimista"*; nos parágrafos 16 a 18: *"trata-se de... trata-se de... trata-se de..."*; no parágrafo 20: *"otimismo, confiança, orgulho"*; no parágrafo 21: *"todos... todos... todos..."*.

Apelo à autoridade: *"general De Gaulle (§ 15)"*.

O sentido da fórmula: *"deve acreditar em si (§ 15)"*.

Aplicação nº 8: Exemplo de parágrafo metafórico (assunto nº 1):

A Europa está atravessando **uma zona de turbulência,** prisioneira do **furacão** que está sacudindo a economia mundial. Ainda que as **previsões** não revelem nenhuma **melhora** a médio prazo, ela só terá um **horizonte** mais límpido se seus membros cooperarem de maneira mais ativa.

ÍNDICE REMISSIVO

adição, 205
adjetivo, 236
alternativa, 145
analítico (plano), 74
analogia, 229
aposto, 237
atribuição (de idéias), 150-4
autoridade, 223
avaliação (parâmetros), 268

binário (plano), 73
brainstorming, 47
bumerangue (argumentação), 167

carta de apresentação, 85
causas, 143, 206
cérebro (lados direito-esquerdo, 43
certeza. 157
5 Qs, 48
classificação, 63
comunicação, 11-2
conceder, 163
concessão, 208
conclusão, 96
condição (de sucesso), 51
conectores, 204
conotação, 225
conseqüência, 207
cronologia, 71

dedução, 142
definição, 222
diálogo, 2
dúvida, 158-9

eliminação (raciocínio por), 145
emissor, 6, 221
encadeamento de frases, 215
enumerativo (plano), 69
estrutura coordenada, 201
estrutura subordinada, 201
exemplo, 19, 146

feedback, 6
filtro, 10
finalidade, 50, 144, 208
fragmentação, 53
frase feita, 225, 239
frase, 200

gancho, 91
gradação, 227

halo, 10
hipótese, 144, 209

imperativo, 235
implicações, 50
implícito, 154
indução, 142
introdução, 89
ironia, 228

A arte de argumentar

Ishikawa (diagrama de), 55

jogo de palavras, 240
jornalístico (plano), 74-5
justificação, 3

linear (plano), 69
locução prepositiva, 202

manipulação, 271
meios, 51
metáfora, 15
minimização, 165
modalização, 157
modulação, 165

narração, 11
narrativa, 12
nexo entre idéias, 204
nominalização, 213
normas, 221

objeção, 163
oposição, 144, 208, 228, 239
oral (argumentação), 169
orientação, 64
ouvir o outro, 170

paradoxo, 93, 238
paralelismo, 197, 228, 239
pergunta retórica, 167, 221
plano, 66

pontos de vista, 52
pontuação, 234
pressuposição, 156-232
princípio, 50
público, 10

receptor, 6, 220
referências, 9, 46
reformulação, 160, 170
relatório, 87
rema (e tema), 215
resposta, 166
retórica, 5
ritmo ternário, 226

solução, 51, 77
sonoridade, 240
SOSRA, 82
SPRI (plano), 79

técnico (plano), 77
temas (e remas), 215
temas e remas (ou comentários),
  178
ternário (ritmo), 226
texto (da frase ao), 210
títulos, 233
transição, 84

valores, 222
valorização de idéia, 159
verbo, 203

BIBLIOGRAFIA

J.-C. ANSCOMBRE, O. DUCROT, *L'Argumentation dans la langue*, Bruxelas, Mardaga, 1983.

L. BELLENGER, *L'Argumentation*, Paris, ESF, 1984.

————, *La Persuasion*, Paris. Que sais-je?, PUF, 1985.

A. BOISSINOT, M.-M. LASSERRE, *Techniques du Français, I – Lire, argumenter, rédiger*, Bertrand-Lacoste, 1986.

R. BOUDON, *L'Art de persuader. Des idées douteuses, fragiles ou fausses*, Paris, Fayard, 1990.

B. COMBETTES, *Pour une grammaire textuelle*, Bruxelas, De Boeck-Duculot, 1983.

F. DARRAS *et al.*, *Apprentissages de la dissertation 3º/2º*, Lille, CRDP, 1994.

O. DUCROT, *Les Échelles argumentatives*, Paris, Minuit, 1980.

————, *Le Dire et le dit*. Paris, Minuit, 1984.

O. DUCROT *et al.*, *Les Mots du discours*, Paris, Minuit, 1980.

L. GODBOUT, *S'entraîner à raisonner juste*, Paris, ESF, 1989.

J.-B. GRIZE, *De la logique à l'argumentation*, Genebra, Droz, 1982.

————, *Logique et langage*, Ophrys, 1990.

R.-V. JOULE e J.-L. BEAUVOIS, *Petit Traité de manipulation à l'usage des honnêtes gens*, Grenoble, Presses Universitaires, 1992.

J.-N. KAPFERER, *Les Chemins de la persuasion*, Paris, Dunod, 1988.

C. KERBRAT-ORECCHIONI, *L'Énonciation. De la subjectivité dans le langage*, Paris, Armand Colin, 1980.

————, *L'Implicite*, Paris, Armand Colin, 1986.

D. MAINGUENEAU, *Pragmatique pour le discours littéraire*, Paris, Bordas, 1990. [Trad. bras. *Pragmática para o discurso literário*, São Paulo, Martins Fontes, 1996.]

M. MEYER, *Logique, langage et argumentation*, Paris, Hachette, 1982.

J. MOESCHLER, *Argumentation et conversation. Éléments pour une analyse pragmatique du discours*, Paris, Hatier, 1985.

G. NIQUET, *Structurer sa pensée, structurer sa phrase*, Paris, Hachette, 1978.

———, *Écrire avec logique et clarté*, Paris, Hatier (Profil), 1983.

P. OLÉRON, *Le Raisonnement*, Paris, Que sais-je?, PUF, 1982.

———, *L'Argumentation*, Paris, Que sais-je?, PUF, 1983.

M. PATILLON, *Éléments de rhétorique classique*, Paris, Nathan, 1990.

Ch. PERELMAN, *L'Empire rhétorique*, Paris, Vrin, 1977.

Ch. PÉRELMAN e L. OLBRECHTS-TYTECA, *Traité de l'argumentation – La nouvelle rhétorique*, Bruxelas, Éditions de l'Université, 1970. [Trad. bras. *Tratado de argumentação. A nova retórica*, São Paulo, Martins Fontes, 2ª ed., 2005.]

C. PLANTIN, *Argumenter. De la langue de l'argumentation au discours argumenté*, Paris, CNDP, 1989.

———, *Essais sur l'argumentation*, Paris, Kimé, 1990.

———, *L'Argumentation*, Paris, Seuil, 1996.

H. PORTINE, *L'Argumentation écrite. Expression et communication*, Paris, Hachette-Larousse, 1983.

O. REBOUL, *La Rhétorique*, Paris, Que sais-je?, PUF, 1984.

M.-J. REICHLER-BÉGUELIN *et al.*, *Écrire en Français. Cohésion textuelle et apprentissage de l'expression écrite*, Neuchâtel-Paris, Delachaux et Niestlé, 1988.

H. SUHAMY, *Les Figures de style*, Paris, Que sais-je?, PUF, 1990.

L. TIMBAL-DUCLAUX, *La Méthode SPRI*, Paris, Retz, 1983.

G. VIGNAUX, *L'Argumentation*, Genebra, Droz, 1975.